Marlene Stein-Hilbers

Wem »gehört« das Kind?

Neue Familienstrukturen und veränderte Eltern-Kind-Beziehungen

Campus Verlag
Frankfurt/New York

Die Deutsche Bibliothek – CIP-Einheitsaufnahme

Stein-Hilbers, Marlene:
Wem »gehört« das Kind? : Neue Familienstrukturen und veränderte Eltern-Kind-Beziehungen / Marlene Stein-Hilbers. – Frankfurt/Main ; New York : Campus Verlag, 1994
ISBN 3-593-35051-3

Umschlaggestaltung: Atelier Warminski, Büdingen
Satz: Textline GmbH, Oberursel
Druck und Bindung: Friedrich Pustet, Regensburg
Gedruckt auf säurefreiem und chlorfrei gebleichtem Papier.
Printed in Germany

Inhalt

Danksagung

Dieses Buch ist mit meiner persönlichen Lebens- und Liebesgeschichte und derjenigen mir nahestehender Menschen eng verbunden – insofern habe ich gerne und mit großem Interesse daran gearbeitet.

Meine Arbeit ist von vielen Personen unterstützt und durch sie inspiriert worden. Meine konzeptionellen Vorüberlegungen sind von Freundinnen und Kolleginnen in der Interdisziplinären Forschungsgruppe Frauenforschung an der Universität Bielefeld heftig diskutiert und auch kritisiert worden. Öffentliche Vorträge und Diskussionen im Rahmen von Ringvorlesungen, Kolloquien und Fachtagungen haben mich gezwungen, meine Fragestellungen zu präzisieren und zu verfeinern. Axel Stein hat mich zur Bearbeitung des Themas ermutigt und mich fortlaufend mit Literaturhinweisen und Informationen unterstützt. Die Deutsche Forschungsgemeinschaft hat meine Fragestellung für förderungswürdig erachtet und mir in den Jahren 1991/92 dafür ein Habilitations-Stipendium bewilligt. Klaus Hurrelmann und Christiane Schmerl haben die Beantragung und Bearbeitung der Habilitationsschrift konstruktiv begleitet und kommentiert. Ulla Henze hat meine Rohfassungen geschrieben. Dieter Borgers hat mir (in Frankreich) über die Komplikationen der Textverarbeitung hinweggeholfen und sich mit mir über inhaltliche Positionen der Arbeit gestritten.

Gefreut habe ich mich über die positive Reaktion von Beate Koglin vom Campus-Verlag, die zudem viel Zeit in die sprachliche Überarbeitung des Textes investiert hat.

Meiner dreizehnjährigen Tochter Nora habe ich angeboten, ihr dieses Buch zu widmen. Sie hat dankend abgelehnt.

Marlene Stein-Hilbers

1

Einleitung

Der Wandel familialer Lebensformen und die Verrechtlichung von Eltern-Kind-Beziehungen

Elterliche Interessen an Kindern

Wenn sich Eltern für ein Kind entscheiden, verbinden sie damit Vorstellungen darüber, langfristig mit diesem Kind zusammenzuleben und sein Leben mitzugestalten.

In erster Linie betrifft dies Frauen, denen ein liebevoller Umgang und die überdauernde Sorge für eigene Kinder normativ zugeschrieben wird.

Zunehmend wollen aber auch Väter nicht mehr auf die Funktionen eines materiellen Versorgers und Erziehungsberechtigten beschränkt sein. In vielen Industrieländern ist derzeit ein gesteigertes Interesse von Männern an den emotionalen Erfahrungen eines Lebens mit Kindern zu beobachten. Dies manifestiert sich in Umfrageergebnissen ebenso wie in den Erscheinungsformen einer »neuen Väterlichkeit«.

Die Freisetzung von Zeitressourcen sowie die Möglichkeiten bewußter Geburtenkontrolle und Familienplanung haben Eltern-Kind-Beziehungen in den letzten Jahrzehnten drastisch verändert. Kinder sind nicht länger »Schicksal« oder eher ungewollte Bürde, sondern Ausdruck elterlicher Wünsche nach Selbstverwirklichung und Erfüllung einer Paarbeziehung. (Eigene) Kinder werden zum Medium der Suche nach Lebenssinn und persönlicher Entfaltung. Sie sind verbunden mit der Hoffnung auf langfristige persönliche Beziehungen und der Authentizität emotionaler Erfahrungen; sie vermitteln ihren Eltern das Gefühl, gebraucht zu werden und an der

Entwicklung einer anderen Persönlichkeit beteiligt zu sein. Dem entspricht, daß weniger Kinder geboren werden bei gleichzeitig wachsender Bedeutsamkeit des einzelnen Kindes. Im Zuge der Individualisierungsdynamik moderner Gesellschaften (Beck 1986) erfährt Elternschaft – auch für Männer – eine neue soziale und persönliche Bedeutung.

Emotionale Bedürfnisse setzen eine soziale Struktur voraus, sie können nur innerhalb von Beziehungen geltend gemacht werden. Seit der Herausbildung des bürgerlichen Familienmodells gilt »Familie« als der Ort, an dem sich Beziehungen zwischen Eltern und Kindern am besten realisieren. Als Idealvorstellung bleiben in ihr ein Mann und eine Frau einander liebend bis zum Tode verbunden. Für ihre gemeinsamen Kinder wird das Aufwachsen in einer intakten Familie als kaum ersetzbarer Entfaltungsraum mit einem Höchstmaß an Schutz, Zuwendung und Fürsorge begriffen.

Im Kontext der Institution Familie erhalten Eltern hohe Verfügungsmacht über Kinder (die in allen wesentlichen Lebensfragen und Entscheidungen vollkommen abhängig von ihnen sind). Das Grundgesetz der BRD spricht Eltern ein »natürliches Recht und eine ihnen zuvörderst obliegende Pflicht« zur Pflege und Erziehung ihrer Kinder zu. Elternrechte werden heute als Schutzverhältnis im Interesse des Kindes und als »Pflichtrecht« gegenüber Kindern betrachtet, dessen beherrschende Maxime das Kindeswohl sein soll. Darüber hinaus sind Elternrechte aber immer auch als ein subjektives Recht am Kind verstanden worden (Lüderitz 1978) – dies wird im gesamten juristischen Schrifttum ebenso deutlich wie im Alltagsverständnis von Eltern: Sie betrachten ein leibliches Kind als »ihr« Kind, für das sie sorgen müssen und wollen, das (zu) ihnen »gehört«.

Solange beide Eltern eines Kindes mit ihm zusammenleben, können ihre auf das Kind bezogenen Interessen als überwiegend identisch wahrgenommen werden. Der um die Institution Familie zentrierte Mythos von selbstloser elterlicher Liebe zu Kindern und die Hervorhebung kindlicher Rechte auf Eigenständigkeit und Autonomie tabuisiert die mit Kindern verbundenen Eigeninteressen der Eltern und läßt sie in den Hintergrund treten.

Erst in konflikthaften Auseinandersetzungen um Kinder wird deutlich, daß Familienmitglieder Träger unterschiedlicher, oftmals konträrer Interessen sind und daß es Müttern und Vätern auch um Rechte an Kindern, den Zugang zu ihnen und auch die Verfügung über sie geht. Dies ist insbesondere dann der Fall, wenn sich der Familienkontext auflöst oder/und eine Entscheidung über den tatsächlichen Aufenthaltsort von Kindern getroffen werden muß, etwa bei Trennungen oder Ehescheidungen der Eltern. Für einen Elternteil – meistens den Vater – ist damit der Verlust des alltäglichen Kontaktes zu(m) Kind(ern) verbunden, der auch für Kinder oftmals extrem schmerzhaft ist. In dieser Umbruchsituation erweist sich, daß die Gedanken und Verhaltensweisen betroffener Eltern nicht immer den an sie gerichteten moralischen und ethischen Anforderungen des »Kindeswohl«-Gedankens entsprechen (können). Dies hängt mit der Dominanz eigener Liebesbedürfnisse und Lebensvorstellungen zusammen, aber auch mit der Erkenntnis, daß die Interessen zumindest jüngerer Kinder aufs engste mit denen ihrer Mütter und Väter verknüpft sind und kaum losgelöst von ihnen gedacht werden können.

Strukturelle Veränderungen familialer Beziehungen

Ein Familienmodell, in dem beide leiblichen Eltern langfristig mit gemeinsamen Kindern zusammenleben, entspricht immer weniger der Lebensrealität bundesrepublikanischer Eltern und Kinder. Ein tiefgreifender Wandel von Liebes-, Lebens- und ehelichen Beziehungen, sinkende Heiratsziffern, hohe Scheidungsraten sowie die Ausbreitung der Lebensformen Ein-Eltern-Familie und Stieffamilie (mit und ohne Trauschein) scheint lebensgeschichtliche Kontinuitäten zunehmend in Frage zu stellen. Auch wenn das familiale Zusammenleben die hauptsächlich angestrebte Lebensform bleibt, verliert das Modell der dauerhaften Kernfamilie dennoch – real und symbolisch – an Bedeutung. Eine Abfolge von Partnerschaften und der bestimmten Lebensphasen entsprechende Wandel von Alleine-Leben, familialem oder gemeinschaftlichem Zusammenleben mit anderen charakterisieren zunehmend die familiale »Normalität« auch der BRD.

Kinder sind von den sich umstrukturierenden familialen Beziehungen in besonderer Weise betroffen: *Annähernd ein Drittel, möglicherweise sogar ein größerer Anteil von Kindern in der Bundesrepublik Deutschland (ebenso wie in anderen Industrieländern) lebt bis zum Abschluß der Jugendlichen-Phase nicht mehr mit beiden leiblichen Eltern zusammen.* Für Kinder und Jugendliche hat die Umstrukturierung von Familien zur Folge, daß sie sich im Laufe ihres Lebens in mehreren Beziehungskonstellationen zurechtfinden müssen. Sie verbringen z. B. einen Teil ihres Lebens in der Ursprungsfamilie und die übrige Zeit in einer Ein-Eltern-Familie oder einer Stieffamilie; sie müssen sich mit »richtigen«, Halb- oder auch »sonstigen« Geschwistern arrangieren. Für viele Kinder ist dies mit Trennungsschmerzen, (Beziehungs-)Unsicherheiten und hohen Anforderungen an ihre sozialen Kompetenzen verbunden.

Mit den sich wandelnden Familienstrukturen gehen weitgehende Umstrukturierungen von Elternschaft einher. Eltern-Kind-Beziehungen lösen sich von elterlichen Partnerbeziehungen. Das Vater-Kind-Verhältnis scheint davon in besonderer Weise betroffen: *Biologische Vaterschaft und ein familialer Alltag mit (eigenen) Kindern koppeln sich voneinander ab* (Stein-Hilbers 1991).

Trotz wechselnder Liebes- oder Ehepartner bleibt die enge Verbindung von Frauen und Kindern nahezu ungebrochen bestehen: Kinder leben überwiegend und kontinuierlich mit ihren Müttern zusammen. Nach wie vor sind Frauen Hauptbetreuungspersonen für ihre Kinder. Sofern diese nichtehelich geboren wurden – was in großstädtischen Ballungsgebieten auf etwa jedes vierte Kind zutrifft –, waren Frauen bislang in jedem Fall alleine sorgeberechtigt. Nach einer Trennung oder Scheidung leben über 97 % der Kleinkinder bei ihren Müttern, erst bei Jugendlichen steigt der Anteil sorgeberechtigter Väter an.

Im Unterschied zu Frauen sind Männer zunehmend – wenn überhaupt – nur noch kurzfristig am familialen Zusammenleben mit eigenen Kindern beteiligt. Viele Väter wohnen nicht (mehr) mit ihren Kindern zusammen, schränken – z. B. nach einer Scheidung – den Kontakt zu ihnen stark ein oder geben ihn völlig auf (Napp-Peters 1985, Lund 1987, Furstenberg 1988). Immer häufiger sehen sie sich auf die Funktionen eines bloßen Erzeugers, Zahlvaters, »Vaters auf Zeit«, bzw. Besuchs- oder auch Stiefvaters verwiesen – trotz und gegenläufig zu den gleichzeitig vorhandenen Wünschen, an den emotionalen Erfahrungen eines Alltagslebens mit eigenen Kindern teilzuhaben. Konflikte zwischen Männern und Frauen um Kinder sind damit vorprogrammiert.

Die Umstrukturierung familialer Beziehungen fällt zeitlich zusammen mit den im Kontext der Reproduktionsmedizin fortschreitenden technischen Möglichkeiten der Trennung von genetischer, biologischer und psychosozialer Elternschaft. So können Frauen heute etwa zu biologischen Müttern eines genetisch nicht mit ihnen verwandten Kindes werden. Das Vater-Kind-Verhältnis scheint von den neuen Reproduktionstechniken noch stärker betroffen: Die Reagenzglasbefruchtung mit dem Samen eines unbekannten Spenders läßt die Person des Vaters im Prozeß der Zeugung und kindlichen Entwicklung vollends in den Hintergrund treten. Während im Mutter-Kind-Verhältnis noch immer eine biologische Zuordnung erkennbar bleibt, werden Kinder nunmehr zu Zufallsprodukten völlig anonymer Väter gemacht. »Eines ist dabei offenkundig: Die Technisierung der Zeugung bei gleichzeitigem Verbleiben der natürlichen Austragung legt eine Aufwertung, ja gewissermaßen eine ›Verklärung‹ der Mutterschaft bei gleichzeitiger Abwertung der Vaterschaft nahe.« (Gross/Honer 1990, 109)

»Familie« wurde bislang in erster Linie als überdauernde Haus- und Lebensgemeinschaft von miteinander verwandtschaftlich verbundenen – d.h. auch genetisch miteinander verwandten – Personen betrachtet. Nunmehr scheint sich diese in unseren Normalitätsvorstellungen und auch Rechtsauffassungen fest verankerte biologische Codierung von Familie zu lockern. Biologische und soziale Elternschaft fallen immer mehr auseinander. Weil Eltern sich in relativ jungem Alter trennen und neue Verbindungen eingehen, ist eine stetige Zunahme von Stieffamilien aller Art zu beobachten. Mutter, Vater und gemeinsames Kind: Diese »Reproduktionstirade« stimmt in sehr vielen Familien nicht mehr mit den realen Lebens-Verhältnissen überein.

Zum einen wird damit die Frage nach dem Verhältnis von biologischen zu psychosozialen Eltern-Kind-Beziehungen berührt. Ist das Faktum der genetischen Verwandtschaft so hoch zu bewerten, daß es alle anderen Formen von – psychosozialer – Elternschaft überdeckt und überdauert und sich daraus spezifische Ansprüche – des Kindes und seiner Eltern – ableiten lassen?

Zum anderen sind auch vorherrschende Vorstellungen von »Familie« in Frage gestellt. Ist »Familie« eher die biologische Einheit von Vater, Mutter und gemeinsamem Kind – die Fortbestand hat auch bei räumlicher und sozialer Trennung –, oder ist Familie eine verantwortlich füreinander einstehende Lebensgemeinschaft, in der sich auch Personen als »Familie« empfinden, die nicht miteinander verwandt sind? Auf der rechtlichen Ebene stellt sich die Frage, ob es begründet ist, eine der beiden Lebensformen zu privilegieren.

Das Aufbrechen des lange wirksamen normativen Zusammenhanges von Liebes-, Ehe- und Familienbeziehungen scheint eine rechtliche und soziale Neubestimmung des Eltern-Kind-Verhältnisses zu erfordern.

Die Verrechtlichung von Eltern-Kind- und von Geschlechterbeziehungen

Das im Bürgerlichen Gesetzbuch kodifizierte Familienrecht – spezieller: das Kindschaftsrecht – beschreibt die Rechte und Pflichten von Eltern gegenüber einem gemeinsamen Kind und die Ansprüche des Kindes an seine Eltern, vor allem in den Normierungen des Rechtes der elterlichen Sorge (§§ 1626 ff. BGB).

Verrechtlicht werden darin die Beziehungen zweier Generationen – der Eltern und des Kindes – und Beziehungen zwischen Geschlechtern – der Mutter und des Vaters. Die generelle Funktion rechtlicher Normierungen – sowohl Reflex einer sozialen Wirklichkeit als auch ihr gestaltendes Element zu sein – gilt auch für das Familienrecht. Gesetze werden in der Folge gesellschaftlich-sozialer Veränderungen formuliert und geben gleichzeitig die rechtlichen Rahmenbedingungen für soziale Beziehungen vor.

Im historischen Rückblick werden vor allem drei Entwicklungstendenzen des Rechtes der Eltern-Kind-Beziehung deutlich: Die absolute männliche Verfügungsgewalt über Frauen und Kinder wird zunehmend zurückgedrängt; Rechtspositionen der Mutter finden vermehrt Anerkennung und Kinder werden besonders in den letzten Jahrzehnten stärker als autonome Rechtspersönlichkeiten wahrgenommen, mit eigenen Bedürfnissen und Ansprüchen, die rechtlich zu schützen sind.

Das bundesrepublikanische Recht der elterlichen Sorge orientiert sich grundsätzlich am Modell der Verwandtschaftsfamilie, die aus zwei Eltern und den von ihnen abstammenden Kindern besteht. Sie genießt besonderen verfassungs- und zivilrechtlichen Schutz. Gesetzlicher Grundtatbestand ist die Rechtsstellung miteinander verheirateter Eltern gegenüber dem ehelichen Kind. Für das nichteheliche Kind und seine Mutter werden Abweichungen normiert. Für getrennt lebende und geschiedene Eltern sieht das Familienrecht spezifische Rechte und Pflichten vor, insbesondere die Regelung von Sorge- und Umgangsrechten.

Miteinander verheiratete Eltern leben in der Regel in einer gemeinsamen Haushalts- und Lebensgemeinschaft zusammen. Sie sind gemeinsam für die Pflege und Erziehung ihrer Kinder verantwortlich. Seit rund vierzig Jahren stehen verheirateten Frauen die gleichen Rechte und Pflichten im Verhältnis zu eigenen Kindern zu wie den Vätern. Faktisch jedoch sorgen vor allem sie für die Kinder und sind deren Hauptbetreuungspersonen.

Dies hat bewirkt, daß nach einer Trennung der Eltern Kinder überwiegend bei ihren Müttern leben. Korrespondierend dazu wird im Trennungs- und Scheidungsfall vor allem Frauen die elterliche Sorge für Kinder und Vätern ein Umgangsrecht mit Kindern zuerkannt.

Immer öfter leben auch unverheiratete Paare mit gemeinsamen Kindern zusammen, wobei die Vater-Kind-Beziehung in weit geringerem Maße rechtlich geschützt ist als bei verheirateten Männern. Trennen sich die Eltern, bestimmt alleine die Mutter über den Umgang des Kindes mit dem Vater.

Zunehmend beklagen viele von ihren Kindern getrennt lebende Väter, daß sie nach einer Trennung oder Scheidung benachteiligt werden. Sie fordern – auch im Interesse ihrer Kinder – eine Veränderung von Sorge- und Umgangsrechten und schließen sich in Verbänden zusammen, um ihre Interessen wirksam zu vertreten.

Die Privilegierung der Mutter-Kind-Beziehung

Die Aktivitäten dieser Väter und ihrer Interessenvertretungen beziehen sich mehr oder minder explizit auf ein Phänomen, das eng mit der Verbesserung ökonomischer und sozialer Rahmenbedingungen des Lebens von Frauen in Industriegesellschaften zusammenhängt: der zunehmenden Wahrnehmung von Mutterschaft als Chance und besonderes Privileg. Mit wachsendem Interesse an den emotionalen Erfahrungen eines Lebens mit Kindern verschärft sich bei vielen Männern der Blick dafür, daß Frauen dieses Interesse ohne sie realisieren könn(t)en, während sie dafür immer auf eine Frau angewiesen sind.

Die Entscheidungskompetenz in der Kinderfrage obliegt zunehmend den Frauen (Ziebell u.a. 1992). Sie können heute weitgehend autonom bestimmen, ob sie ein Kind haben wollen, wann sie es haben wollen und in welcher Weise sie es aufziehen werden. Sie entscheiden damit auch darüber, ob und in welcher Weise sich Vater-Kind-Beziehungen ausbilden können, wobei ihre eigene Beziehung zum Vater des Kindes immer auch eine Rolle spielt.

Für Frauen haben Kinder immer große Bedeutung gehabt: Kinder gelten seit jeher als Erfüllung ihrer »natürlichen« Bestimmung und sind Ausdruck einer speziell weiblichen Produktivität. Sie sind ebenso sehr »Schicksal«, Arbeit und Verpflichtung zur Sorge, wie auch Quelle mütterlichen Glücks und Verwirklichung einer Lebensvorstellung. In vielen patriarchal strukturierten Gesellschaften waren Wert und sozialer Status von Frauen primär über ihre Gebärfähigkeit bestimmt; das absolute Recht des Mannes auf den Körper der Frau und die »eigenen« Kinder ist bis heute Kennzeichen patriarchaler Kulturen (Schmerl 1989).

Moderne Gesellschaften erkennen zunehmend den Gedanken einer weiblichen Reproduktionsautonomie an, in Fragen der Schwangerschaftsverhütung ebenso wie in der Frage eines rechtlich zulässigen Schwangerschaftsabbruchs. Effektive Methoden der Empfängnisverhütung sind Frauen inzwischen zugänglich und ermöglichen ihnen theoretisch, sich relativ selbstbestimmt für oder gegen eine Schwangerschaft zu entscheiden (wenngleich in der Praxis diese Entwicklung von materiellen und psychologischen Abhängigkeiten beeinflußt ist).

Mit Schwangerschaft und Geburt verbindet sich für Frauen ein biologischer Vorsprung, auch rechtlich und sozial Mutter des geborenen Kindes zu sein. Nicht verheirateten Frauen steht in der BRD automatisch die elterliche Sorge für Kinder alleine zu; sie können aber in Zukunft die gemeinsame elterliche Sorge mit dem Vater des Kindes beantragen. Nicht verheiratete Mütter können bislang ihr Kind zur Adoption freigeben (oder es selbst adoptieren und damit die Verwandtschaft zum leiblichen Vater erlöschen lassen). Faktisch können Frauen somit darüber entscheiden, ob sich eine psychosoziale Vater-Kind-Beziehung überhaupt entwickeln kann oder nicht (Sullerot 1992). Nahezu alle westlichen Rechtsordnungen privilegieren die Mutter-Kind-Zuordnung in ähnlicher Weise.

Gegenwärtig lockert sich für Frauen – und auch für Mütter – der Zwang, sich zur eigenen Existenzsicherung lebenslang an einen (Ehe-)Mann zu binden. Wachsende Ansprüche an eine ökonomisch und sozial eigenständige Lebensführung, verbesserte mütterliche Rechtspositionen und die in beschränktem Umfang vorhandenen sozialstaatlichen Leistungen für Frauen und Kinder lassen ein Leben außerhalb traditioneller Familienstrukturen denkbar werden. Auch wenn ihre ökonomische Situation schwierig bleibt (Neubauer 1989), betrachten viele Frauen ein Leben mit Kind(ern) auch ohne den dazugehörigen Ehemann und Vater heute als Chance für sich selbst. Steigende Trennungs- und Scheidungsraten sowie der Anstieg von Mutter-Kind-Familien markieren diese Entwicklung. Gleichzeitig sind Tendenzen der sozialen Akzeptanz alleinerziehender Frauen und ihrer Kinder deutlich erkennbar; sie sind nicht mehr – wie noch vor wenigen Jahrzehnten – von vornherein sozial stigmatisiert. Wie die zunehmende Zahl von Stieffamilien und vergleichbarer Lebensformen zeigt, sind (mehr oder minder langfristige) Liebesbeziehungen weiterhin möglich und üblich.

Die diskursive Umgestaltung von Eltern-Kind-Beziehungen

Die beschriebenen gesellschaftlichen Veränderungen haben bewirkt, daß die (angebliche oder tatsächlich vorhandene) Privilegierung der Mutter-Kind-Beziehung in Frage gestellt wird. Unter der Prämisse des Kindeswohl-Gedankens wird auch bei getrennt lebenden und geschiedenen Eltern das Recht des Kindes auf beide Eltern hervorgehoben und ein verbesserter rechtlicher Schutz der Vater-Kind-Beziehung gefordert. Die Umstrukturierung familialer Lebensformen ist begleitet von einem Diskurs über die Neugestaltung ihrer rechtlich-sozialen Rahmenbedingungen: Eltern-Kind-Beziehungen und damit auch Geschlechterbeziehungen werden normativ interpretiert.

Derzeit konzentrieren sich die Diskussionen über veränderte Eltern-Kind-Beziehungen vor allem auf das Verhältnis zwischen Vätern und Kindern. Wachsende männliche Bedürfnisse nach emotionaler Nähe zu Kindern und stärkere emotionale Bindungen von Kindern an ihre Väter kollidieren in besonderem Maße mit den Auswirkungen eines Strukturwandels familialer Lebensformen.

Der Verlust des alltäglichen Kontaktes zu(m) Kind(ern) stellt für viele Männer im Trennungs- und Scheidungsfall einen tiefen Bruch dar, der oftmals mit schweren Lebenskrisen verbunden ist. Mehr Väter als früher möchten nach einer Scheidung mit ihren Kindern zusammenleben und beantragen deshalb das alleinige Sorgerecht. Wo dies nicht durchsetzbar oder sinnvoll erscheint, plädieren vor allem sie, wie auch ihre Interessenvertretungen, für ein gemeinsames Sorgerecht geschiedener Eltern. Nichteheliche Väter treten für erweiterte Sorge- und Umgangsrechte bezüglich ihrer Kinder ein.

Wenn Kinder mit beiden Eltern zusammengelebt und enge emotionale Beziehungen zu ihrer Mutter und ihrem Vater entwickelt haben, ist eine Trennung der Eltern für sie von Ängsten und Trennungskonflikten begleitet. Die Perspektive des Kindes wird heute sensibler wahrgenommen; verstärkt wird ein Bemühen darum erkennbar, das Kind als Person mit eigenständigen Bedürfnissen und Rechten zu respektieren, ihm beide Eltern als Bezugspersonen zu erhalten und seine Verlustängste zu reduzieren. Gleichwohl zeichnen sich Ideallösungen nicht ab. Nach wie vor bleibt es schwierig, Wünsche und Ansprüche eines Kindes dann zu berücksichtigen, wenn diese direkt mit den sich widersprechenden Interessen seiner Eltern kollidieren.

In den Kommunikationsmedien werden Konflikte um eine angemessene Zuordnung von Kindern zu ihren Müttern oder Vätern seit längerer Zeit thematisiert. Sorgerechts-Auseinandersetzungen geschiedener Eltern verhalfen Spielfilmen wie *Kramer gegen Kramer* zu hohem Publikumserfolg; vielbeachtete Beiträge großer Illustrierter (z. B. *Stern* 28/1991; *Der Spiegel* 16/1984; *Esquire* 3/1985) setzen sich mit der sozialen und rechtlichen Absicherung fortbestehender Eltern-Kind-Beziehungen nach Trennungen oder Scheidungen auseinander.

Die sogenannten »neuen Väter« erfahren hohe publizistische und auch wissenschaftliche Aufmerksamkeit. Zunehmend setzt sich die Erkenntnis durch, daß Frauen und Männer nicht qua Biologie besser oder schlechter für die Betreuung und Versorgung von Kindern geeignet sind. Angeblich von der Natur bestimmte Verhaltensweisen im Umgang mit Kindern erweisen sich als abhängig von geschlechtsspezifischen Arbeitsteilungen und den Verhaltensanforderungen, die konkret an Frauen und Männer herangetragen werden.

Wenn sich die Wünsche und Ansprüche von Kindern, Müttern und Vätern nur schwer miteinander vereinbaren lassen, werden Interessen neu ausgehandelt, politikfähig aufbereitet und in Form moralischer Prinzipien, pädagogischer Grundsätze und rechtlicher Regelungen durchgesetzt. Dies geschieht in persönlichen Auseinandersetzungen ebenso wie in öffentlichen Diskussionen über normative Grundlagen einer Neugestaltung von Eltern-Kind-Beziehungen. Interessen und Ideen durchdringen sich gegenseitig, wobei die Durchsetzung von Interessen immer auch begleitet ist von Ideologiebildungen, die diesen Interessen inhaltliche Begründung, Sinn und Legitimität verleihen.

Ins Zentrum der Auseinandersetzungen um Entscheidungskriterien für die rechtlich-soziale Ausgestaltung von Eltern-Kind-Beziehungen rückt heute die Frage: Was »braucht« ein Kind für seine Entwicklung? Diese Frage verdeutlicht einerseits das Bemühen darum, die Situation des Kindes angemessen wahrzunehmen und zu berücksichtigen. Andererseits stellen die Kindern zugeschriebenen Bedürfnisse oftmals auch ein klassisches Projektionsfeld für die Bedürfnisse Erwachsener dar, die sich als Vertretung kindlicher Interessen maskieren. Quasi-objektiv werden eigene Ansprüche als die Rechte von Kindern proklamiert und moralisch entsprechend aufbereitet. Die Bestimmung von Bedürfnissen und Rechten des Kindes ist immer auch ein normativer Akt, der von Kindheits-Konzeptionen und den sie begleitenden Diskursen ebenso wie von materiellen, psychologischen und politischen Interessen derjenigen bestimmt wird, die sich selber zu Interessenvertretern von Kindern deklarieren.

Eltern-Kind-Beziehungen (und ihre symbolischen Repräsentationen) sind in hohem Maße durch ideologische Zuschreibungen geprägt. Deutlich wurde dies z. B. in den ideologischen Überhöhungen einer als naturhaft vorgegebenen »Mutterliebe« und den Diskussionen um die entwicklungspsychologische Bedeutung der sogenannten »Mutter-Kind-Dyade«. Normative Aussagen über Eltern-Kind-Beziehungen können immer auch als Ausdruck spezifischer Interessen im Kontext politischer und sozialer Verhältnisse betrachtet werden. Sie sind nicht durch eine (wie auch immer geartete) »Natur« des Eltern-Kind-Verhältnisses vorgegeben.

Im Hinblick auf das Vater-Kind-Verhältnis scheint derzeit vor allem die Bedeutung des biologischen Vaters reaktiviert zu werden. In sozialwissenschaftlichen Diskursen ebenso wie im juristischen Schrifttum und in der neueren Rechtsprechung, in populärwissenschaftlichen Veröffentlichungen und Medienproduktionen ebenso wie in den Aktivitäten einer Männerbewegung läßt sich eine gesteigerte Auseinandersetzung mit der Bedeutung von (biologischen) Vater-Kind-Beziehungen beobachten. Die biologische Verwandtschaft mit dem Kind wird als Ressource begriffen, die dieses Eltern-Kind-Verhältnis über alle Formen sozialer Eltern-Kind-Beziehungen erhebt.

Dies geschieht zum einen unter der Prämisse einer allgemeinen Sensibilisierung für die Bedürfnisse von Kindern und der Wahrnehmung ihres Rechts auf konstante und zuverlässige personale Beziehungen. Dort, wo Kinder sich mit wechselnden Vätern arrangieren müssen, soll für sie das Recht auf eine Grundbeziehung zum biologischen Vater garantiert werden. Zum anderen machen Männer verstärkt ihre Ansprüche auf Kinder (wieder) geltend. Mehr oder minder eindeutig verbinden sich mit den Diskussionen über die Bedeutung der (biologischen) Vater-Kind-Beziehung auch Forderungen nach mehr väterlichen Rechten. Insofern haben diese Vater-Kind-Diskurse hohe legitimatorische Bedeutung in Prozessen öffentlicher Meinungs- und Ideologiebildung und daraus resultierenden rechtlichen Umstrukturierungen.

Die wissenschaftlichen Diskurse unterschiedlicher Disziplinen reflektieren und gestalten sozialgeschichtliche Wandlungsprozesse mit. Insbesondere in Forschungsarbeiten der Rechtswissenschaft, der Erziehungswissenschaft, der Psychologie und der Soziologie sind Fragen der emotionalen und rechtlichen Zuordnung von Eltern und Kindern ausgiebig bearbeitet worden. Ihre hohe Praxisrelevanz wird bei der Regelung von Sorgerechten ebenso sichtbar wie in umfassenden erziehungswissenschaftlichen Konzeptionen (z. B. über die Bedeutung von Mutter-Kind-Bindungen). Hier zeigt sich, daß menschliche Beziehungen auch durch wissenschaftlich dominante Konzeptionen von Kindheit und Eltern-Kind-Beziehungen (mit-)gestaltet werden.

Politisch bedeutsam werden Fragen der Zuordnung von Kindern zu ihren genetischen Müttern oder Vätern derzeit auch im Kontext der Gen- und Reproduktionstechnologie. Hier stellt sich sehr konkret die Frage, wem etwa ein im Reagenzglas befruchteter Embryo oder ein nicht von seiner genetischen Mutter ausgetragenes Kind gehört.

Prozesse eines Wandels grundlegender gesellschaftlicher Institutionen – wie der Familie – und die davon berührten Interessen von Frauen, Männern und Kindern werden vielfach kommentiert, diskutiert und journalistisch wie auch wissenschaftlich aufbereitet. Sozialgeschichtliche Wandlungsprozesse vollziehen sich in einem öffentlichen Diskurs, in dem Interessen neu ausgehandelt und Entwürfe einer veränderten Normalität argumentativ erzeugt werden.

Mit dieser Arbeit wird der Versuch unternommen, die aktuellen Diskussionen über die Neugestaltung von Eltern-Kind-Verhältnissen zu beschreiben und zu analysieren. Insbesondere geht es um die von *Vätern* artikulierten Wünsche nach unbehindertem und kontinuierlichem Kontakt zum eigenen Kind und um die Bedürfnisse von *Kindern* – die selbst artikulierten oder ihnen zugeschriebenen Bedürfnisse – nach ungehindertem und kontinuierlichem Kontakt zu beiden leiblichen Eltern.

Spannungsverhältnisse und Problemlagen heutiger Eltern-Kind-Beziehungen werden im Spiegel empirischer Daten sowie sozial- und rechtswissenschaftlicher Diskussionen aufbereitet und auf ihre impliziten politischen und ideologischen Wertungen hin überprüft. Es geht somit auch darum, die gegenwärtig diskutierten – aber (noch) nicht institutionell durchgesetzten – normativen Aussagen und Überzeugungen bezüglich der Eltern-Kind-Beziehungen hinsichtlich ihrer Entstehung und Wirkung sozial zu verorten (Hausen 1976, 265). Versucht wird die Beobachtung und Analyse eines sich derzeit wandelnden Verständnisses von Eltern-Kind-Beziehungen und der daraus erwachsenden sozialen und psychischen Folgen.

Die Parteinahmen Forschender

Das hier behandelte Thema berührt Eltern-Kind-Beziehungen und Geschlechterbeziehungen auf einer allgemeinen und auch auf einer sehr konkreten Ebene.

Es ist in diesem Bereich schwer, wissenschaftliche Erkenntnisse von persönlichen Erfahrungen und Wertungen derjenigen zu trennen, die dieses Thema untersuchen. Jede(r) Forschende ist immer auch Kind, in einer Familie aufgewachsen oder selbst Kind getrennt lebender Eltern, vielleicht selbst Vater oder Mutter eines Kindes oder in Trennungs- und Scheidungskonflikte im Bekannten-, Verwandten-, Freundeskreis einbezogen, möglicherweise selbst Betroffene(r) eines elterlichen Streits um Kinder. Mehr oder minder bewußt prägen diese Erfahrungen wissenschaftliche Konzepte.

Auch Aussagen darüber, was ein Kind »braucht«, werden nicht nur im Kontext wissenschaftlicher Argumentationen getroffen, sondern auch vor dem Hintergrund der eigenen Lebensgeschichte. Wir erinnern uns daran, wie Eltern mit uns umgegangen sind und welche Gefühle wir als Kind hatten. Nach Devereux ist jegliche Forschung und jede Wirklichkeitswahrnehmung am »Selbstmodell« der Forschenden orientiert, der »...Neigung des Menschen, sein Selbst, seinen Körper, sein Verhalten und seine Art, Erfahrungen zu machen, für archetypisch oder zumindest prototypisch zu halten und sein Bild von der Außenwelt danach zu prägen und darauf zu beziehen« (Devereux 1976, 192). Die Auswahl des Forschungsgegenstandes und der Forschungsmethoden sowie der Forschungsprozeß selbst haben für die Beteiligten eine spezifische, subjektive und oftmals unbewußte Bedeutung.

Wissenschaftliches Arbeiten ist mit der Erwartung verknüpft, durch Abstraktion von den sinnlichen Qualitäten eigener Erfahrung zu allgemeingültigen und kontrollierbaren Aussagen zu gelangen. Fakten sollen aus der Position unbeteiligter BeobachterInnnen gesehen, eigene Wertungen und Interessen sollen zugunsten nachprüfbarer Tatsachen zurückgedrängt werden.

Daß diese Forderungen im Grundsatz richtig, gleichwohl nur begrenzt realisierbar sind, gilt heute für naturwissenschaftliche und ebenso für sozialwissenschaftliche Forschungen als bestätigt und betrifft deshalb auch die hier vorgelegte Untersuchung. Wissenserzeugung ist niemals nur ein deskriptiver, sondern immer auch ein konstruktiver Prozeß, Wissensprodukte sind hochgradig durch Selektionen strukturiert (Knorr-Cetina 1984, 28). Wissenschaftliche Erkenntnisse sind das Produkt von Menschen mit spezifischen Interessen in einer spezifischen historischen und kulturellen Situation. Sie sind durch Situationsspezifität, Interessenstrukturen und mehr oder minder explizite Parteinahmen gekennzeichnet.

Wissenschaftliche Aussagen über Eltern-Kind-Beziehungen sind in besonderem Maße in einen spezifischen historischen und politischen Kontext eingebettet.

Eltern-Kind-Beziehungen haben zweifellos eine biologische Grundlage. Alle darauf aufbauenden Lebensweisen, Gefühlsbeziehungen, Arbeitsteilungen, Zuständigkeiten und Zuordnungen sind jedoch sozial bedingt und wandeln sich in unterschiedlichen historischen, ökonomischen, kulturellen und regionalen Kontexten; sie lassen sich nicht aus der »Natur« des Eltern-Kind-Verhältnisses ableiten. Sie sind gleichwohl immer geprägt durch anthropologische Vorannahmen über das Wesen einer Frau, eines Mannes oder eines Kindes, die auch die Hypothesen und Forschungsstrategien von WissenschaftlerInnen prägen. Coester (1985) verdeutlicht dies für wissenschaftliche Aussagen zum Rechtsbegriff »Wohl des Kindes«: »Die Persönlichkeit des Wissenschaftlers selbst ist notwendiges Erkenntnisinstrument, die Wertungsabhängigkeit aller wissenschaftlichen Aussagen zum psychosozialen Aspekt des Kindeswohls muß deshalb als Grundsituation dieser Wissenschaften akzeptiert werden« (42).

Eltern-Kind-Beziehungen können nur als Beziehungen von Menschen unterschiedlichen Alters und in Beziehung zu Menschen unterschiedlichen Geschlechts gedacht werden. Darüber hinaus werden sie im Kontext einer Institution analysiert, die in unserem Kulturkreis ausgesprochen positiv bewertet ist: der biologisch codierten Verwandtschaftsfamilie.

Alle Untersuchungen zu Eltern-Kind-Beziehungen enthalten deshalb mehr oder minder explizit Aussagen darüber, wie Generationenbeziehungen und Geschlechterbeziehungen geregelt sind oder sein sollten. Die Auswahl von Untersuchungsfragen, die begriffliche Fixierung von Sachverhalten, Erhebungs- und Auswertungstechniken und insbesondere die Bewertung von Untersuchungsergebnissen setzen eine Wertentscheidung, ein (positiv oder negativ abgrenzbares) Modell dafür voraus, was als »defizitär«, »förderlich«, »anregend«, »partnerschaftlich«, rechtspolitisch empfehlenswert u.ä. einzuschätzen ist.

Die so erzeugten Ideen über Eltern, Kinder und Eltern-Kind-Beziehungen beeinflussen wiederum die Beziehungen von Menschen untereinander. Wissenschaftliche Ergebnisse werden (auch) instrumentell verwandt und gehen – etwa als Erziehungsratschlag oder Rechtsempfehlung – in das Alltagshandeln oder das politische Handeln von Menschen ein. Ein durch WissenschaftlerInnen diskursiv erzeugter Konsens über die Bedeutung spezifischer Eltern-Kind-Beziehungen hat Einfluß auf deren rechtlich-soziale Ausgestaltung. Als denkende und politisch lebende Menschen formulieren Forschende ihre Ergebnisse auch unter diesem Gesichtspunkt. Insofern ist eine Parteinahme empirischer Untersuchungen und theoretischer Abstraktionen unvermeidbar, unabhängig davon, ob sie explizit formuliert werden oder nicht. Ziel dieser Arbeit ist es deshalb auch, die in den jeweiligen sozial- und rechtswissenschaftlichen Auseinandersetzungen erkennbaren Parteinahmen zu benennen und zu diskutieren.

2
Elternschaft und Kindheit

Elternschaft

Elternschaft bezeichnet das Verhältnis einer Mutter und des mit ihr verheirateten Vaters zu einem leiblichen Kind bzw. zu einem adoptierten Kind, einem Pflegekind, einem Stiefkind sowie das Verhältnis eines nichtehelichen Vaters zu einem nichtehelichen Kind. Im bundesrepublikanischen Rechtssystem ist Verwandtschaft genetisch begründet, Mutter- und Vaterschaft bestimmt sich zunächst durch genetische Abstammung und Geburt. Als Mutter eines Kindes gilt die Frau, die es geboren hat – die genetische Abstammung konnte dabei bislang als selbstverständlich vorausgesetzt werden –, als Vater gilt der Erzeuger des Kindes.

Solche Eltern, die zudem miteinander verheiratet sind, gelten als Eltern auch in rechtlicher Hinsicht. Sie haben gemeinsam das Recht und die Pflicht, für das Kind zu sorgen. An die rechtliche Elternschaft knüpfen sowohl der verfassungsrechtliche als auch der zivilrechtliche Schutz der Eltern-Kind-Beziehung sowie die elterlichen Rechte und Pflichten an. Sind die Mutter und der Vater eines Kindes nicht miteinander verheiratet, ist der Eltern-Begriff rechtlich zunächst nur der nichtehelichen Mutter vorbehalten.

Biologische Elternschaft wird in unserer Kultur als Definitionsgrundlage fürsorglicher Zuständigkeit auch nach der Geburt bewertet. Sie hat normativen Charakter für die Ausbildung psychosozialer und affektiver Beziehungen der Elternteile zum Kind. Zeugung, Schwangerschaft und Geburt sind vor allem für Frauen Bestandteil des Aufbaus einer Eltern-Kind-Beziehung. Es wird vermutet, daß diese Vorgänge auch für den Aufbau der Beziehung eines Kindes zu seiner Mutter (möglicherweise auch zum Vater) von Bedeutung sind. Wichtiger für den Beziehungsaufbau der Kinder scheinen aber die konkreten Interaktionserfahrungen der ersten Lebensjahre zu sein. Psychosoziale Beziehungen und affektive Bindungen eines Kindes an Elternpersonen entwickeln sich – wie am Beispiel von Adoptivkindern gut belegt ist – durch soziale Zuständigkeiten und gelebte Nähe und nicht durch genetische Abstammung.

Elternschaft kennzeichnet meistens eine in sozialer, emotionaler und rechtlicher Hinsicht lebenslange Beziehung zwischen Eltern und Kindern. In welchen Formen sie tatsächlich gelebt wird, variiert jedoch beträchtlich. Eine Eltern-Kind-Beziehung kann gelockert, abgebrochen, von vornherein als nicht-existent definiert werden: Kinder werden zur Adoption freigegeben oder leben bei Pflegeeltern; biologische Väter kennen ihre Kinder gar nicht (und umgekehrt); Kinder wachsen mit einem Elternteil oder in Stieffamilien auf; biologische und soziale Elternschaft werden von vornherein als getrennt definiert – etwa in sogenannten Leihmütterverträgen. Die tatsächliche Möglichkeit, Elternschaft sozial und rechtlich zu definieren oder aufzukündigen, besteht nur für Eltern und nicht für Kinder (zumindest nicht für die jüngeren).

Auch wenn die Vielfalt gelebter Eltern-Kind-Beziehungen zu berücksichtigen ist, kommt drei Dimensionen von Elternschaft besondere Bedeutung zu:

1. *der genetischen bzw. biologischen Elternschaft* durch Zeugung, Schwangerschaft und Geburt;
2. *der rechtlichen Elternschaft* als Summe elterlicher Rechte und Verpflichtungen gegenüber einem Kind;
3. *der psychosozialen Elternschaft* als Resultat des in einer konkreten Verantwortungs- und Erfahrungsgemeinschaft entstandenen Zusammengehörigkeitsgefühls von Eltern und Kind.

Biologische, rechtliche und psychosoziale Elternschaft sind jeweils mit Bedeutungszuschreibungen verknüpft, die sowohl die Art der Eltern-Kind-Kontakte als auch deren emotionales Erleben bestimmen. Pflegeeltern entwickeln andere affektive Beziehungen zu einem mit ihnen lebenden Kind als Adoptiveltern, deren rechtliche und psychosoziale Zuständigkeit nicht in Frage gestellt wird. Biologische Väter ohne Kontakt zum eigenen Kind gelten eher als Erzeuger denn als Väter, und die symbolische Bedeutung einer Mutter-Kind-Beziehung ist ungleich höher als die zwischen einer das Kind tatsächlich versorgenden Kinderfrau und ihrem Schützling.

Für *Frauen* fallen biologische, rechtliche und psychosoziale Mutterschaft in der Regel zusammen.

Nach geltendem Recht wird eine Frau, die ein Kind geboren hat, als seine Mutter angesehen. Im Zuge neuer Reproduktionstechniken müssen allerdings genetische Abstammung und Schwangerschaft/Geburt nicht mehr übereinstimmen: Für Frauen wurden neuartige Formen von Mutterschaft denkbar und inzwischen auch realisiert, z. B. die Implantation eines Embryos und das Austragen eines Kindes, mit dem sie genetisch nicht verwandt sind, oder die Adoption eines Kindes, das genetisch von ihnen abstammt, aber von einer anderen Frau ausgetragen wurde.

Nach der Zeugung sind Väter und Mütter quantitativ und qualitativ ungleichgewichtig an der Entwicklung eines Kindes beteiligt; dies schlägt sich auch in der rechtlichen Bewertung von Mutter- bzw. Vaterschaft bis zum Zeitpunkt der Geburt nieder. Dies erscheint legitim, weil »anders als Vaterschaft ... Mutterschaft schon biologisch mehr (ist) als die Ablieferung von Genen. Durch Schwangerschaft und Geburt entsteht eine Lebensgemeinschaft mit dem Kind. Die Frau, die das Kind austrägt, leistet Entscheidendes für seine Entwicklung« (v.d.Daele 1985, 50).

Aufgrund der engen biologischen Verbundenheit entwickeln sich mit Schwangerschaft und Geburt spezifische mütterliche Gefühlsbeziehungen (positiver oder negativer Art) gegenüber dem zukünftigen Kind. Schwangerschaft und Geburt erzeugen eine kaum auflösbare Beziehung zwischen Mutter und Kind, selbst dann, wenn Kinder gleich nach der Geburt zur Adoption freigegeben werden. Sorosky u.a. (1979) bezeichnen deshalb den Adoptionsfall als »psychologische Amputation«, die mit schweren psychologischen Krisen verbunden sein kann (Swientek 1986). Für Frauen ist eine Beschränkung auf die Rolle der Gebärerin aufgrund der Anforderungen, die an sie als Mutter gestellt werden, ungleich schwieriger als für Männer die Selbstbeschränkung auf die Rolle des bloßen Erzeugers.

Während die biologische Mutterschaft eindeutig nachweisbar ist, können sich Männer ihrer genetischen Vaterschaft (ohne aufwendige Nachweismethoden) niemals völlig sicher sein. Prinzipiell kann eine Frau andere Liebhaber gehabt haben. Männer sind also darauf angewiesen, den Angaben von Frauen zu vertrauen (oder deren Sexualverhalten zu kontrollieren). An die Vaterschaft knüpfen sich für Männer unterhaltsrechtliche Konsequenzen sowie erbrechtliche Ansprüche des Kindes.

An den emotionalen Erfahrungen während der Schwangerschaft und Geburt nehmen Männer vor allem vermittelt über Frauen teil. Erst vom Zeitpunkt der Geburt an ist es für sie möglich, eine eigenständige Beziehung zu dem Kind aufzunehmen. Weil für Männer genetische und psychosoziale Vaterschaft insgesamt häufiger auseinanderfallen, sind tatsächlich gelebte Formen von Vaterschaft vielfältiger und ausdifferenzierter.

Emotionale und soziale Bedeutungen von Elternschaft

Im Vergleich zu früheren Generationen ist die emotionale Bedeutung von Kindern für ihre Eltern heute unverhältnismäßig hoch. Kinder werden als Quelle von Glück und der Realisierung von Liebesbedürfnissen und Lebenssinn erfahren. Auf sie richten sich Wünsche nach intensiver Erfahrung, Selbsterfahrung, Vitalität, spontanem Erleben und der Authentizität persönlicher Beziehungen. Kinder vermitteln ihren Eltern das Gefühl, gebraucht zu werden und direkt an der Entwicklung eines anderen Menschen beteiligt zu sein.

»In der Veränderung der Bedeutung, die Kinder für Eltern haben, liegt einer der wichtigsten Indikatoren für den Wandel innerfamiliärer Verhältnisse vor.« (Fend 1988, 105) Mit der Herauslösung der Altersversorgung aus dem Familienverbund in öffentliche Institutionen verloren Kinder ihren ökonomischen Nutzen für Eltern; sie sind in finanzieller Hinsicht eher zur Belastung geworden. Gleichzeitig ermöglichen verbesserte Methoden der Empfängnisverhütung es Frauen heute, Sexualität und Fortpflanzung zu trennen und sich für (oder gegen) ein Kind als Ausdruck persönlicher Bedürfnisse zu entscheiden (Wrede 1989). Langfristige Arbeitszeitverkürzungen und damit verbundene Freizeitgewinne, ein allgemeiner Wandel weg von Pflicht- und Leistungswerten hin zur Betonung von Persönlichkeitsentfaltung und familialer Gebundenheit (Klages 1984) haben auch für Männer die Bedeutung von Elternschaft verändert. Im Januar 1990 betonten in der DDR 90,8 % der Frauen und 85 % der Männer zwischen 18 und 60 Jahren, daß Kinder sehr wichtig bzw. wichtig in ihrem Leben sind (Frauenreport '90, 116); für die BRD gelten ähnliche Werte (Köcher 1988).

Die große Bedeutung von Elternschaft geht einher mit einer unverändert hohen Wertschätzung von Familie, »die als Lebensziel und als Norm für das Zusammenleben für die überwiegende Mehrheit der Bevölkerung Gültigkeit hat. Nicht die Familie wird in Frage gestellt, sondern bestimmte Regeln für ihre Dauerhaftigkeit und Institutionalisierung« (Köcher 1988, 117). Scheidungen und Trennungen werden heute toleriert, und Formen des familialen Zusammenlebens haben sich durch das Nebeneinander von traditionellen Familien, nichtehelichen Lebensgemeinschaften, Alleinerziehenden, Stieffamilien u.a.m. ausdifferenziert und pluralisiert.

Parallel zum Bedeutungswandel von Elternschaft verzeichnen nahezu alle empirischen Untersuchungen einen Wandel der elterlichen Erziehungserwartungen, -formen und -stile: einen »Übergang von der Elternbestimmtheit der Kinder zur Kindbezogenheit der Eltern« (Wurzbacher 1961, 84; Schütze 1988, m.w.N.; Fend 1988, m.w.N.).

Zunehmend werden Kinder und Jugendliche als selbständige Individuen, die ein zu respektierendes Eigenleben haben, wahrgenommen. Von Eltern ebenso wie von anderen Erwachsenen verlangt dies ein hohes Maß an Aufmerksamkeit, Sensibilität und Selbstkontrolle im Umgang mit Kindern (Schütze/Geulen 1983).

Seit den siebziger Jahren haben die Erziehungswerte Gehorsam und Unterordnung an Bedeutung verloren. Statt dessen gelten Selbständigkeit, Kooperationsfähigkeit und Kreativität als wichtige Verhaltensweisen von Kindern, die durch das Verhalten der Eltern gefördert werden sollen (Fölling-Albers 1989). In Verbindung damit hat sich auch die Konfliktintensität zwischen Eltern und Kindern verstärkt (Fend 1988).

Zinnecker (1985) beschreibt, wie sich in den Jahren 1950 bis 1980 der Diskurs über Kindererziehung verändert hat. Früher waren etwa der bedingungslose Gehorsam des Kindes und die Strenge bzw. Güte der Erziehenden Thema, in jüngerer Zeit geht es eher um die Anerkennung des Kindes als Persönlichkeit mit eigenen Rechten und um einen herrschaftsfreien Diskurs zwischen Erwachsenen und Kindern. Die Beratungs- und Gesprächsfähigkeit von Eltern steht heute hoch im Kurs, als Wunsch jugendlicher Kinder ebenso wie als Selbstanforderung von Eltern (Fend 1988, 128). Sie »scheint heute jene Eigenschaft des Elterndaseins zu sein, die gefordert ist, wenn Kinder zusammen mit ihren Eltern sowohl ihre eigenen Beziehungsverhältnisse als auch die anstehenden Lebensaufgaben bearbeiten« (ebd.).

Elternschaft im Prozeß der Individualisierung

Ulrich Beck und Elisabeth Beck-Gernsheim (1990, m.w.N.) sehen die große Bedeutung, die Elternschaft heute hat, im Zusammenhang mit der Individualisierungsdynamik moderner Industriegesellschaften: der Herauslösung von Lebensläufen und biografischen Mustern aus institutionellen Vorgaben und Versorgungen, dem damit verbundenen Verlust an stabilisierenden Bindungen und Sicherheiten, der Pluralisierung von Lebensweisen und Lebenszielen und dem zunehmenden Wahl- und Entscheidungsbedarf für die Gestaltung individueller Biografien. Die Normierungen sozialer Milieus lösen sich auf und neue Formen sozialer Einbindung und Kontrolle werden etabliert, bei gleichzeitiger Verschärfung sozialer Ungleichheiten. Das eigene Dasein wird widersprüchlich und voraussetzungsreich.

Die ersten Stadien dieses Individualisierungsprozesses verbinden sich mit der zunehmenden Auflösung traditioneller Gemeinschaftsformen – z. B. der Dorf- und Hausgemeinschaft – und dem damit einhergehenden Bindungsverlust. »Im Zuge der zunehmenden Säkularisierung, der Pluralisierung von Lebenswelten, der Konkurrenz von Werten und Glaubenssystemen werden viele Bezüge gelöst, die dem einzelnen ein Weltbild vorgaben, einen sinnstiftenden Zusammenhang, eine Verankerung der eigenen Existenz in einem größeren Kosmos.« (Ebd., 67) Dies ist der historische Zeitpunkt für neue Muster der personenbezogenen Stabilität. Sie entstehen auf der Grundlage einer intensiven Gefühlsbetontheit bezogen auf die Paarbindung und Familie. Erfahrungen von Intimität und Nähe werden zu Fixpunkten der eigenen Biografie. Auch Kinder sind nunmehr Mittelpunkt der privaten Existenz: »Wo die Ziele beliebig und austauschbar werden, der Glaube an ein Jenseits schwindet, die Hoffnungen des Diesseits sich oft als vergänglich erweisen – da eben verheißt ein Kind auch die Möglichkeit, dem eigenen Leben Sinn, Inhalt und Anker zu schaffen« (Beck-Gernsheim 1988, 140).

Wachsende Ansprüche an das eigene Lebensglück werden immer ausschließlicher an PartnerInnen und Kinder adressiert. Strukturelle Zwänge zu Eheschließung und Familienbildung nehmen ab, zugleich sind Wünsche nach emotionaler Bindung ungeschmälert oder sogar stärker als früher vorhanden (Hoffmann-Nowotny 1988). Die »Personalitätsfunktionen« von Familie treten in den Vordergrund: die Befriedigung emotionaler Bedürfnisse, die Möglichkeiten der Persönlichkeitsentfaltung und die Suche nach der Bedeutung des Lebens.

Gleichzeitig wird deutlich, welch ein Widerspruch das Leben in einer individualisierten Gesellschaft und die gelebte Zweisamkeit (bzw. Elternschaft) bedeuten kann. Dieser Widerspruch konkretisiert sich in der geschlechtsspezifischen Verteilung von Reproduktions- und Erwerbsarbeit, sozialen Zugangschancen und sozialen Sicherungen; in den wachsenden Ansprüchen von Frauen an ein eigenständiges Leben bei sich verschlechternden Arbeitsmarktchancen und reduzierten Möglichkeiten der außerfamilialen Kinderbetreuung. »In jedem Fall werden die aufbrechenden Diskrepanzen zwischen systematisch erzeugten Gleichheitserwartungen der Frauen in Bildung und Recht und der Ungleichheitswirklichkeit in Beruf und Familie auf den Privatbereich innerhalb und außerhalb von Ehe und Familie abgewälzt.« (Beck 1990, 188)

Für Paare und insbesondere für Paare mit Kindern ist dies mit zunehmenden Auseinandersetzungen, Kränkungen und Kämpfen verbunden. Hoffnungen auf eine Dauerhaftigkeit von Beziehung reduzieren sich in diesen Konflikten immer mehr – dies belegen alle gegenwärtigen Daten zur Bevölkerungsentwicklung. Vor allem Frauen nehmen ihre enttäuschten Hoffnungen und Ansprüche zum Anlaß dafür, sich aus einer Ehe oder Partnerschaft zu lösen.

Gegenüber der Ehebeziehung scheint die Eltern-Kind-Beziehung im Hinblick auf Bedürfnisbefriedigung und der Stiftung von Lebenssinn zunehmend an Eigenwert zu gewinnen (Schütze 1988). Es scheint, als ob Bedürfnisse nach dauerhafter und vorbehaltloser Zärtlichkeit und Nähe immer mehr auf das Kind übertragen werden: »Was bleibt, ist das Kind. Es verheißt eine Bindung, die so elementar, umfassend, unauflöslich ist wie sonst keine in dieser Gesellschaft. Je mehr andere Beziehungen austauschbar und aufkündbar werden, desto mehr kann es zum Bezugspunkt neuer Hoffnungen werden: das Kind als letzter Garant von Dauer, als Verankerung des eigenen Lebens.« (Beck-Gernsheim 1990, 99)

Elisabeth Beck-Gernsheim sieht hierin eine weitere Stufe der Individualisierungsprozesse: die wachsende Konzentration auf das einzelne Kind, der quantitativ immer öfter anzutreffende Typus der bewußt alleinerziehenden Mutter und auch das zunehmende Interesse von Männern an den emotionalen Erfahrungen eines Lebens mit Kind(ern).

Gleichzeitig zeichnet sich ab, daß die Fortsetzung dieser Individualisierungsprozesse mit zunehmenden Geschlechterkonflikten um Kinder und auch mit zunehmend wahrgenommenen Ansprüchen von Kindern an Elternschaft und an eine Stabilität von emotionalen Beziehungen verbunden sein könnte.

Kindheit und Elternschaft im historischen Wandel

Das Verständnis von Elternschaft hat sich ebenso wie das Verständnis von Kindheit im Verlauf historischer Entwicklungen vielfach verändert. Ob und in welchem Ausmaß sich enge Gefühlsbeziehungen zwischen Eltern und Kindern überhaupt ausbilden können, wurde zu allen Zeiten durch materielle Bedingungen und alltägliche Beanspruchungen bestimmt. Auch die in bestimmten Epochen vorherrschenden Diskurse darüber, wie elterliche Beziehungen zueinander und zu Kindern sein müßten und was Kinder ihrem Wesen nach seien, hatten Einfluß auf die Ausbildung individueller Gefühle.

»Kindheit« als eigenständige Lebensphase: die zunehmende Anerkennung kindlicher Bedürfnisse

»Kindheit« ist zunächst eine Entwicklungsphase im Leben eines Menschen. Zu einem ausdifferenzierten gesellschaftlichen, sozialen und emotionalen Sachverhalt aber ist »Kindheit« erst im 19. Jahrhundert geworden, im Kontext der Entstehung moderner bürgerlicher Gesellschaften.

Vorstellungen über das Kindeswohl oder Interessen und Bedürfnisse von Kindern setzen voraus, daß Kinder von Geburt an als eigenständige Persönlichkeiten anerkannt werden. Den mit ihnen umgehenden Erwachsenen wird dann ein hohes Maß an Empathie bezogen auf ihre persönlichen und altersgemäßen Eigenschaften abverlangt.

Ein solches Verständnis von Kindheit scheint relativ neu zu sein. Zwar hat es Vorstellungen einer Entwicklung menschlicher Lebewesen nach bestimmten Altersstufen in allen historischen Epochen und zu allen Zeiten gegeben (Arnold 1980) – damit waren auch Vorstellungen über den altersgemäßen Umgang mit Kindern verbunden –, dennoch waren bis in die Neuzeit hinein Vorstellungen von Kindheit als eigener Lebensphase mit besonderen Ansprüchen, Schutzbedürfnissen und besonderer Erlebnisfähigkeit eher schwach entwickelt. Kindheit galt in der ständischen und vorindustriellen Gesellschaft als eine Vorstufe des Erwachsenseins. Kinder wurden nicht als grundsätzlich unterschiedlich zu Erwachsenen betrachtet, wobei aus heutiger Perspektive auch die damalige Erwachsenengesellschaft eher kindlich erscheint (Ariès 1975, 209).

Kindern wurden keine eigenen Bedürfnisse zugeschrieben. Sie wurden ver- und umsorgt, wuchsen aber ohne spezifische »Erziehung« im heutigen

Sinne in der Produktions- und Wirtschaftsgemeinschaft des »Hauses« auf. »Wenn die ersten fünf bis sieben Jahre vorüber waren, mischte sich das Kind übergangslos unter die Erwachsenen. Diese Auffassung von der kurzen Kindheit hat sich in den unteren Schichten lange gehalten.« (Ebd. 457)

Vorstellungen von der besonders bedeutsamen Lebensphase »Kindheit« bildeten sich nach Ariès (1975) erst im 15. und 16. Jahrhundert aus, in engem Zusammenhang mit der Entstehung eines privaten Familiengefühls (kritisch dazu: Arnold 1980). In Renaissance und Neuzeit zentrierte sich die Familie zunehmend um das Kind. Kindheit wurde allmählich als Zeit der Formung und Ausbildung eines Menschen erkannt.

Die Idee einer gesonderten »Kindheit« war Voraussetzung für die Vorstellung eines besonderen – pädagogischen – Verhältnisses zwischen Erwachsenen und Kindern.

Im 16. und 17. Jahrhundert entstand im Kontext von Theologie und Pädagogik ein neues Interesse an der Erziehung von Kindern. Für einige – männliche – Kinder verlängerte sich die Kindheit durch den Besuch von Schulen. »Daß es den Moralisten und Erziehern des 17. Jahrhunderts, den Erben einer auf Gerson, auf die Pariser Universitätsreformer des 15. Jahrhunderts, auf die Kollegstifter am Ende des Mittelalters zurückgehenden Tradition gelang, ihre ernsthafte Auffassung von einer langen Kindheit durchzusetzen, ist dem Erfolg der schulischen Institutionen und erzieherischen Praktiken zu verdanken, denen sie Richtung und Disziplin verlieh.« (Ebd. 1975, 457) Sie entwickelten auch ein Gefühl für kindliche – altersspezifische – Besonderheiten und stellten ihre Erziehungsmethoden darauf ab.

Mit Beginn des industriellen Zeitalters verkomplizierte sich die Welt der Erwachsenen zunehmend, und damit verlängerte sich auch die Phase des Erwachsenwerdens (Arnold 1980): Die Kindheitsphase dehnt sich aus. Im 19. Jahrhundert wird für die Kinder der europäischen Oberschicht eine verstärkte Zuwendung und Beschäftigung mit ihren Bedürfnissen erkennbar. »Kindheit« wird zum Gegenstand wissenschaftlicher Diskurse; die Schule löst als Erziehungsinstitution das Lehrverhältnis ab. Der Gedanke, daß Kinder ein Recht hätten auf bloßes Kindsein, setzt sich durch (Johansen 1978, 111).

In der aktuellen gesellschaftspolitischen und erziehungswissenschaftlichen Diskussion wird Kindheit als eigenständige Lebensphase betrachtet, die mit eigenen Rechten und Möglichkeiten ausgestattet ist. Kindern wird heute das Recht auf eine »Kindheit« selbstverständlich zugestanden. »In der modernen Sozialpädiatrie, Sozialpsychiatrie, Entwicklungspsychologie,

Pädagogik und Sozialisationsforschung wird das Kind ebenso wie der Jugendliche, der Erwachsene und der alte Mensch als produktiver Verarbeiter der äußeren und der inneren Realität und als Gestalter der eigenen Umwelt und der eigenen Persönlichkeit in dieser Umwelt gesehen. Die Kindheit wird nicht länger als eine Vorstufe zu anderen Stufen der menschlichen Entwicklung konzipiert.« (Hurrelmann 1989, 7)

Der Umgang mit Kindern

Erst seit kurzem ist ins Bewußtsein gedrungen, daß die sehr emotionalen Beziehungen zu Kindern, die wir heute pflegen, möglicherweise ein relativ neuartiges soziales Phänomen darstellen.

Seit Ariès sein Buch über *Die Geschichte der Kindheit* veröffentlichte, verweisen neuere sozialhistorische Forschungen relativ einmütig auf ein jahrtausendelang allgemein verbreitetes Desinteresse gegenüber dem Leben und Leiden von Kleinkindern. Insbesondere Shorter (1975) und deMause (1977) haben diese These aufgenommen und ausgeweitet: Kinder seien in einem heute kaum vorstellbaren Maße vernachlässigt, brutal mißhandelt, sexuell gebraucht und diszipliniert worden. In fast allen vorangegangenen Gesellschaften seien Kindesaussetzung und Kindestötung an der Tagesordnung gewesen. Lloyd deMause hat diese Phänomene in einem berühmt gewordenen Einleitungssatz seines Buches zusammengefaßt, wenn er davon spricht, daß »die Geschichte der Kindheit ... ein Alptraum (ist), aus dem wir gerade erst erwachen. Je weiter wir in der Geschichte zurückblicken, desto unzureichender wird die Pflege der Kinder, die Fürsorge für sie, und desto größer die Wahrscheinlichkeit, daß Kinder getötet, ausgesetzt, geschlagen, gequält und sexuell mißbraucht werden« (1977, 12).

Andererseits sind aus allen historischen Epochen Dokumente überliefert, die eine enge emotionale Verbundenheit zwischen Erwachsenen und Kindern nachweisen (Arnold 1980). Es hat immer auch elterliche/mütterliche Zuneigung, Empathie und liebevolle Fürsorge für Kinder gegeben, ebenso wie Trauer und Erschütterung über ihren Tod (Lenz 1986).

Ob diese Gefühle unseren heutigen vergleichbar sind, läßt sich nur schwer rekonstruieren. Für viele Gefühle waren verbale Ausdrucksmöglichkeiten ungebräuchlich; wohl aber gab es Handlungsweisen, die heute als Indikatoren für das Vorhandensein bzw. die Abwesenheit eines solchen Gefühls gewertet werden. Gefühle sind in unterschiedlichen sozioökonomischen Milieus ebenso wie in unterschiedlichen historischen Epochen in unterschiedlichen Zeichensystemen (Sprache, Verhalten, Mimik etc.) »codiert« worden. Generalisierte Aussagen »im Hinblick auf die Intensität und Qualität besonderer emotionaler Muster und deren Fundierung in konkreten Lebens- und Arbeitsweisen« sind deshalb schwierig« (Medick/Sabean 1984, 52).

Zudem beziehen sich die vorhandenen literarischen und historischen Quellen vor allem auf die Lebensbedingungen und Gefühlsbeziehungen wohlhabender Schichten, die sich den »Luxus« des Gefühls leisten konnten. Wenn der alltägliche Überlebenskampf um die eigene Existenz schon alle Energien beansprucht, bleibt kaum Raum für liebevolle Aufmerksamkeit gegenüber anderen – auch nicht gegenüber Kindern.

Emotionale Beziehungen zwischen Eltern und Kindern

Die emotionalen Beziehungen zwischen Eltern und Kindern haben sich im Laufe von Jahrhunderten mit den sich wandelnden Konzepten von Kindheit, Elternschaft und den ihnen zugrundeliegenden ökonomischen und kulturellen Entwicklungen verändert. »Zärtlichkeit und liebevolle Vertrautheit scheinen heute so sehr Teil der normalen Eltern-Kind-Beziehungen, daß wir dazu neigen, sie als historische Konstante zu betrachten.« (Shorter 1975, 256) Shorter – und mit ihm viele andere SozialhistorikerInnen – hält dies für eine irrige Annahme (kritisch dazu: Arnold 1980). Seiner Ansicht nach hat sich das traditionelle Desinteresse an Leben und Leiden von Kleinkindern auch in den emotionalen Eltern-Kind-Beziehungen niedergeschlagen. Enge emotionale Verbundenheiten zwischen Eltern und Kindern sind durch die ökonomischen Verhältnisse ebenso wie durch den mangelnden Diskurs über die emotionalen, heute als selbstverständlich geltenden Ansprüche von Kindern verhindert worden. Eltern waren bis vor wenigen Jahrhunderten zur Einfühlung in die Bedürfnisse und Wahrnehmungen ihrer Kinder kaum fähig (Shorter 1975, 257).

Während der gesamten Periode der Antike wurden Kinder eher als Sache denn als Person behandelt. Je nach ihrem Nutzen für Familie und Staat konnten sie ausgesetzt, umgebracht oder auf andere Weise beseitigt werden (Spillmann 1980). Auch in germanischen Rechtsvorstellungen existierte ein Recht, neugeborene Kinder zu töten (Arnold 1980, m.w.N.). Kindesaussetzung – inbesondere die Aussetzung von Töchtern – war an der Tagesordnung (Weber-Kellermann 1975, 27). Im 12. und 13. Jahrhundert sah sich die Kirche genötigt, nachdrücklich die Aussetzung von Kindern, die Abtreibung und die Kindestötung zu verurteilen (Badinter 1985, 26). Unbestritten ist, daß Kinder in allen historischen Epochen schwer gezüchtigt und mißhandelt worden sind (Arnold 1980, 79 ff.).

Die vorherrschende Form des Zusammenlebens und -arbeitens war in der vorindustriellen Epoche nicht die Familie, wie wir sie heute kennen, sondern die Wirtschaftsgemeinschaft des »ganzen Hauses« (Brunner 1978). Sie war ein durch Arbeitsleistungen und Arbeitskraft geprägter sozialer Bezugsrahmen (Mitterauer 1978). Zum agrarischen Wirtschafts- und Familienverband – nach dessen Modell im hohen Mittelalter etwa 70-80% der Bevölkerung lebten – gehörten das Gesinde, die Tagelöhner, Verwandte und – auf Adelsgütern – Hauslehrer. Zum handwerklichen Wirtschaftsverband zählten auch Lehrlinge und Gesellen.

Diese familiale Wirtschaftsgemeinschaft – und nicht das Individuum – stand als Grundeinheit der sozialen Organisation im Mittelpunkt des Interesses; sie sicherte das materielle Überleben, die Generationenfolge und die Besitzverhältnisse.

Die Liebe als familialer und sozialer Wert hatte vor dem 18. Jahrhundert nicht die Stellung und Bedeutung, die diesem Gefühl heute beigemessen wird (Badinter 1985, 33). Gattenliebe war bis zum 19. Jahrhundert kein konstitutives Element der Ehe – wenngleich es Liebende zu allen Zeiten gab. Ebenso scheint mütterliche (oder väterliche) Liebe zu Kindern als normatives Verhaltensmuster nicht verbreitet gewesen zu sein.

Beziehungen zwischen Eltern und Kindern waren den Anforderungen der familialen Wirtschaftsgemeinschaft untergeordnet. Kinder waren Namensträger, Arbeitskräfte und Alterssicherung ihrer Eltern. Da der überwiegende Teil der Bevölkerung Mitteleuropas bis zur Mitte des vorigen Jahrhunderts in Armut lebte, waren Kinder immer auch zusätzliche Esser und materiell Versorgungsbedürftige, die sich möglichst schnell an der Produktion der nötigen Lebensgüter beteiligen sollten. Die Idee eines grundsätzlichen Anspruches von Kindern auf emotionale Zuwendung, Schutz und Fürsorge kam deshalb nur ansatzweise auf und konnte aufgrund materieller (Über-)Lebensbedingungen auch nicht umfassend realisiert werden.

Die gebräuchlichen Methoden der Säuglingshygiene und Kinderaufzucht waren oftmals schmerzhaft und erscheinen heute grausam: heftiges Wiegen, strammes Wickeln, langes Alleinlassen von Kindern. Säuglinge wurden mit allen Mitteln (Alkohol, Opiate) ruhig gehalten. Es wurde wenig mit ihnen gesprochen und Zärtlichkeiten zwischen Müttern und Kindern waren ungewöhnlich. »Stundenlang liegengelassen zu werden, allein, zu einem festen Bündel gewickelt, das blieb Kleinkindern von arbeitenden Frauen – vor allem auf dem Lande – kaum erspart. Das kompakte Steckwickeln erlaubte es den Müttern, das ›Bündel‹ zum Schutz vor Kälte oder Tieren einfach in der Nähe des wärmenden Feuers an einen Nagel zu hängen oder an den Tisch zu legen.« (Spillmann 1980, 31) Dies führte unter den damaligen Lebensbedingungen zu manchmal unvermeidlichen Unfällen.

Die allgemeine Kindersterblichkeit war hoch. Man schätzt heute, daß 20% aller Säuglinge im ersten Lebensjahr und 50% der Überlebenden vor dem 15. Lebenjahr starben (Hausen 1976).

Frauen wurden früh verheiratet und wenig geschont. Die Zahl ihrer Geburten war oft hoch, bis zu zwanzig Niederkünfte während einer Ehe galten nicht als ungewöhnlich. »Mangelnde Hygiene, Epidemien, Schmutz und Enge der Wohnverhältnisse trugen andererseits zu einer geradezu ungeheuren Kindersterblichkeit bei, so daß in vielen Familien nur ein bis zwei Kinder am Leben blieben, viel mehr auch kaum hätten aufgezogen werden können. Stifterbilder, Votivtafeln und Grabsteindarstellungen legen ein beredtes Zeugnis von diesem immerwährenden Sterben ab, das gerade die Familienmütter gefühlsmäßig abstumpfen mußte.« (Weber-Kellermann 1976, 46/47)

Ebenso wie der Tod des Ehegatten rief, zumindest in der ärmeren Bevölkerung, der Tod eines Kindes keine deutlich sichtbare Erschütterung hervor (Badinter 1985, 32; kritisch dazu: Arnold 1980). Kinder kamen nach damaliger Auffassung direkt in den Himmel; es gab auch den Trost, daß es ihnen dort gut gehe und man sie eines Tages wiederträfe. Nach Shorter (1975) war die hohe Kindersterblichkeit nicht nur Ursache fehlender Gefühlsbeziehungen zwischen Eltern und Kindern, sondern der Mangel an Fürsorge und Zuneigung war genauso Ursache der hohen Kindersterblichkeit.

»Das Kindersterben wurde verstärkt durch eine uneingestandene, aber wirksame Tendenz, Kinder aus verschiedensten Gründen nicht am Leben zu erhalten: aus wirtschaftlicher Bedrängnis und Existenznot oder drohender Vermögensminderung (z. B. bei Töchterreichtum und damit zu erwartenden Mitgiftzahlungen), auch weil Kinder abgelehnt und verstoßen wurden oder einfach aufgrund einer indifferenten Haltung gegenüber den Nachkommen, die im Hause als Arbeitskräfte wahrscheinlich nicht gebraucht werden würden.« (Johansen 1978, 51) So ließen die Menschen damals Kinder verkümmern, setzten sie aus oder töteten sie auch bewußt; die (verschleierte) Kindestötung war an der Tagesordnung.

Mütterliche Aufmerksamkeit gegenüber Kindern war ein Luxus, den die armen Frauen sich nicht leisten konnten (Badinter 1985, 178). »Wenn sie kein ausgeprägtes Gefühl der Mutterliebe besaßen, so hatte dies seine Ursache darin, daß sie durch materielle Umstände und durch Gruppennormen gezwungen waren, das Wohlergehen ihrer kleinen Kinder auf ihrer Prioritätenliste stärker hintan zu stellen und andere Desiderata wie das Funktionieren des Bauernhofes oder die Unterstützung des Mannes beim Tuchweben wichtig zu nehmen.« (Shorter 1975, 257) Rund 90% der Bevölkerung im Deutschland der frühen Neuzeit lebten in ländlichen Verhältnissen, überwiegend in tiefster Armut, gebeutelt von Abgabezwängen, Steuern oder Kirchenzehnt und im dauernden Existenzkampf.

In den Familien der europäischen Oberschicht wurden vom 15. Jahrhundert an Säuglinge für zwei bis fünf Jahre zu Lohnammen aufs Land gegeben (deMause 1977, 12; Badinter 1985, m.w.N.). Zunehmend setzte sich das Säugammenwesen auch in anderen Bevölkerungsschichten durch und verhinderte die Entstehung einer emotionalen Intimität zwischen Müttern und Kindern. Um von der Pflege und Versorgung kleiner Kinder befreit zu sein – weil die eigene harte Arbeit dafür keine Zeit übrig ließ oder auch, weil in bestimmten Schichten und historischen Perioden das Stillen eigener Kinder als unschicklich galt – wurden Säuglinge und Kleinkinder an wirtschaftlich meistens schlecht gestellte Ammen übergeben. Ein Gefühl dafür, daß Kindern damit psychisch oder auch physisch geschadet würde, war kaum vorhanden (Badinter 1985). Der Polizeichef von Paris schätzt, daß im Jahre 1780 von 21 000 Neugeborenen jährlich etwa 17.000 an Ammen auf dem Lande abgegeben wurden, zwischen 2 000 und 3 000 Kinder in Heime kamen und etwa 700 von den eigenen Müttern zu Hause versorgt wurden (deMause 1977, 60).

Die Zahl der ausgesetzten und von kirchlichen Institutionen oder Gemeinden zu versorgenden Findelkinder war groß, und nur etwa 10% von ihnen erreichten das Erwachsenenalter (Johansen 1978, 58). Kinder wurden als billige Arbeitskräfte verdingt, verlost oder versteigert, Zwangsarbeitshäuser und andere Manufakturwerkstätten wurden gerade auch in Verbindung mit Waisenhäusern geschaffen (ebd., 78).

»Erst mit der Renaissance, mit dem Beginn der Neuzeit, begann sich jener tiefgreifende Wandel zu vollziehen, der zu einem ›privaten‹ Familiengefühl führte und damit auch die Grundlage für eine engere Beziehung zwischen Eltern und Kindern legte.« (Spillmann 1980, 32) Langsam beginnt sich in den europäischen Oberschichten die Privatisierung des Familienlebens und eine verstärkte mütterliche Hinwendung zu Säuglingen und Kleinkindern durchzusetzen. Im 18. Jahrhundert sank die Geburtenzahl in den Familien – zunächst in den wohlhabenderen Familien, dann auch in der übrigen Bevölkerung. Verbesserte Hygiene und die fürsorgliche Pflege und Erziehung von Kleinkindern führte eine drastisch verminderte Kindersterblichkeit herbei. »Die Wiederentdeckung der Freuden und der Vorteile des Stillens durch die englische und französische Oberschicht am Ende des 18. Jahrhunderts ging einher mit einem ganzen Bündel neuer Einstellungen dem Kind gegenüber, die alle Zeugnis ablegten für die allgemeine ›Erwärmung des familiären Binnenklimas‹.« (Spillmann 1980, 35)

Mit der Herausbildung der kapitalistischen Produktionsweise zerfiel die bis dahin vorherrschende familiäre Konsum- und Wirtschaftsgemeinschaft und die frühe Integration von Kindern in die Arbeitsverhältnisse des Familienverbandes. Der Begriff der »Familie« bezeichnete im deutschen Sprachgebrauch erst ab etwa 1800 die nur noch aus Eltern und unselbständigen Kindern bestehende Gemeinschaft (Schwab 1975). Die Ausgliederung der Erwerbsarbeit in außerhäusliche Produktionsstätten trennte Subsistenz- und Warenproduktion. Zunehmend verdichteten sich die außerhäusliche Erwerbsarbeit des Mannes und die häusliche (Re-)Produktionsarbeit der Frau zu voneinander abgegrenzten Arbeitsbereichen. Damit veränderte sich auch der vorherrschende Familientypus in sozialer und ökonomischer Hinsicht: Aus der gemeinsam wohnenden und wirtschaftenden Haushaltsfamilie wurde langsam die Kleinfamilie heutigen Typs. Zunächst im aufgeklärten Bürgertum, später auch in anderen sozialen Schichten entwickelte sich der Anspruch auf Beziehungsqualität: die Intimisierung und Emotionalisierung von Familienbeziehungen (Schulz 1983, 404). Das »Kind« wurde entdeckt und die Glorifizierung der Mutterschaft begann. Im 19. Jahrhundert wurde im besitzenden Bürgertum die Frau von der unmittelbar produktiven Arbeit freigestellt und zur Hausfrau im heutigen Sinne. Die Familie galt von nun an als Ort unabdingbarer affektiver Verbundenheit zwischen Eltern und Kindern.

Die allmähliche Umstrukturierung der familialen Arbeits- und Wirtschaftsgemeinschaft zur Kleinfamilie betraf auch die proletarischen und agrarischen Familien. Während auf dem Lande die traditionellen Haushaltsfamilien noch längere Zeit erhalten blieben, waren die Lebensbedingungen proletarischer Familien zunehmend von übermäßigen Arbeitszeiten, schlechten Wohnverhältnissen und einer völlig unzureichenden Ernährung bestimmt. Zur Überlebenssicherung waren auch Frauen und Kinder gezwungen, außerhäuslicher Arbeit nachzugehen, oftmals bis zu zwölf Stunden am Tag. Eine ausgesprochene Erziehung und Betreuung von Kindern war schon Müttern und erst recht Vätern kaum möglich. Nur zögernd und unzureichend wurden diese Funktionen an Krippen, Horte und Schulen übertragen. Die Bildungs- und Lebensvorstellungen des Bürgertums wurden zu – unerreichbaren – Zielen auch der proletarischen Familien.

Zielsetzung einer sich in der zweiten Hälfte des 18. Jahrhunderts entwikkelnden »Industriepädagogik« war es, bereits Kindern eine dauerhafte Arbeitsgesinnung anzuerziehen und sie auf monotone Tätigkeiten unter schlechten Erwerbsbedingungen vorzubereiten (Johansen 1978, 84). Um 1800 entstanden zunehmend die sog. »Industrieschulen« bzw. Arbeitsschulen, in denen Kinder hart arbeiten mußten, schwer gezüchtigt wurden und dabei auch einige Kulturtechniken vermittelt bekamen.

In der zweiten Hälfte des 19. Jahrhunderts beschleunigte sich in den deutschen Staaten die Industrialisierung. »Unsicherheit des Arbeitsplatzes und niedrige Löhne führten dazu, daß viele Familien auf den Verdienst ihrer Kinder nicht verzichten konnten. Schätzungsweise gab es in dieser Zeit und auch noch zu Beginn des 20. Jahrhunderts etwa mindestens eine Million voll arbeitender Kinder – in gewerblichen Betrieben, in der Heimarbeit, der Landwirtschaft, im Handel und in den Dienstleistungsbereichen.« (Johansen 1978, 91) Die Kinder arbeiteten unter erbärmlichsten sozialen und hygienischen Bedingungen und wurden bis an die Grenzen ihrer körperlichen Leistungsfähigkeit ausgebeutet. Vernachlässigung, gesundheitliches und psychisches Elend waren für Arbeiterkinder des 19. Jahrhunderts an der Tagesordnung.

Die bürgerliche Familie zentrierte sich immer stärker um das Kind und seine Bedürfnisse. Kinder wurden zum Mittelpunkt der Familie, Kleinkinderpflege und Kindererziehung zu Hauptaufgaben der Frauen (Spillmann 1980, 40).

Dieses bürgerliche Familienideal bestimmt bis heute die privaten Glückserwartungen ebenso wie rechtliche, ökonomische und kulturelle Ausformungen westlicher Industriegesellschaften.

Mutterliebe ist wahrscheinlich nicht – wie Shorter (1975) meint – eine Neuerwerbung des menschlichen Gefühlshaushaltes. Wohl aber wird seit der Mitte des 18. Jahrhunderts »unter dem Namen ›Mutterliebe‹ ein kulturelles Deutungsmuster etabliert, das nicht nur die Mutter-Kind-Beziehung, sondern gleichermaßen die Binnenstruktur der Familie und die Rolle der Frau normativ interpretiert. Die Funktion dieses Deutungsmusters besteht darin, die im Gefolge der neuen Einsichten über die Natur des Kindes entstehenden Handlungsprobleme in Einklang zu bringen mit der sich gleichzeitig herausbildenden Struktur der bürgerlichen Familie, gemäß der die Frau weitgehend für die Belange der Familie freigesetzt wird« (Schütze 1986, 7). Frauen werden auf ihre »natürliche« Bestimmung als Hausfrau, Mutter und Gattin fixiert.

»Mutterliebe« wird formiert als historisch scheinbar invariantes, biologisch bedingtes Verhaltensmuster: »Mütterlichkeit«. Kinder werden – biologisch und sozial – als »Erfüllung« weiblichen Lebens betrachtet. »Die gute Mutter« ist charakterisiert durch Eigenschaften der Hingabe, Geduld, Sanftheit, Emotionalität und Passivität.

Die Ausdifferenzierung des normativen Verhaltensmusters »Mutterliebe« erfolgt seit dem 18. Jahrhundert nach Schütze (1986, m.w.N.) und Landweer (1989, m.w.N.) in mehreren Schritten:

1. Im Zuge der Pädagogisierung im 18. Jahrhundert wird zunächst das Kind zum Ziel unterschiedlichster Bemühungen. Die Veröffentlichung von Rousseaus Roman *Emile ou de l'Education* markiert im Jahre 1762 den Beginn einer neuen – pädagogischen – Haltung gegenüber Kindern, die nachfolgende Pädagogen – Pestalozzi, Fröbel u.a. – stark beeinflußte. Rousseau fordert eine spezifische, der »Natur« des Kindes angepaßte Erziehung. Er plädiert vehement für eine emotionale Zuwendung der Eltern auch zum Kleinkind und die fürsorgliche Behandlung von Kindern, um die Fähigkeiten zu wecken, die bereits in ihnen schlummern. Das mütterliche Stillen, das im 18. Jahrhundert wieder empfohlen wird, und die Ablehnung des Säugammenwesens werden zum zentralen Thema einer immer stärker erscheinenden Ratgeberliteratur, die sich immer ausgeprägter ausschließlich an Frauen wendet (Schütze 1986, m.w.N.). Mit dem im 18. Jahrhundert einsetzenden Übergang von der Wirtschaftsgemeinschaft des ganzen Hauses zur bürgerlichen Kleinfamilie verändern

sich auch die Frauen und Männern wesenhaft zugeschriebenen Geschlechtsmerkmale (Hausen 1976). »Das Bild der Mutter, ihrer Rolle und ihrer Bedeutung ändert sich tiefgreifend, wenn auch die tatsächlichen Verhaltensweisen noch nachhinken ... Die Frau wird darin verpflichtet, vor allem Mutter zu sein, und es entsteht ein Mythos, der auch zweihundert Jahre später immer noch sehr lebendig ist: der Mythos vom Mutterinstinkt oder von der spontanen Liebe einer jeden Mutter zu ihrem Kind.« (Badinter 1985, 113)

2. Zunehmend greifen im 19. Jahrhundert Experten – vor allem Ärzte – disziplinierend in die Mutter-Kind-Beziehung ein. »Mutterliebe« wird durch Schwangerenbehandlung, Geburtshilfe und Pädiatrie installiert. »Der Arzt ersetzt die Verfügungsgewalt des Hausvaters über die Kinder durch ein empirisches Wissen, dessen Adressatin zunehmend die Mutter allein ist.« (Landweer 1989, 230, Donzelot 1979)
3. Im 20. Jahrhundert löst die Psychologie die Medizin in der wissenschaftlichen Kontrolle und Normierung von Mutter-Kind-Beziehungen ab. Mütter sind dafür verantwortlich, »glückliche« Kinder zu erziehen; ängstliche, unglückliche oder auch psychotische Kinder verdanken ihre Defizite allein dem mütterlichen Unvermögen. Mütter müssen nach Ansicht vieler psychoanalytisch orientierter Autoren ständig für ihr Kind da sein und sensibel dessen Bedürfnisse erraten; allein daraus erwächst ihre mütterliche Befriedigung. Aus der engen Mutter-Kind-Symbiose wird der Vater weitgehend ausgeschlossen.
4. Seit einiger Zeit – beginnend in den 60er Jahren – wird Müttern verstärkt die kognitive Förderung und Entwicklung der kindlichen Fähigkeiten abverlangt. Psychologische Entwicklungstheorien betonen immer stärker die Bedeutung der ersten Lebensjahre und setzen das Unterlassen von Förderung mit verlorenen Entwicklungschancen gleich (Beck-Gernsheim 1990, 168). Die allseitige Förderung des einzelnen Kindes – seiner intellektuellen, musischen, sprachlichen, sportlichen, künstlerischen u.a.m. Fähigkeiten – wird immer mehr zur tagesfüllenden Beschäftigung von Müttern.
5. Während nach Schütze (1986, 132 ff.) viele Anzeichen auf eine zunehmende Entkoppelung von »Mutterliebe« und Schuldzuweisungen hindeuten, gibt es nach Landweer (1989) zahlreiche Belege dafür, daß in der derzeitigen Situation »Mutterliebe« einerseits relativiert, andererseits auch immer subtiler ausdifferenziert wird.

Das Konzept »Mutterliebe« normiert nicht nur die Mutter-Kind-Beziehung, sondern schreibt auch die innerfamiliale und geschlechtliche Arbeitsteilung fest. Im Zusammenhang mit der Ideologie der Geschlechterpolarität (Hausen 1976) stellt das Deutungsmuster »Mutterliebe« die Legitimationsbasis für die hierarchisierte Arbeitsteilung zwischen den Geschlechtern in allen gesellschaftlichen Bereichen bereit.

Über die normative Interpretation der Mutter-Kind-Beziehung wird das Geschlechterverhältnis umformuliert. Weiblichkeit und Männlichkeit werden als voneinander abgegrenzte Geschlechtscharaktere ausdifferenziert, als quasi-natürliche und wesenhafte Eigenschaften von Männern und Frauen. Frauen und Männer werden ihrer Bestimmung, ihrem Wesen und ihren Fähigkeiten nach auf die private Reproduktion bzw. die gesellschaftliche Produktion verwiesen. »Als immer wiederkehrende zentrale Merkmale werden beim Manne die Aktivität und Rationalität, bei der Frau die Passivität und Emotionalität hervorgehoben …« (Hausen 1976, 367)

Die einmal eingeführten Zuordnungsprinzipien bleiben über lange Jahre konstant und wirksam. Sie sind durch eine Vielzahl von Forschungsarbeiten in der Medizin, Anthropologie, Psychologie und Psychoanalyse immer wieder wissenschaftlich »fundiert« worden (Hausen 1976, 369).

Die Polarisierung der Geschlechtscharaktere und die Formierung von »Mutterliebe« hat sich für Eltern-Kind-Beziehungen als folgenreich erwiesen. Die frühkindliche Sozialisation von Kindern ist zur fast ausschließlichen Aufgabe der Mütter geworden und produzierte spezifische Mutter-Kind-Bindungen. »Einzig die Mutter, wesensgemäß als Gefühl definiert, soll imstande sein – und de facto gibt es in der Regel für sie keine Alternative –, durch ihre Mutterliebe im Kinde die notwendigen Gefühlsbindungen zu erzeugen und damit die Existenz des Kindes zu stabilisieren.« (Hausen 1976, 392) Sobald aber – für Söhne – das sog. »Realitätsprinzip« erforderlich ist, werden die väterlichen Erziehungsfunktionen reaktiviert.

Erst neuerdings setzt sich in der wissenschaftlichen Beschäftigung mit der Beziehung zwischen Eltern und Kindern eine Sichtweise durch, nicht nur die Mutter für die Persönlichkeitsentwicklung von Kindern verantwortlich zu machen, sondern das gesamte Umfeld des Kindes einzubeziehen. Damit ist eine stärkere Hinwendung zum tatsächlichen Umgang des Vaters mit Kindern und zu seiner Stellung im familialen System verbunden.

Bis heute strukturiert die Zuweisung spezifischer Geschlechtsmerkmale das Leben von Frauen und Männern.

Kinder gelten als Schlüssel zur Bedeutung weiblichen Lebens. Der Wunsch nach einem Kind – als ideeller Wunsch ein historisch neues Phänomen und eng mit Systemen der sozialen Alterssicherung sowie verbesserten Methoden der Empfängnisverhütung verbunden – wird weiterhin als naturgeschichtliche Konstante und als »natürliches« Bedürfnis von Frauen interpretiert (Wrede 1989). Kinderlosigkeit gilt als Stigma oder auch als Krankheit, in jedem Fall aber als Abweichung. Kinderlose Frauen (müssen) legitimieren, warum sie keine Kinder haben (können) oder keine haben wollen (Queisser/Ziebell 1989).

Rich (1979) vergleicht die soziale Bedeutung von »Mutterschaft« mit der sozialen Bedeutung von »Heterosexualität«. Ebenso wie »Heterosexualität« zwingt die Institution »Mutterschaft« mehr oder weniger alle Frauen, sich zu ihr in Beziehung zu setzen. Im Verlauf ihrer individuellen Biographie sind Frauen zu unterschiedlichen Zeitpunkten (ihres Lebens) veranlaßt, sich als Mütter oder Nicht-Mütter oder potentielle Mütter u.a.m. zu definieren.

Während »Mütterlichkeit« als Orientierungsmuster für Frauen ausgearbeitet und individuell wie sozial verankert wurde, enthält das männliche Geschlechtsrollenstereotyp kaum Aspekte von »Väterlichkeit« im Sinne eines liebevollen Umgangs mit Kindern. In seiner älteren Wortbedeutung steht der Begriff des Vaters in Zusammenhang mit Rechtsvertretung und rechtlicher Ordnung. Vaterschaft blieb in der Folge mit Vorstellungen von Macht, strafender Ordnung und Befehlsgewalt verbunden: In der Figur des Vaters verkörperte sich zu allen Zeiten Autorität (Adorno 1956).

Darüber hinaus ist das männliche Geschlechterstereotyp auf »Männlichkeit« und die darin enthaltene Betonung der männlichen Sexualität zugeschnitten (Hollstein 1988). Hier kommt eigenen Kindern eine wichtige Bedeutung zu: Kinder gelten auch als Nachweis der männlichen Zeugungsfähigkeit und sexuellen Potenz.

Erst in jüngster Zeit verbinden sich mit Vaterschaft in stärkerem Maße Aspekte des fürsorglichen und liebevollen Umgangs mit Kindern. Dies hängt mit veränderten Lebensverhältnissen, tatsächlich praktizierter Väterlichkeit und einem Bedeutungswandel von Elternschaft zusammen.

Kinder im Leben von Frauen und Männern

Nach wie vor hat die Existenz von Kindern sowie die Notwendigkeit ihrer materiellen und psychischen Versorgung höchst unterschiedliche Konsequenzen für die Lebensgestaltung von Männern und Frauen.

Geschlechtliche Arbeitsteilung als Strukturprinzip westlicher Industriegesellschaften

Die geschlechtliche Arbeitsteilung stellt ein Strukturprinzip westlicher Industriegesellschaften dar und durchzieht als grundlegendes Prinzip die Gesamtheit aller gesellschaftlichen Arbeitsteilungen und Organisationsstrukturen. Frauen sind primär auf Hausarbeit, Haushalts-, Erziehungs- und Versorgungsarbeiten für Kinder und Familienangehörige verwiesen. Männer sollen hingegen ihre volle Arbeits- und Leistungsfähigkeit in erster Linie in die Erwerbsarbeit einbringen – auch, um damit den Unterhalt und sozialen Status der Familie zu sichern.

Diese geschlechtliche Arbeitsteilung hat normativen Charakter, weibliche und männliche Lebensentwürfe und Erwerbsbiographien werden darauf abgestimmt. Während die Erwerbstätigkeit des Mannes prinzipiell auf Dauer und Kontinuität angelegt ist, werden Frauen de facto darauf verpflichtet, ihre Lebensplanung und Erwerbsbiographie um die Versorgung von Kindern und Familienangehörigen zu zentrieren.

Diese Art der Arbeitsteilung hat Konsequenzen für die Beteiligung von Männern und Frauen an Bildung, Ausbildung und Erwerbsarbeit, Wissenschaft, Politik und Kultur. Mit ihr sind geschlechtsspezifisch unterschiedliche Erfahrungs- und Handlungsmöglichkeiten, spezifische Macht- und Herrschaftsverhältnisse sowie spezifische Formen des Zusammenlebens eng verbunden.

Zum Zusammenhang von Haus- und Erwerbsarbeit

Auswirkungen der geschlechtlichen Arbeitsteilung werden insbesondere auf dem Arbeitsmarkt sichtbar.

Unter den Erwerbstätigen zwischen 15 und 65 Jahren beträgt das Frauen-Männer-Verhältnis 38,7% zu 61,3%, in der früheren DDR 48,8% zu 51,2%. Mehr als ein Drittel aller Frauen ist mit sog. »familienintegrierten« (z. B. als »mithelfende Familienangehörige«) bzw. »familienangepaßten« Beschäftigungsformen (z. B. Teilzeitarbeit) an der Erwerbsarbeit beteiligt, während Männer nahezu ausschließlich vollzeiterwerbstätig sind (Kurz-Scherf 1989, 45 und Frauenreport '90, 81 ff.).

Das System der Erwerbsarbeit ist auf das Modell des kontinuierlich erwerbstätigen und von Familienpflichten entlasteten Normalarbeitnehmers zugeschnitten; dieses Modell prägt die Strukturen der *geschlechtsspezifisch organisierten und hierarchisierten Erwerbsarbeit.* Eine bestehende, geplante oder mögliche Mutterschaft läßt Frauen generell als Arbeitskraft zweiter Klasse erscheinen.

In der Erwerbsarbeit setzt sich dies als mehr oder minder ausgeprägte Diskriminierung von Frauen fort:

- Erwerbsarbeit von Frauen ist auf spezifische Berufsfelder und Erwerbsbereiche konzentriert, die Durchschnittsverdienste von Männern und Frauen unterscheiden sich.
- Wegen ihrer familiären Verpflichtungen beinhaltet Erwerbsarbeit von Frauen immer auch das teilweise, phasenweise oder auch völlige Ausscheiden aus der Erwerbsarbeit – Anlaß für diskriminierende Einstellungs- und Beförderungspraktiken.
- Um bezahlte Arbeit zu bekommen, sind Frauen häufig gezwungen, monotone, zerstückelte und sinnentleerte Arbeiten am unteren Ende der beruflichen und betrieblichen Hierarchie zu akzeptieren.
- Teilzeitarbeit ist nahezu ausschließlich (zu 95%) Frauenarbeit. Bekannt ist, daß Teilzeitarbeit zur Ausdifferenzierung der Arbeit geführt hat – Qualität wird durch Quantität ersetzt. Sozialversicherungspflichtige Teilzeit-Arbeitsplätze existieren vor allem in Bereichen mit belastenden Arbeitsbedingungen und geringen Qualifikationsanforderungen in der Industrie, im Dienstleistungssektor (Putzarbeiten, Einzelhandel, Hotel- und Gaststättengewerbe) sowie im Büro- und Verwaltungsbereich. Teilzeitarbeit ist überwiegend schlecht bezahlt und bietet keine Aufstiegschancen. Teilzeitarbeit ist die frauenspezifische Form der Erwerbsarbeit, der Anteil der Teilzeitbeschäftigten liegt mit rund 2,7 Millionen bei etwa 25% (Kurz-Scherf 1989).
- Die Beschäftigung von Frauen in sogenannten geringfügigen, ungeschützten Beschäftigungsverhältnissen – wie Leiharbeit, geringfügige Beschäftigung, befristete Beschäftigung, »freie« Mitarbeit, Werkvertragsverhältnisse, Kapovaz, Job-sharing und andere Formen von Teilzeitarbeit,

Heimarbeit und Schwarzarbeit wächst (Möller 1982). Der Ausweis eben dieser Beschäftigungsverhältnisse als »familiengerecht« hat zu ihrer materiellen, rechtlichen und sozialen Aushöhlung geführt: Erwerbsarbeit von Frauen wird zu einem disponiblen Gut, das je nach den Bedürfnissen des Arbeitsmarktes genutzt oder verdrängt werden kann.
- In ökonomischen Krisen sind Frauen von überproportional hoher und lang andauernder Arbeitslosigkeit betroffen.

Tendenzen einer Veränderung weiblicher Erwerbsbiographien

In den realen Beschäftigungsdaten von Frauen ebenso wie in den durch Umfrageergebnisse ermittelten weiblichen Lebensentwürfen manifestiert sich in den letzten Jahrzehnten ein deutlicher Wandel der Bedeutung von Erwerbsarbeit und Familie (Seidenspinner/Burger 1982; Beck-Gernsheim 1983; zusammenfassend: Hantsche 1989; Frauenreport '90, 79 ff.).

Jüngere Frauen wollen im Gegensatz zu früheren Generationen heute beides: ökonomische Unabhängigkeit und Selbständigkeit ebenso wie ein Zusammenleben mit der Familie.

Die Erwerbsquote der Frauen stieg in der BRD zwischen 1970 und 1987 kontinuierlich an und liegt derzeit bei 54%. Dabei wurden erhebliche *Umstrukturierungen* festgestellt:

- Rund 55% der erwerbstätigen Frauen sind heute verheiratet, rund 22% haben Kinder unter 15 Jahren. Seit 1950 hat sich die Müttererwerbstätigkeit nahezu vervierfacht.
- Analysen zu den Berufsverläufen verheirateter Frauen belegen, daß in den jeweils jüngeren Frauengenerationen nicht mehr Heirat, sondern die Geburt eines Kindes Anlaß für die Unterbrechung von Erwerbsarbeit ist, daß aber die Unterbrechungszeiten sich verkürzen und die Absicht der Rückkehr ins Erwerbsleben sich verallgemeinert (Gottschall 1989, 18). 46,5% aller Mütter mit einem Kind unter 15 Jahren und 35,5% aller Mütter mit einem Kind unter 6 Jahren waren 1986 erwerbstätig (Statistisches Jahrbuch 1988).
- Die Ausweitung der Frauenerwerbstätigkeit geht vor allem auf eine Zunahme der Teilzeitarbeit zurück. Insbesondere Frauen mit Kindern unterbrechen ihre Berufstätigkeit zugunsten von Kindern und suchen danach vor allem eine Teilzeitarbeit, die sie für die einzige Möglichkeit

halten, Berufsarbeit und Kinder miteinander zu vereinbaren (Pfau-Effinger 1990, m.w.N.).

Nach wie vor ist nur für eine Minderheit von Frauen mit Kindern die eigenständige Existenzsicherung durch Berufsarbeit möglich. Dennoch indizieren die o.a. Daten, daß zunehmend weniger Frauen sich auf die materielle Absicherung durch den (Ehe-)Mann verlassen wollen oder können.

Arbeit für Kinder

Daß die im Kontext von Familie für Kinder und Angehörige erbrachten unentgeltlichen Leistungen als »Arbeit« zu begreifen und fundamentaler Bestandteil des Funktionierens einer Industriegesellschaft sind, gilt inzwischen fast als Allgemeingut soziologischer Gesellschaftstheorie (Beck 1986). Daß diese Arbeit »aus Liebe« verrichtet und »Liebe als Arbeit« begriffen wird (Bock/Duden 1977), erschwert ihre inhaltliche Beschreibung.

Der Versuch, die für Kinder zu leistende Arbeit inhaltlich zu bestimmen, zeigt, daß sie nicht auf bestimmte Leistungen oder Umgangsweisen reduzierbar ist, »sondern das Leben der Arbeitenden in seiner Gesamtheit berührt« (Rerrich 1988, 146). Arbeit für Kinder läßt sich weder formal noch qualitativ genau bestimmen. Sie ist eng mit einer bestimmten Lebensweise und dem Zusammenleben mit Kindern verknüpft und nicht ohne die Liebe zu Kindern thematisierbar. Sie umfaßt eine Vielzahl von Tätigkeiten, die auf die materielle und psychische Versorgung von Kindern ausgerichtet sind, ebenso aber auch passive Bereitschaften und Erwartungshaltungen, die sogenannten sozialisatorischen Vermittlungsarbeiten und die Gestaltung eigener sozialer und beruflicher Beziehungen (Rerrich 1988). Sie umschließt Alltagsabläufe, die allgemein nicht als Arbeit, sondern als Spiel oder Freizeitaktivitäten wahrgenommen werden, und ist prinzipiell nicht an spezifische Orte, Zeiten oder Arbeitsbedingungen geknüpft.

Zeitbindung durch Kinder

Ein wesentlicher Aspekt scheint die Arbeit für Kinder generell zu charakterisieren: Kinder – insbesondere Kleinkinder – *erfordern Zeit und binden die Zeit* erwachsener Betreuungspersonen.

Heutige Vorstellungen über den angemessenen Umgang mit Kindern verbieten es im Unterschied zu früheren Epochen, Kinder lediglich vor physischen Schäden durch Einschränkung ihrer Bewegungsfreiheit zu bewahren. Als notwendig und kindgerecht wird heute ein hohes – und zeitintensives – Maß an Zuwendung und Anregung, sowie die aufmerksame Beachtung und Förderung kindlicher Bedürfnisse und Fähigkeiten empfunden.

Für jüngere Kinder wird zu allen Tages- und Nachtzeiten die Anwesenheit einer vertrauten Bezugsperson für erforderlich gehalten. Nicht immer – aber doch überwiegend – sollten nach heutigem Verständnis Mütter oder Väter anwesend sein.

Nach wie vor sind Mütter Hauptbetreuungspersonen jüngerer Kinder – unabhängig von eigener Erwerbstätigkeit oder der Inanspruchnahme anderer Betreuungsmöglichkeiten (Rode/Wilke 1989). Ihre tägliche Zeitplanung wird durch Kinder bestimmt, selbst dann, wenn sie nicht direkt mit Kindern interagieren (Kuhnt/Speil 1986).

Für Kinder ab drei Jahren werden in stärkerem Ausmaß – zeitlich begrenzt – außerfamiliale Betreuungseinrichtungen in Anspruch genommen (Rode/Wilke 1989). Aber auch für diese Altersgruppe bleibt – ebenso wie für jüngere Schulkinder – die Mutter Hauptbetreuungsperson in der verbleibenden Zeit. Damit steht auch in Verbindung, daß Mütter ihr Zeitbudget strikt auf die Möglichkeiten anderweitiger Betreuungsformen ausrichten und Belastungen erwerbstätiger Mütter sich am ehesten als »Zeitprobleme« äußern (Becker-Schmidt u. a. 1982).

Der erzieherische Aufwand für das einzelne Kind gestaltet sich zunehmend aufwendiger. Die sensible Beachtung kindlicher Autonomiebestrebungen bestimmt heutige Erziehungsvorstellungen ebenso wie das Bewußtsein der Notwendigkeit einer umfassenden und effektiven Förderung kindlicher Fähigkeiten (Beck-Gernsheim 1985, 272 ff., Rerrich 1988, 151 ff., Landweer 1990). Damit sind starke zeitliche Belastungen für erwachsene Betreuungspersonen verbunden. »Unsere gestiegene Sensibilität für die Anforderungen, die Kinder – vor allem in den ersten Lebensjahren – an ihre unmittelbare Umwelt stellen (Zuwendungs- und Pflegebedürftigkeit, Förderbarkeit, Verletzlichkeit), führt mehr und mehr zu einer ausschließlichen Beanspruchung wenigstens eines Elternteils für die Belange der Kinder, wodurch Belange der Eltern – vor allem der Mütter – in andere Lebensphasen verschoben, wenn nicht gar auf Dauer unterdrückt werden.« (Kaufmann u. a. 1982, 531)

Zeitrhythmen von Kinderbetreuung und Zeitstrukturen der Berufsarbeit sind in einer kapitalistischen Ökonomie nur bedingt miteinander vereinbar. Kinder lassen sich nur unter Zwang in die starren Tagesabläufe einer außerhäuslichen (Vollzeit-)Erwerbstätigkeit (plus Wegezeiten, sonstige Abwesenheitszeiten u.ä.) einpassen (Krüger u.a. 1987).

Für die Mehrzahl aller Mütter ist dies ein Grund, mehr oder weniger »freiwillig« auf Berufsarbeit zu verzichten, solange die Kinder klein sind. Väter nehmen die Existenz kleinerer Kinder zum Anlaß, von ihren Frauen den (vorübergehenden?) Verzicht auf Erwerbsarbeit zu fordern (Metz-Göckel/Müller 1987).

Erwerbstätige Mütter berichten durchweg von Zeitknappheit, einem »Leben nach Stundenplan«, von Hektik und dem damit verbundenen Streß, von zu wenig Zeit für Erholung und andere als berufliche und familiale Aktivitäten (Becker-Schmidt u.a. 1982). Auch die qualitativ zufriedenstellende, zeitlich ausgedehnte außerfamiliale Kinderbetreuung scheint diese Zeitproblematiken nur bedingt reduzieren zu können.

Beruf und Kinder im Leben von Männern und Frauen

Die geschlechtliche Arbeitsteilung hat langfristig bewirkt, daß die Kategorien »Beruf« und »Familie« das Leben von Männern und Frauen und auch die Beziehungen zwischen Eltern und Kindern in unterschiedlicher Weise prägen.

Erwerbsarbeit ist strukturierender Kern der männlichen Biographie und hat im Leben von Männern hohe identitätsstiftende Bedeutung. Das familiale Zusammenleben mit einer Frau und mit eigenen Kindern wird von den meisten Männern zwar als wichtig und sinnstiftend betrachtet, den zeitlichen Erfordernissen einer männlich strukturierten Erwerbsbiographie aber untergeordnet.

Mit der starken Berufsorientierung von Männern ist in der Regel »ein Rückzug aus der Hausarbeitsbeteiligung, eine starke Delegation der Kinderbetreuung ausschließlich an die Mutter, eine verstärkte Abwesenheit des Vaters von der Familie durch Verlängerung seiner Arbeitszeit, eine verstärkte Aufstiegs- und Berufsorientierung in Konkurrenz zu den Frauen und ein genereller Konservatismus« verbunden (Metz-Göckel/Müller 1987, 15).

Tatsächliche Interaktionen zwischen Vätern und Kindern sind deshalb auf die von Berufsarbeit und anderen Aktivitäten »freie« Zeit beschränkt, vorwiegend also auf die Abendstunden und Wochenenden. In einer internationalen Studie aus dem Jahr 1972 ermittelten Szalai u.a., daß erwerbstätige Väter höchstens zwei Stunden täglich mit ihren Kindern verbringen (erwerbstätige Mütter 5,5 Stunden, Hausfrauen 11 Stunden). Noch in den siebziger Jahren fand ein großer Teil aller Väter aufgrund langer Arbeitszeiten gar keine oder wenig Gelegenheiten für eine Beschäftigung mit Kindern während der Woche (Scharmann/Scharmann 1979, m.w.N.); diese Situation scheint sich aber im Zuge allgemeiner Arbeitszeitverkürzungen und Freizeitgewinne zu verändern.

Nach wie vor aber erscheinen Väter eher als Garanten des ökonomischen und institutionellen Familienzusammenhangs, sie sind eher Spiel- und Freizeitpartner ihrer Kinder und weniger für die konkreten Belange und Gefühle des Alltags zuständig. 44% aller erwachsenen Bundesbürger bezeichnen deshalb Kindheitsbeziehungen und Bindungen an Mütter als sehr eng, während nur 27% ihre Beziehung zum Vater in dieser Weise einschätzen (Köcher 1989, 124).

Frauen stellen demgegenüber ihre Lebensplanung auf ein Leben mit (Erwerbsarbeit und) Kindern ab und werden darauf verpflichtet. Nahezu alle empirischen Untersuchungen belegen, daß die starke Familienorientierung auch bei berufstätigen Frauen bestehen bleibt – nicht auf Kosten ihrer Berufsarbeit, wohl aber oftmals auf Kosten ihrer Karriereorientierung.

Weil damit spezifische Nachteile in den Bereichen von Erwerbsarbeit, sozialer Sicherung und Zugang zu allen Bereichen des öffentlichen Lebens verbunden sind, wird die Verpflichtung zur Übernahme der Kindererziehung derzeit vor allem von Frauen problematisiert.

Gleichzeitig ist Kinderbetreuung für Frauen nicht nur Last oder Verzicht. Sie entspricht auch dem Wunsch vieler Mütter, am Leben ihrer Kinder teilzuhaben, deren Entwicklung zu beobachten und zu beeinflussen und die eigene Zeit mit Kindern zu verbringen. In diesem Sinne wird die Zuständigkeit für Kinder auch als Erfüllung einer Lebenserwartung empfunden; die Erfahrung eines Alltags mit Kindern wird als beglückend und das eigene Leben bereichernd wahrgenommen. Die tatsächliche Nähe und alltägliche Sorge für Kinder bringt mit sich, daß zumindest jüngere Kinder sich enger an ihre Mütter anschließen und insbesondere in für sie bedrohlichen oder fremden Situationen Trost und Schutz bei ihnen suchen (Lamb 1981). Gleichzeitig mehren sich mit steigender Dichte der Kontakte auch die Konflikte zwischen Müttern und Kindern (Radin/Russell 1983).

Das neue Leitbild »Partnerschaft« und seine (Nicht-)Realisierung

Im Zuge sich verändernder Familienformen und neuer Lebensperspektiven von Frauen und Männern steht auch die traditionelle innerfamiliale Arbeitsteilung zur Disposition. Immer stärker lehnen Frauen es ab, alleine für Kinder und Haushalt zuständig zu sein. Ihre Vorstellungen über ein familiales Zusammenleben setzen die beiderseitige Erwerbsarbeit von Eltern ebenso voraus wie die Verteilung der Zuständigkeit für Kinder und Haushalt. Von den Männern, die mit ihnen zusammenleben, erwarten sie »Partnerschaftlichkeit«: »... das gleichberechtigte Zusammenleben, das beiden Partnern die Möglichkeit bietet, ihre jeweiligen Wünsche und Interessen auch im Beruf zu erfüllen, steht hoch im Kurs« (Metz-Göckel/Müller 1987).

Über »private« Lebensvorstellungen hinaus gewinnt in unterschiedlichen politischen Kontexten der Gedanke einer Umverteilung familialer Arbeiten auf beide Geschlechter an Bedeutung; er signalisiert geradezu einen Trend in den derzeitigen Diskussionen über die Neu- und Umgestaltung von (familialen) Lebensformen. So hat seit Beginn der Neuen Frauenbewegung die Forderung nach Überwindung der geschlechtshierarchischen Arbeitsteilung – und damit auch der Gleichverteilung von Hausarbeit auf Frauen und Männer – relativ unbestritten die feministischen Publikationen geprägt. Zunehmend begleitet wurden sie in den letzten Jahren durch eine allgemeine Thematisierung des »Partnerschafts«-Gedankens: »Partnerschaft« wurde zur – inhaltlich sehr unterschiedlich ausdifferenzierten – Leitvorstellung »privater« Lebensvorstellungen und politischer Programme (Hess-Diebäcker/Stein-Hilbers 1989).

Als Leitidee bestimmt das Konzept einer innerfamiliären »Partnerschaft« zwischen Frauen und Männern zunehmend die familienpolitischen Zielvorstellungen nahezu aller Parteien (vgl. z. B. Sozialdemokratischer Informationsdienst »Frau und Gesellschaft« 1983; »Leitsätze der CDU für eine neue Partnerschaft zwischen Mann und Frau« 1985; »Entwurf für ein Antidiskriminierungsgesetz (ADG)« der Grünen 1986).

Kerngedanke dieses »Partnerschafts«-Modells ist, daß auch Frauen (inzwischen) ein Recht auf eigene Erwerbstätigkeit zugestanden und die Notwendigkeit entsprechender infrastruktureller Maßnahmen hervorgehoben wird. Art und Ausmaß der jeweiligen Erwerbstätigkeit von Frauen und Männern, Haushaltsführung und familiäre Pflichten sollen dann zwischen den (Ehe-) Partnern gleichberechtigt und einvernehmlich abgesprochen und geregelt werden.

Der strukturelle und subjektive Zwang der Frauen zur Zuständigkeit für Kinder, Haushalt und familiäres Wohlergehen wird (mit Ausnahme des ADG-Entwurfes) im allgemeinen nicht thematisiert (Hess-Diebäcker/Stein-Hilbers 1989). Frauen werden zur Aufnahme von – unterbrochener, Teilzeit-, ungeschützter – Berufsarbeit ermutigt, ohne die geschlechtliche Arbeitsteilung im Kern anzugreifen. Allein ihnen wird zugemutet, Elternschaft und Beruf aneinander anzupassen, ohne daß dabei für Männer eine entsprechende Reduzierung beruflicher Ansprüche zugunsten der Familie mitgedacht wird. Davon setzt sich deutlich der Entwurf eines Antidiskriminierungsgesetzes (ADG) der GRÜNEN ab, das eine egalitäre Aufteilung von Hausarbeit und die Veränderung entsprechender arbeits-, sozial- und familienrechtlicher Bedingungen vorsieht.

Übergreifend akzeptiert wird inzwischen die Idee einer speziellen Frauenförderung in Ausbildung und Beruf, um die mit der geschlechtlichen Arbeitsteilung verbundenen Benachteiligungen von Frauen am Arbeitsmarkt abzubauen. Zur Zeit gehen damit aber noch keine Vorstellungen über die gleichrangige Beteiligung von Männern an familiären Verpflichtungen einher. In den Dokumenten für eine neue Arbeitszeitpolitik spielt die Zuständigkeit von Männern für Kinder und Haushalt praktisch keine Rolle (Krautmacher 1991).

Erste Ansätze einer Realisierung geteilter Elternschaft

Derzeit ist schwer abzuschätzen, wie hoch der Anteil von Eltern mit Kindern ist, die tatsächlich eine egalitäre Teilung von Hausarbeit – insbesondere der Versorgung und Betreuung der Kinder – praktizieren. Umfrageergebnisse (vgl. Metz-Göckel/Müller 1985) lassen auf einen Anteil von 2% bis 4% aller Elternpaare schließen; Bielinski/Strümpel (1989) veranschlagen den Anteil der Männer, die ihre Arbeitszeiten auf familiale Bedürfnisse abstellen (können), auf etwa 1%. Für das Gebiet der früheren DDR wird zwar ein gewisser Anteil an egalitärer Arbeitsteilung vermutet (Frauenreport '90), genauere Angaben liegen aber nicht vor.

Wichtige Ausgangsbedingungen einer tatsächlichen Realisierung geteilter Elternschaft scheinen nach vorliegenden Erfahrungen und Untersuchungen zu sein:

1. Der starke Wunsch von Frauen bzw. der Zwang, auch nach der Geburt von Kindern erwerbstätig zu sein (Born/Krüger u.a. 1985; Geiger/Braun 1983) in Verbindung mit ihrer Fähigkeit und sozialen Macht, die egalitäre Teilung von Hausarbeit innerfamiliär durchzusetzen.
2. Ein begünstigendes sozioökonomisches Umfeld: günstige Öffnungszeiten nahe gelegener Kindergärten/Kindertagesstätten; Verwandte oder Nachbarn, die sich an der Kinderbetreuung beteiligen; bezahlte Betreuungspersonen und/oder Haushaltshilfen.
3. Inwieweit die Arbeitszeit zumindest eines Elternteils flexibel zu handhaben ist, hat sich nach vorliegenden Untersuchungen als wesentlicher konstitutiver Faktor für eine egalitäre Teilung von Hausarbeit herausgestellt (Russell 1982, Radin 1982). Speziell im Falle der Vollzeit-Erwerbstätigkeit beider Eltern müssen jeweilige Arbeitszeiten individuell disponibel und/oder Kinder und Berufsarbeit örtlich vereinbar sein – z. B. bei Selbständigen, in Handwerksbetrieben, im Hotel- und Gaststättengewerbe, im Wissenschafts- und Bildungsbereich.
4. Teilzeitarbeit beider Eltern in Verbindung mit dem beiderseitigen Interesse an einer egalitären Teilung von Hausarbeit.
5. Erwerbslosigkeit oder ungeschützte Berufsarbeit des Vaters und eine abgesicherte Berufsposition der Mutter.
6. Gleichstellungs- und partnerschaftsorientierte Lebensvorstellungen beider Eltern und das starke Interesse von Männern an einer befriedigenden Paarbeziehung sowie intensivem Kontakt zu Kindern (Gr”nseth 1978, Haas 1980, Russel 1982, Radin 1982, Hoff/Scholz 1985).

Es hat den Anschein, als ob derzeit die genannten Bedingungen am häufigsten auf jüngere Paare mit relativ gutem Ausbildungs- und Sozialstatus zutreffen. Weil gerade diese Gruppe oftmals Vorreiterfunktionen in der allgemeinen Proklamierung von Lebensentwürfen und -stilen übernimmt, läßt sich – mit Vorsicht – prognostizieren, daß sich ein Trend zur egalitären innerfamiliären Arbeitsteilung in Zukunft stärker durchsetzen wird (Meggeneder 1987).

Strukturelle Hindernisse einer Realisierung geteilter Elternschaft

Wenn Eltern in der Bundesrepublik tatsächlich versuchen (wollen), die familialen Verpflichtungen und Zuständigkeiten gleichmäßig zu verteilen, treffen sie auf nahezu unüberwindbare Hindernisse.

Fehlende Möglichkeiten der außerhäuslichen Kinderbetreuung

Die eingeschränkten Möglichkeiten der außerhäuslichen Kinderbetreuung setzen in fast allen Bundesländern und Kommunen den Verzicht auf oder die zeitlich stark eingeschränkte Erwerbsarbeit von Frauen voraus. Für Kinder unter drei Jahren sind Betreuungseinrichtungen in der Regel nicht vorhanden, oder sie erfordern viel Eigeninitiative (z. B. Gründung selbstorganisierter Kindergruppen), ein hohes Einkommen (z. B. für die Bezahlung von Tagesmüttern), die Hilfe von Großeltern/Verwandten u.a.m. Auch die Öffnungszeiten von Kindergärten und Schulen sind auf die zeitliche Verfügbarkeit von Frauen zugeschnitten (vgl. z. B. Born u.a. 1985, Rode/Wilke 1989).

Kinderfeindliche Arbeitszeitstrukturen

Geteilte Elternschaft erfordert für beide Elternteile eine Arbeitsorganisation, die auf die Bedürfnisse der Kinderversorgung und -betreuung abgestimmt werden kann. Konkret geht es z. B. um Arbeitszeiten, die auf Öffnungszeiten von Betreuungseinrichtungen bzw. Arbeitszeiten des anderen Elternteils flexibel abzustimmen sind. Es geht um beiderseitig verkürzte Arbeitszeiten oder auch darum, Arbeitsleistungen eventuell zu Hause erbringen zu können, die Abwesenheit von der eigenen Wohnung möglichst kurz zu halten, die Gesamtarbeitszeit beider Eltern so zu verteilen, daß ständig jemand zu Hause ist – u.a.m.

Selbst dort, wo Väter bereit sind, ihren Anteil an Kinderbetreuungs- und Haushaltsarbeiten zu übernehmen, wird dies bisher durch die Einbindung in spezifisch männerorientierte Arbeitszeitstrukturen verhindert.

Fehlende Möglichkeiten der Arbeitszeitreduzierung

Als besonders günstige Ausgangsbedingung für die Praktizierung geteilter Elternschaft erweist sich – insbesondere bei noch kleinen Kindern – die Reduzierung der Arbeitszeiten beider Eltern. Eine beiderseitige Teilzeitarbeit ist aber bislang aufgrund ungleicher beruflicher und ökonomischer Absicherungen der Eltern nur selten möglich.

Zum einen gibt es kaum Teilzeitarbeitsplätze für Männer. Zum anderen schränkt die geschlechtshierarchische Organisation von Erwerbsarbeit – d. h. unterschiedliche Entlohnung und unterschiedliche Stabilität von Arbeitsplätzen, Konzentration der Frauenarbeit auf spezifische Berufe und Berufspositionen am untersten Ende der beruflichen Hierarchien – eine mögliche Wahlfreiheit hinsichtlich der Verteilung von Erwerbsarbeit beider Eltern ein. Bei ungleichen materiellen Absicherungen bedeutet die Reduzierung der männlichen Erwerbsarbeit in der Regel einen verhältnismäßig stärkeren familialen Einkommensverlust als umgekehrt.

Dem entspricht, daß die Teilung von Haushaltsarbeiten und Kinderbetreuung derzeit am ehesten von jüngeren Eltern mit vergleichsweise guter Ausbildung und beruflicher Position von Frauen praktiziert wird.

Gleichstellungspolitische Initiativen anderer Länder am Beispiel Schweden

International vergleichende Studien zeigen, daß im europäischen Ausland das Ideal einer Gleichverteilung von Haus- und Erwerbsarbeit seine deutlichste Ausformulierung in der Politik Schwedens erfuhr.

Die gleichstellungspolitischen Strategien in Schweden richten sich nicht mehr nur auf Verhalten und Arbeit der Frauen (z. B. Einstieg/Wiedereinstieg in die Erwerbsarbeit), sondern auf das Verhalten von Männern und die für eine Veränderung der Familienarbeit von Männern notwendigen Veränderungen der Strukturen der Erwerbsarbeit.

Maßnahmen der schwedischen Gleichstellungspolitik (aus: Gruppe Politik-Informationen am IIMV/Arbeitsmarktpolitik 1982):

- Einkommensbesteuerung und System der Sozialzulagen sind darauf abgestellt, daß Frauen und Männer gleichermaßen für ihren Lebensunterhalt und den ihrer Kinder verantwortlich sind. »Der Steuertarif und das Sozialzulagensystem wurden zudem so gestaltet, daß es unabhängig vom Einkommensniveau immer vorteilhafter ist, wenn beide (Ehe-)partner möglichst gleichviel zum Haushaltseinkommen beitragen.« (99)
- Das schwedische System der Altersrentenversicherung wurde so ausgestaltet, daß »sowohl eine mehrjährige Berufsunterbrechung als auch eine ausgedehnte Periode der Teilzeitbeschäftigung möglich sind, ohne daß dadurch die künftige Altersversorgung beeinträchtigt wird« (101).
- Das Gesetz über die Gleichstellung von Männern und Frauen im Arbeitsleben verbietet Diskriminierung aufgrund des Geschlechts – mit Ausnahme der »positiven Diskriminierung« von Frauen.

- Spezielle schulische Lehrpläne fördern weibliches Rollenverhalten bei Jungen und männliches bei Mädchen.
- Berufliche Fördermaßnahmen zielen darauf ab, daß Männer in traditionell weibliche Berufe einsteigen (und umgekehrt).
- Das schwedische Ehe- und Familienrecht geht von der Idealvorstellung der egalitären Erwerbsarbeit, Kinderbetreuung und Hausarbeit beider Eltern aus.

Zentrales Mittel der Vereinbarkeit von Elternschaft und Erwerbstätigkeit ist in Schweden die Arbeitszeit. Der Elternurlaub bei Geburt eines Kindes beträgt seit Juli 1991 für beide Eltern zusammen 18 Monate. 15 Monate lang werden 90 % des vorherigen Gehaltes gezahlt, drei weitere Monate lang ein Erziehungsgeld in Höhe von etwa 600.– DM. Die Eltern entscheiden selbst, wie sie die »Urlaubstage« unter sich aufteilen. Die Inanspruchnahme des Elternurlaubs durch Männer hat sich im Zuge dieser Maßnahmen von 2,8 % im Jahre 1974 auf 29 % im Jahre 1988 erhöht. Allerdings beanspruchen Väter nur 8 % der insgesamt zur Verfügung stehenden Urlaubstage (Brzoska u.a. 1990, 42 ff.). Diskutiert wird derzeit die finanzielle Bevorzugung eines quotierten (gleichverteilten) Elternurlaubs (ebd.).

Vätern steht in Schweden bei der Geburt ihres Kindes ein zehntägiger Urlaub zu, der 1986 von 83 % aller Väter in Anspruch genommen wurde (ebd.). Bis zum achten (im öffentlichen Dienst: zwölften) Lebensjahr eines Kindes können beide Eltern ihre Tagesarbeitszeit auf sechs Stunden reduzieren, was auch von etwa 20 % aller Väter angenommen wird. Darüber hinaus existiert für bis zu 90 Tage ein bezahlter Pflegeurlaub im Falle der Erkrankung eines Kindes, der von mehr als 40 % aller Väter in Anspruch genommen wird.

Bundesrepublikanische Initiativen zur Förderung einer Umverteilung von Familienarbeit

In der BRD erfahren individuelle Emanzipationsbestrebungen zur egalitären Neugestaltung geschlechtlich-sozialer Arbeitsteilungen derzeit keine Unterstützung durch Neuregelung politischer und betrieblicher Rahmenbedingungen (Busch/Hess-Diebäcker/Stein-Hilbers 1994). Die entsprechende institutionelle Förderung einer kinder- und familienfreundlichen Organisation der Erwerbsarbeit ist dringend vonnöten. Durch umfassende gleichstellungspolitische Initiativen, öffentliche Dienstleistungen und staatliche Förderpolitiken wäre es möglich, den bislang hohlen Begriff der innerfamiliären »Partnerschaft« zu füllen und mit Realisierungschancen zu versehen. Staatliche Familien-, Arbeits- und Sozialpolitik kann positive Anreize für eine Gleichverteilung familialer und beruflicher Arbeit schaffen.

Kernstück einer gesetzlichen Initiative zur Förderung einer egalitären Teilung insbesondere der Betreuung und Versorgung von Kindern muß – auf dem Hintergrund allgemeiner Arbeitszeitverkürzung – *die zeitlich reduzierte Erwerbsarbeit beider Eltern* sein. Ideal wäre für eine befristete Lebensphase das Recht auf zeitlich reduzierte und nach Möglichkeit auch in der Lage disponible Arbeitszeitgestaltung von Müttern und Vätern:

- *mit Lohnersatzansprüchen* zur Vermeidung realer oder geschlechtsspezifisch unterschiedlicher Kürzungen des Familieneinkommens. Nach dem schwedischen Modell könnte dieser Lohnersatz aus einer allgemeinen Elternschaftsversicherung oder auch als steuerfinanzierter Einkommensausgleich geleistet werden. In Zeiten besonderer Belastung und biographischer Umstellung – nach der Geburt von Kindern – sollten zeitliche Freistellungen von Arbeitnehmer/innen großzügiger bemessen sein. Beiden Eltern ist ein jeweils feststehender Pflegeurlaub bei vollem Lohnausgleich zuzugestehen, der gleichzeitig oder auch nacheinander in Anspruch genommen werden kann. Auch Erziehungsurlaube zur Betreuung und Versorgung noch kleiner Kinder sind jeweils feststehend an Mütter und Väter zu vergeben; für alleinerziehende Frauen/Männer sind spezifische Ausgleiche anzubieten.
- *mit Arbeitsplatzgarantien und dem Rückkehrrecht auf Vollzeitarbeit.* Ein solcher Rückkehranspruch nach einer Phase außerberuflicher Arbeit in die Erwerbsarbeit bzw. ein Rückkehranspruch aus reduzierter Erwerbsarbeit in die Vollzeit-Erwerbsarbeit existiert bereits, z. B. nach Ableistung des Wehrdienstes, nach politischen Tätigkeiten von Abgeordneten oder nach Beurlaubungen aus arbeitsmarktpolitischen Gründen.
- *ohne sozialversicherungsrechtliche Nachteile für die betroffenen Eltern.* Auch hier könnte sich die Familien-, Steuer- und Sozialpolitik der BRD am schwedischen Modell orientieren (vgl. Gruppe Politik-Informationen am IIMV/Arbeitsmarktpolitik 1982).

Die schwedischen Erfahrungen zeigen, daß umfassende arbeits- und sozialrechtliche Förderungen einer egalitären familialen Arbeitsteilung oftmals unwirksam bleiben (müssen), solange strukturelle Realitäten des Arbeitsmarktes sich frauendiskriminierend auswirken (Busch/Hess-Diebäcker/

Stein-Hilbers 1994). Deshalb müssen gesetzliche Initiativen zur Förderung der Umverteilung von Hausarbeit von umfassenden gleichstellungspolitischen Maßnahmen begleitet sein. Dazu gehören insbesondere die Quotierung der Erwerbsarbeitsplätze für Frauen und Männer und die Entwicklung von Männerförderplänen, um ihre zunehmende Integration in die Haushalts- und Familienarbeit zu ermöglichen.

Strukturwandel von Familie, Kindheit und Vater-Kind-Beziehungen

Ohne Zweifel ist in hochindustrialisierten Gesellschaften derzeit ein Strukturwandel von Familie erkennbar: ein verändertes Verhältnis in Liebes-, Lebens- und ehelichen Beziehungen und eine Vielzahl von familialen und nichtfamilialen Lebensformen sowie die Umstrukturierung sogenannter »Normalbiographien«. Die lebenslange Verwandtschaftsfamilie tritt zurück zugunsten eines sukzessiven und lebensphasenspezifischen Wechsels von familialem oder gemeinschaftlichem Zusammenleben mit anderen:

- Heiratsneigung und Heiratshäufigkeit nehmen bei Frauen und Männern deutlich ab, bei gleichzeitig steigendem Heiratsalter. Seit 1950 hat sich die Zahl der Eheschließungen fast halbiert (Hoffmann-Nowotny 1988).
- Scheidungen nehmen in allen Industrieländern zu. In der BRD wird derzeit etwa jede dritte Ehe geschieden – in den USA jede zweite, etwa in der Hälfte der Fälle betrifft dies Ehen mit Kindern. Eheauflösungen durch Tod oder Scheidung übersteigen seit 1972 zunehmend die Eheschließungen (Langer 1987).
- Nichteheliche Lebensgemeinschaften treten – vor allem bei jüngeren Frauen und Männern – zunehmend an die Stelle der Ehe. Ihre Zahl hat sich zwischen 1972 und 1982 vervierfacht. Unter den 18-35jährigen lebten im Jahre 1982 4,4 % der Frauen und 3,8 % der Männer in nichtehelichen Lebensgemeinschaften, diese Zahlen umfassen etwa 1 Million Haushalte der BRD (BMJFFG 1986, 36). Rund 14 % der nichtehelichen Lebensgemeinschaften leben mit Kindern (BMJFG 1985). Meinungsumfragen signalisieren deutlich eine zunehmende gesellschaftliche Akzeptanz von nichtehelichen Lebensgemeinschaften mit Kindern und Ein-Eltern-Familien (ebd.).

- Die durchschnittliche Kinderzahl pro Ehe geht zurück und liegt derzeit bei 1,6 Kindern. Über die Hälfte aller Kinder in der BRD sind Einzelkinder (Dritter Familienbericht NRW 1990).
- Zunehmend mehr Kinder werden nichtehelich geboren. In den alten Bundesländern betrug ihr Anteil für das Jahr 1987 rund 12%, lag aber in den großstädtischen Ballungsgebieten – z.B. West-Berlin: 26% – deutlich höher (Statistisches Jahrbuch f.d.BRD 1988). In der früheren DDR lag die Quote nichtehelicher Geburten bei rund 34% (Stat. Jahrbuch der DDR, 420). Jedes vierte US-amerikanische Kind wird von einer nicht verheirateten Frau geboren, in Schweden beträgt der Anteil nichtehelich geborener Kinder derzeit 46%.
- In der BRD ebenso wie in anderen Industrienationen stellen Ein-Eltern-Familien eine verbreitete und stetig wachsende Familienform dar. Ihr Anteil an allen Familien mit minderjährigen Kindern betrug 1987 13,6% (Statistisches Bundesamt 1989). 821000 alleinerziehenden Frauen standen 132000 alleinerziehende Männer gegenüber; der Frauenanteil lag somit bei 86,1%. Von den alleinerziehenden Müttern war etwa ein Drittel geschieden, ein weiteres Drittel (32,7%) nicht verheiratet, 150000 verwitwet und 127000 verheiratet, aber dauernd getrennt lebend. Unter den alleinerziehenden Vätern waren 57000 geschieden, der Rest verwitwet oder dauernd getrennt lebend (Bertram/Borrmann-Müller 1988). Wahrscheinlich ist der Anteil an Ein-Eltern-Familien real weit höher als dies die offiziellen Statistiken vermuten lassen (Krappmann 1988).
- Der Anteil »vollständiger Familien« wird unter allen Haushalten in den letzten Jahren immer kleiner. In vielen europäischen Ländern sank er unter 40%, in Großstädten liegt er oft unter 20% (Hoffmann-Nowotny 1988).

Bestimmendes Merkmal dieser Strukturveränderungen von Familien- und Ehebeziehungen ist die *Auflösung lebensgeschichtlicher Kontinuitäten.* Nach wie vor bleibt das familiale Zusammenleben die hauptsächlich angestrebte Lebensform. Es erstreckt sich aber nicht mehr notwendigerweise über die ganze Dauer eines Erwachsenen- oder Kinderlebens und ist zunehmend als Abfolge unterschiedlicher Lebensformen ausgestaltet.
Mit den sich wandelnden Familienstrukturen und der sukzessiven Abfolge familialer und familienähnlicher Lebensformen finden tiefgreifende Veränderungen der Kindheit statt, die auch als zunehmende Individualisierung des Kinderlebens begriffen werden können.

Die aus biologischer Mutter, Vater und Kind bestehende Ursprungsfamilie ist für immer mehr Kinder von begrenzter Dauer. Genaue Zahlen sind schwer zu ermitteln: Während Schwarz (1989) aufgrund von Ergebnissen des Mikrozensus und jährlicher Repräsentativstatistiken für Kinder der Geburtsjahrgänge 1967-1971 den Anteil der bis zur Volljährigkeit in Kernfamilien lebenden Kinder auf rund 70 % veranschlagt, gehen andere Schätzungen davon aus, daß rund die Hälfte aller Kinder bis zum Abschluß ihrer Jugendlichen-Periode nicht mehr mit beiden leiblichen Eltern zusammenlebt (Norton/Moormann 1987, Krappmann 1988, Dritter Familienbericht NRW 1990). Für sechs- bis zehnjährige Grundschulkinder in West-Berlin wird dieser Wert (mit 48 %) schon zu einem früheren Zeitpunkt unterschritten (Krappmann 1988). Fast die Hälfte aller amerikanischen Kinder verbringt zumindest einen Teil der Kindheit und Jugend in Ein-Eltern-Familien (Furstenberg 1988).

Beziehungen von Kindern zu ihren Eltern fragmentieren und multiplizieren sich, z.B. weil die biologischen Eltern niemals zusammen die soziale Elternschaft praktizierten, weil die gemeinsame Elternschaft durch Trennung oder Scheidung beendet und in Formen getrennter elterlicher Verantwortung überführt wurde, und auch weil andere Personen (z.B. Stiefväter, -mütter) zu sozialen Eltern der Kinder wurden (Hoffmann-Riem 1989, 389). Die aus leiblichen Eltern und Kind bestehende Reproduktions-Triade löst sich damit auf in Teilbeziehungen zwischen Mutter und Kind, Vater und Kind sowie Kind und anderen Elternpersonen.

Die starke Senkung von Geburtenraten führt dazu, daß nahezu 80 % der Kinder im Elternhaus keine oder nur eingeschränkte Geschwistererfahrungen machen (Fölling-Albers 1989, 63). Stärker als früher sind Kinder damit emotional auf ihre Eltern und außerfamiliale Gruppen verwiesen (Nave-Herz 1989).

Schon sehr junge Kinder müssen sich in unterschiedlichen Kontexten autonom und kompetent verhalten können. Damit sind hohe Anforderungen an die Individualität des Kindes gestellt. »Die Entwicklung der Individualität wird durch entsprechende Erziehung im Elternhaus unterstützt, die das Ideal der Selbständigkeit des Kindes und des Rechtes auf die eigene Entwicklung als wichtige Erziehungsziele betont.« (Bertram/ Borrmann-Müller 1988, 19)

Mit der Umstrukturierung von familialen Lebensformen verändert sich auch Elternschaft und vor allem das Vater-Kind-Verhältnis: *Zunehmend koppeln sich biologische Vaterschaft und ein familialer Alltag mit eigenen Kindern voneinander ab.*

Über unterschiedliche Familienkonstellationen hinweg und trotz wechselnder Liebes- und Ehepartner leben Frauen relativ kontinuierlich mit ihren Kindern zusammen. Noch immer ist der Lebensalltag alleinerziehender Frauen mühsam, und viele von ihnen leben an der Armutsgrenze. Dennoch verändern sich weibliche Lebensperspektiven. Jüngere und gut ausgebildete Frauen entscheiden sich in den letzten Jahren zum Teil bewußt dafür, alleine ein Kind aufzuziehen. Nur ein Teil der nicht verheirateten Mütter lebt mit den leiblichen Vätern ihrer Kinder zusammen; das Sorgerecht für diese Kinder oblag bislang alleine ihnen. Nach Trennungen oder Scheidungen wohnen die meisten Kinder bei ihren Müttern.

Das Zusammenleben von Vätern mit leiblichen Kindern scheint hingegen zunehmend auf kürzere biographische Zeitspannen begrenzt. Auch Kontakte zu Kindern verringern sich damit: Bundesdeutsche (Napp-Peters 1985) ebenso wie britische und amerikanische Untersuchungen (Lund 1987) zeigen, daß zwischen 40% und 60% aller geschiedenen Väter aus unterschiedlichen Gründen nach einer Scheidung den Kontakt zu Kindern stark einschränken, rund die Hälfte der Väter hatte die Kinder in den letzten zwölf Monaten gar nicht gesehen (Furstenberg 1988).

Multiple Elternschaften und die Ausweitung von Verwandtschaftsbeziehungen

Der Strukturwandel von Familie verändert das Verhältnis zwischen Kindern und Eltern.

Wenn Frauen heute mehrere Kinder haben, ist es nicht mehr ungewöhnlich, daß zu diesen Kindern unterschiedliche Väter gehören. Entsprechend können Männer, die Väter mehrerer Kinder sind, diese mit mehreren Frauen gezeugt haben.

Weil Eltern sich oft in relativ jungem Alter trennen und neue Partnerschaften eingehen, ist eine stetige Zunahme von Stieffamilien unterschiedlichster Art zu beobachten (Visher/Visher 1987). Stiefmütter und -väter treten neben die biologisch-sozialen Eltern oder werden selber zu faktischen Eltern – die Elternkette erweitert sich. Mit dem Abrücken von der Kernfamilie erhöhen sich die Komplexitäten elterlichen Handelns »… sei es bei der Koordination von Partnerschaft und Elternschaft, bei der Strukturierung der Eltern-Kind-Beziehung oder bei der Teilung von Elternschaft in einer erweiterten Elternkette« (Hoffmann-Riem 1989, 408).

Die Umstrukturierung familialer Lebensformen und biographischer Lebensmuster führt dazu, daß sich verwandtschaftliche Systeme stark ausweiten. Damit erhöht sich auch der Entscheidungsbedarf darüber, mit wem soziale Beziehungen unterhalten werden sollten (Burkart u.a. 1989, 11).

Der besseren Illustration wegen wird dies im folgenden anhand zweier biographischer Fälle dargestellt. Das erste Beispiel ist dem von Edna Schmidt herausgegebenen Buch *Im Zwiespalt der Gefühle. Zwischen Kinderwunsch und Abtreibung,* Berlin 1983 entnommen.

Klaus Ruppenthal

Vater werden …
Vater sein …
28. April 1983 des Nachts
abnehmender Mond, einen Tag
und eine Nacht nach Vollmond

Heute vor 8 Jahren wurde Speedy geboren. Ein Junge. An diesem Tag wußte ich noch nicht, daß ich sein Vater werden würde. Ich wurde nicht nur sein Vater, sondern auch der Mann seiner Mutter. Aber erst viel später, genau am 28. April 1977. Zwei Wochen danach wurde Till geboren, mein – unser Sohn. Speedy hatte nun einen Bruder, genauer gesagt einen Halbbruder.

Bisher gibt es also: zwei Väter, eine Mutter, zwei Brüder. Am 28. April 1982 wurde unsere Ehe geschieden.

Im Juni des gleichen Jahres wurde ich dann zum dritten mal Vater, und Till bekam nun auch seinen Halbbruder. Er heißt Nicki. Ich lebe nicht mit der Mutter meines jüngsten Sohnes zusammen. Offiziell bin ich »Vater unbekannt«. Das war die Entscheidung von Nickis Mutter. Sie hatte sich entschieden, nicht abzutreiben und entband mich gleichzeitig von »sämtlichen moralischen und rechtlichen Vaterpflichten«. Zum Zeitpunkt dieser Entscheidung lebte ich in Westdeutschland auf dem Lande und sie in Berlin …

Einige Tage vor Nickis Geburt dann landete-strandete ich wieder in Berlin-Kreuzberg; nach fast genau 2 Jahren »Westdeutschland-Urlaub« …

Ja, und bald ist schon wieder Juni und Nicki wird ein Jahr alt; und ich werde dann im Juli 30 und Till kommt im August in die Schule und Speedy in die dritte Klasse und überhaupt bin ich verliebt in Johanna und Johanna hatte neulich einen Traum, im nächsten Frühjahr ein Kind zu gebären … und wir haben bisher erst einmal zusammen geschlafen und das war so schön heftig zärtlich, warm, weich und alles und es war wirklich die letzte Nacht vor der Eisprungvollmondphase … Nun ist das alles auch schon fast wieder eine Woche her.

An jenem Wochenende war auch Nicki bei mir. Von Freitag bis Montag – Wochenendvater – ja das bin ich auf eine Art schon … zwar nicht jedes Wochenende, weil ich ja auch noch was anderes zu tun habe …

Till und Speedy wohnen mit ihrer Mutter 5 Minuten von mir entfernt – gleich um die Ecke – wie hier im Kiez fast alles »gleich um die Ecke« ist. Trotzdem sehe ich die beiden relativ selten. Es liegt einmal daran, daß sie schon ihre eigene Welt haben und nicht mehr so sehr auf die Erwachsenen angewiesen sein wollen; zum andern ist mein Alltag so voll durchlebt von meinen eigenen Aktivitäten, daß ich mir nur manchmal die Zeit und Ruhe nehmen kann und will, mit den beiden oder einem von beiden was zu unternehmen.

An Ostern war ich mit Nicki, Till und Speedy für eine Woche bei meinen Eltern in Westdeutschland.

Es war eine sehr anstrengende Woche für mich ...

Das zweite Fallbeispiel faßt die Lebensgeschichte einer jetzt 42jährigen Frau und ihrer neunjährigen Tochter zusammen, beide leben in einer westdeutschen Mittelstadt.

Frau S., die Mutter von Marion, ist 42 Jahre alt, in zweiter Ehe verheiratet und hat zwei Töchter, mit denen sie immer zusammengelebt hat.

Frau S. heiratete mit 25 Jahren und lebte 6 Jahre mit ihrem ersten Ehemann zusammen. Dann verliebte sie sich in einen Kollegen und lebte 2 Jahre mit ihm zusammen, ohne sich von ihrem Mann scheiden zu lassen. Als Frau S. von ihrem Kollegen schwanger war, kam es zu Differenzen, und sie trennten sich. Frau S. gebar eine Tochter Marion.

Nach Marions Geburt zog Frau S. mit ihrer Tochter wieder zu ihrem Ehemann.

Weil ihre Ehe nie geschieden und Marion somit ehelich geboren wurde, war ihr Mann rechtlich Marions Vater. Er focht die Vaterschaft rechtlich auch nicht an und hatte zudem tatsächlich hohen Anteil an der Betreuung und Versorgung des Kindes. Zwischen ihm und Marion besteht bis heute eine äußerst enge emotionale Beziehung, Frau S.' erster Ehemann ist rechtlich und sozial Marions Vater.

Marion und ihr biologischer Vater kennen sich nur flüchtig. Als Marion 2 Jahre alt war, heiratete ihr leiblicher Vater und wurde Vater einer weiteren Tochter. Biologisch hat Marion also eine Halbschwester, die sie aber nicht kennt und die auch rechtlich nicht mit ihr verwandt ist.

Als Marion 4 Jahre alt war, ließ Frau S. sich scheiden. Sie und ihr früherer Mann beantragten das gemeinsame Sorgerecht. Marion lebte weiterhin bei ihrer Mutter, zum rechtlich-sozialen Vater bestehen enge und häufige Kontakte.

Frau S. heiratete nun einen geschiedenen Mann, der bereits Vater eines 11jährigen Sohnes war. Dieser Sohn lebt überwiegend bei seiner Mutter (die wieder verheiratet ist und eine weitere Tochter hat) und manchmal bei seinem Vater, dem jetzigen Ehemann von Frau S. Außerdem ist Herr S. – rechtlich und biologisch – Vater einer 5jährigen Tochter. Mit der Mutter dieses Kindes war er nicht verheiratet, sie trennte sich schon während der Schwangerschaft von ihm. Herr S. zahlt Unterhalt für dieses Kind, hat es aber nur einmal gesehen. Die Mutter dieses Kindes lebt mit ihrem jetzigen Freund, einem Witwer mit 2 Kindern zusammen.

Frau und Herr S. haben zusammen eine dreijährige Tochter, die von beiden gemeinsam betreut wird. Marion hat also – biologisch, rechtlich und sozial – eine weitere Halbschwester, die sie auch als ihre Schwester betrachtet.

Marion betrachtet die Eltern und Anverwandte ihrer Mutter sowie die Eltern und Anverwandte von deren erstem Ehemann als ihre Großeltern und Verwandten. Zu den Verwandten ihres jetzigen Stiefvaters bestehen von ihrer Seite aus kaum Kontakte.

Die Ausdifferenzierung und Pluralisierung von Lebensformen stellt die im juristischen Schrifttum und auch im Alltagsverständnis verankerte normative Festlegung von »Familie« auf biologische Verwandtschaft und die damit verbundenen äußeren Erscheinungsformen zunehmend in Frage. Dies tangiert auch das Problem der grundgesetzlichen Privilegierung einer Lebensform vor anderen Lebensweisen.

»Familie« kann unter gegenwärtigen Realverhältnissen nicht länger nur als Lebens- und Hausgemeinschaft eines miteinander verheirateten heterosexuellen Elternpaares und den von ihnen abstammenden Kindern betrachtet werden. Zunehmend empfinden sich auch nichteheliche Lebensgemeinschaften, Alleinerziehende, Stieffamilien (mit und ohne Trauschein) und andere Lebensgemeinschaften als »Familie« (und werden als solche wahrgenommen). Parallel dazu wird im sozialwissenschaftlichen Schrifttum ein normatives Familienmodell, das sich an den äußeren Strukturen von »vollständig«, »ehelich« etc. orientiert, zunehmend ersetzt durch die Beschreibung der qualitativen Merkmale von in verläßlichen Beziehungen füreinander einstehenden Erwachsenen und Kindern. Im dritten Familienbericht NRW (1990) werden sie als »verantwortliche Personalität« beschrieben, Familie ist dann unabhängig vom äußeren Erscheinungsbild als »Verantwortungsgemeinschaft« zu definieren (16).

Balloff/Walter (1990, 6) bestimmen »Familie« als »Einheit gelebter und gewollter Beziehungen miteinander verbundener Menschen, die Eltern sind und mindestens ein Kind betreuen und versorgen und die gemeinsame Verantwortung für ihr und das Leben der anderen Mitglieder tragen«. Sie orientieren sich damit nicht am Vorhandensein oder am Grad verwandtschaftlicher Beziehungen, sondern »am faktischen Zusammenleben, einer gemeinsam getragenen und praktizierten Verantwortung, Arbeitsteilung, Zuneigung, Achtung, Wertschätzung, Liebe, Sexualität, Kindererziehung und freiwilliger Sicherung des ökonomischen Rahmens« (ebd., 7).

»Scheidung« wurde bislang vorwiegend als Abweichung von einem dominanten Familienmodell analysiert, speziell im Hinblick auf dysfunktionale Bedingungen von Familienstrukturen und die Auswirkungen von Trennung auf das Leben der Geschiedenen. Erst neuerdings wird die Scheidung als Indikator einer grundlegenden Veränderung traditioneller Familienmodelle betrachtet. Damit verbindet sich eine Forschungsperspektive, die Integration und Regulierung von neuen Formen ehelicher Instabilität zum

Kern ihrer Analysen macht, welche konstitutiv für die Definition der »postmodernen« Familie sein dürfte (Thry 1988, 84 f.).

Neue Anforderungen an Kinder

Auch die Bedingungen des Aufwachsens von Kindern verändern sich. Für eine zunehmende Zahl von Kindern stehen die Lebensverhältnisse – das Leben in einer Ein-Eltern-Familie, Stieffamilie oder Wohngemeinschaft – im Widerspruch zu dem, was nach wie vor als Voraussetzung einer normalen und gedeihlichen Entwicklung gilt: verläßliche personale Beziehungen, dauerhafte Gefühlsbindungen, stabile äußere Verhältnisse, das Aufwachsen in einer »vollständigen« und »intakten« Familie.

Seitdem sich vor rund 200 Jahren die aus Eltern und Kindern bestehende Kleinfamilie zum dominanten Familientyp entwickelte, werden dieser familialen Organisationsform alle für Kinder notwendigen und förderlichen Lebensbedingungen zugesprochen: die Befriedigung materieller und psychischer Grundbedürfnisse, Schutz, Geborgenheit, Verläßlichkeit und Solidarität sowie Orientierung im Hinblick auf eigene psychosexuelle und Geschlechtsrollenidentifikationen.

Die tatsächliche Lebensrealität von Familien sieht jedoch oft ganz anders aus und kommt den an sie herangetragenen überhöhten Erwartungen nicht nahe. Insbesondere Forschungsarbeiten der letzten Jahrzehnte verdeutlichten, daß »Familie« auf hierarchisierten Arbeitsteilungen aufbaut und daß zur Familienwirklichkeit Konflikte aller Art, massive Gewalttätigkeiten und die sexuelle Ausbeutung von Kindern und Jugendlichen gehören.

Dennoch bleibt weiterhin »Familie« der Ort, an dem Kinder ihre ersten und fundamentalsten Erfahrungen machen. Im Kontext von Familie bilden sich Grundlagen der Persönlichkeit, emotionale Bindungen an andere Menschen, Umgangsweisen mit sich und der Welt, grundsätzliche moralische Werthaltungen – die Subjektivität und Identität eines Kindes – aus.

Zur Psychogenese familialer Gefühle: Emotionale Bindungen zwischen Kindern und Eltern

Kinder zeigen von Geburt an ein Bedürfnis nach mitmenschlichem Kontakt. Aufgrund spezifischer Interaktionen mit ihnen vertrauten Personen entwickeln sie ein System von Verhaltensweisen, um Nähe zu ihren Bezugspersonen – eine Bindung – herzustellen (Bowlby 1975, Fthenakis 1985, m.w.N.).

Kinder binden sich in besonders starkem Maße emotional an Personen, die während ihrer ersten Lebensjahre mit ihnen zusammenleben und bereit sind, sich selber auch emotional an das Kind zu binden.

Säuglinge kommen als soziale Wesen zur Welt. Sie senden Signale aus, die von Erwachsenen (und auch Kindern) wahrgenommen, interpretiert und beantwortet werden. Die den Säugling umgebenden Personen – in erster Linie seine Eltern, Geschwister, Pflegepersonen – entwickeln intuitiv die Fähigkeit, mit ihm zu kommunizieren und ihm erste Erfahrungen mit Personen und Dingen der Umwelt zu vermitteln (Papousek 1984). Säuglinge sind ihrerseits mit Fähigkeiten zur Wahrnehmung und Integration von Umwelterfahrungen ausgestattet (ebd.). Sie sind aktive Partner in der Gestaltung emotional-sozialer Beziehungen und bilden ihre vorsprachlichen und sprachlichen Möglichkeiten der Kommunikation und Integration von Wahrnehmungen und Erfahrung immer stärker aus.

Eltern, Geschwister und andere Personen, die mit einem Kind zusammenleben, zeigen ihrerseits eine hohe Bereitschaft, sich ihm zuzuwenden und es gern zu haben. Wenn Bezugspersonen regelmäßig, konsistent und sensibel auf die Signale eines Kindes reagieren, werden sie von diesem als vertraut und verfügbar erlebt. Eine enge affektive Bindung entwickelt sich zwischen dem Kind und Personen, die sich in regelmäßigen Zwiegesprächen mit ihm vertraut machen (ebd.). Bindungen von Kleinkindern an ihre Bezugspersonen bauen sich aber auch bei Ablehnung oder Mißhandlung auf (Grossmann/Grossmann 1986); diese Tatsache legt die Annahme nahe, daß ein Kind immer versuchen wird, Bindungen als eine notwendige Entwicklungsvoraussetzung herzustellen.

Mit der kindlichen Bindung an seine Bezugspersonen beginnt auch die Selbstentwicklung, die Individuation des Kindes (Papousek 1984, 182). Für ein Kind in den ersten Lebensjahren wird heute der kontinuierliche Kontakt zu mindestens einer Person, die Geborgenheit und Sicherheit bieten kann, als notwendig erachtet. Diese Person erhält hohe Bedeutung für die

Art der kindlichen Auseinandersetzung mit sich und der Umwelt. Frühe Bindungserfahrungen von Kindern werden als »innere Handlungsmodelle« (internal working models – Bowlby 1975) gespeichert und gehen in Verhaltenserwartungen und Beziehungen zu anderen ein. Seit Spitz (1945) und Bowlby (1975) wird allgemein angenommen, daß die Fähigkeit zu Vertrauensbildung und zum Eingehen intensiver Liebesbeziehungen mit der festen Bindung des Säuglings an wenigstens eine Pflegeperson korreliert.

Entsprechend der in den meisten Familien vorherrschenden Arbeitsteilung sind Mütter fast immer besonders vertraute Bezugspersonen eines Kleinkindes, darüber hinaus auch Väter, Geschwister, Großeltern oder andere Pflegepersonen. Zwischen dem Kind und den ihm vertrauten Personen bildet sich im Verlauf der ersten Lebensmonate und -jahre ein vielschichtiges Beziehungsnetz aus. Auch wenn die Zahl engster Bindungsobjekte nach oben hin begrenzt ist, gilt heute als sicher, daß Kinder von klein auf enge affektive Beziehungen zu mehreren Personen aufnehmen können.

Ein Mindestmaß an Zeit und Anwesenheit ist notwendige Voraussetzung für den Aufbau einer dauerhaften Bindung, auf seiten der Bezugsperson darüber hinaus eine hohe Reaktionsbereitschaft und ein aktives Angebot zur Interaktion. Entscheidender als bloße Anwesenheit oder bloßes Pflegeverhalten ist die Qualität der Interaktion zwischen Kind und Bezugsperson (Bowlby 1975). So können intensive sozial-emotionale Beziehungen auch im Kontext bedeutsamer Situationen aufgebaut werden (in Spiel- und Freizeitsituationen, durch besondere Bereitschaften zur Einfühlung in die Bedürfnisse des Kindes u.a.m.). Nach Suess u.a. (1987) entwickeln sich unterschiedliche Bindungsqualitäten zu unterschiedlichen Bindungspersonen. Die Intensität einer affektiven Bindung ist auch von den zusammen ausgeübten Tätigkeiten und der erfahrenen Intimität abhängig.

Qualität und Bedeutung der kindlichen Bindung variieren im Laufe der Kindheit. Nach Bowlby (1975) gibt es spezifische Phasen im Leben des Kleinkindes, in denen seine Sensibilität für das Eingehen einer diskriminativen Bindung besonders erhöht ist: die Zeit zwischen dem 4. und 8. Lebensmonat und das gesamte zweite und dritte Lebensjahr. Affektive Beziehungen sind aber nicht statisch und unveränderlich durch frühe Interaktionen vorgeprägt. Sie entwickeln sich vielmehr fortlaufend in einem dynamischen Prozeß über alle Entwicklungsphasen des Kindes und auch seiner Beziehungs-PartnerInnen hinweg (Papousek 1984). Bindungen eines Kindes entstehen und entfalten sich im Kontext sozialer, ökonomischer und ökologischer Bedingungen (Fthenakis 1985).

Für Kinder ist – je nach Alter, sozialer Situation und Kompensationsmöglichkeiten – die längerfristige Trennung oder der Verlust einer nahen Bindungsperson schmerzhaft und nur schwer zu verkraften. Verlusterfahrungen und Trauerreaktionen des Kindes hängen in diesem Fall auch von der Bedeutsamkeit eben dieser Person ab.

Fragmentierung und Verlust familialer Bindungen

Die Pluralisierung familialer Lebensweisen differenziert die bislang im Kontext der zusammenlebenden Kleinfamilie vereinheitlicht erscheinenden Anforderungen an Verhalten und Gefühle von Eltern und Kindern aus.

Für viele Kinder und ihre Eltern – Väter – sind Emotionen und die Erfahrung verwandschaftlicher Verbundenheit nicht (mehr) an einem gemeinsamen Alltag geknüpft, sondern an gelegentliche oder auch regelmäßige Besuchskontakte, zum Teil auch nur an das Wissen um die genetische Abstammung oder materielle Versorgungsleistungen.

Wie hoch in der BRD die Zahl der Kinder ist, die von vorneherein ohne (biologischen) Vater aufwachsen oder mit nur losen und gelegentlichen Besuchskontakten zu ihm, ist schwer zu ermitteln.

Vermutet wird dies für eine große Zahl der nichtehelich geborenen Kinder. Nach Napp-Peters (1985, 88 ff.) ist nur einem Viertel der Kinder lediger Mütter der leibliche Vater persönlich bekannt – dies vor allem deshalb, weil ihre Väter kein Interesse an ihnen hatten.

Seit nichteheliche Mutterschaft ihre stigmatisierende Wirkung für Frauen und Kinder immer mehr verliert, entscheiden sich Frauen häufiger – selbstbewußt – für ein Kind ohne das Zusammenleben mit dem jeweiligen (leiblichen) Vater. Sie entkoppeln die ehemals in Familie und Ehe zusammentreffenden Verhaltensanforderungen. Die Beziehungen des Kindes zum Vater werden dabei individuell ausgehandelt oder unterbleiben auch ganz.

Es gibt weitere Gründe für das Ausbleiben einer Vater-Kind-Beziehung: Kinder können das Produkt einer flüchtigen Zufallsbekanntschaft sein; Eltern können sich noch während der Schwangerschaft oder kurz nach der Geburt scheiden lassen; Väter können (aus beruflichen oder anderen Gründen) verhindert sein, eine Beziehung zu einem Kind aufzunehmen; sie können sterben, während das Kind noch klein ist.

Obwohl genauere statistische Angaben dazu nicht vorliegen, sprechen viele empirische Evidenzen dafür, daß im Kriegs- und Nachkriegs-Deutschland viele – wenn nicht die Mehrzahl aller – Kinder (faktisch) vaterlos aufwuchsen. Die Einberufung der Männer zur Wehrmacht, viele Tote und Vermißte, das Phänomen der (späten) Kriegsrückkehrer, ihre physische und psychische Erschöpfung, die tagesfüllende außerhäusliche Erwerbsarbeit weisen darauf hin (Meyer/Schulze 1989, 61 ff., m.w.N.). Im Vergleich zur Vorkriegszeit stiegen Ende der 40er Jahre die Scheidungsraten auf ein Vielfaches. 16,4% aller Kinder wurden 1946 nichtehelich geboren. Im Jahre 1950 waren 12,2% aller Frauen verwitwet (gegenüber 42,5% Ledigen, 43,6% Verheirateten und 1,7% Geschiedenen); weil viele Männer an den Spätfolgen des Krieges starben, stieg die Verwitwungsrate in den 50er Jahren noch an (ebd., 190).

Auch heute gehören Trennungen und Scheidungen der Eltern und ein Leben in wechselnden familialen Kontexten – Herkunftsfamilie, Ein-Eltern-Familie, Stieffamilie – zur subjektiven und zeitgeschichtlich spezifischen Erfahrung einer großen Zahl von Kindern und Jugendlichen. Immer mehr Kinder erleben schon während ihrer ersten Lebensjahre, daß nahe und bedeutsame Bezugspersonen – meistens Väter – nicht mehr mit ihnen zusammenleben und oftmals völlig aus ihrem Blickfeld verschwinden. Für viele Kinder ist dies mit heftigen Trennungsschmerzen, Trauerreaktionen und mehr oder weniger langfristigen Verhaltensstörungen verbunden.

Fast immer ist die Trennung oder Scheidung der Eltern zudem von Streitigkeiten und Kämpfen sowie einem Verlust an Sensibilität für kindliche Bedürfnisse begleitet. Für viele Kinder gehen elterliche Trennungen mit einem Wohnungswechsel, dem Verlust von Freunden und Bekannten, Schulwechseln, finanziellen Einschränkungen und einem Leben an der Armutsgrenze einher.

Für Kinder verkompliziert sich damit die familiale Beziehungsgeschichte. »Könnte man noch sagen, daß geschiedene Eltern wenigstens räumlich und rechtlich ein neues Leben beginnen, so stellt für die Kinder die Scheidung der Eltern den Beginn eines Doppellebens dar, in dem Zusammenleben nicht mehr mit Elternschaft zusammenfällt und die Kinder mehr oder weniger eine Art emotionales und soziales Spagatleben über zwei nun negativ aufeinander bezogene ›Kernfamilien‹ führen müssen – mit all den Doppelbödigkeiten, Zwangsheimlichkeiten und Versteckspielen, aber auch den Chancen, die Eifersucht zwischen den ›Getrennten‹ für eine Maximierung der eigenen Wunscherfüllung zu nutzen.« (Beck 1990, 196)

Eben diese Kinder und Jugendlichen erleben auch, daß Sexualität, Liebe und Elternschaft nicht mehr langfristig an einen Partner/eine Partnerin gebunden sein müssen, sondern mit wechselnden Menschen erlebbar sind. Transportiert werden damit auch Vorstellungen von der prinzipiellen Austauschbarkeit von Bindungen und Beziehungen. Dem entspricht möglicherweise, daß Kinder geschiedener Eltern sich auch als Erwachsene häufiger scheiden lassen (Heekeren 1987).

Wenn ihre Eltern neue Partnerschaften eingehen oder sich wieder verheiraten, müssen Kinder sich in neuen Beziehungskonstellationen – oftmals mit Stiefvätern und Stief-, Halb- und anderen Geschwistern – zurechtfinden. Für noch kleine Kinder scheint dies einfacher zu sein als für ältere (Ell 1982). Die einschlägige Fachliteratur (Krähenbühl u.a. 1986, Visher/Visher 1987, Friedl/Maier-Aichen 1991) belegt die Komplikationen des Aufbaus einer familialen Wirklichkeit ohne gemeinsame Beziehungsgeschichte und vor allem ohne gemeinsame Sozialisationsgeschichte von Kindern und Stiefeltern. Es gibt Anzeichen dafür, daß die Anwesenheit von Stiefkindern die Trennungs- und Scheidungswahrscheinlichkeit in neuen Familienkonstellationen erhöht (Friedl/Maier-Aichen 1991, 29, m.w.N.). Viele Kinder erleben im Verlauf ihrer Kindheit und Jugend mehrere Arten familialen Lebens und unterschiedliche Betreuungsformen. Im Grundsatz ist damit eine Auflösbarkeit personaler Bindungen verbunden und die Anforderung an Kinder, sich auf wechselnde Bezugspersonen einzustellen.

Kinder unterschiedlicher Väter, die in einer Familie zusammenleben, können sehr unterschiedliche Beziehungen zu ihren jeweiligen Vätern, Stiefvätern oder Partnern der Mutter aufnehmen. Wegen der hohen Bedeutung genealogischer Zugehörigkeit und insbesondere dann, wenn sich durch ein vorheriges familiales Zusammenleben intensive Vater-Kind-Bindungen entwickelt haben, bleibt der außerhalb lebende leibliche Vater im Bewußtsein des Kindes wichtig oder existiert als »eigentlicher« Vater neben z.B. dem Stiefvater weiter (Furstenberg 1987). In dem Maße, in dem nichteheliche Mutterschaft, elterliche Trennungen und Scheidungen, das Leben in einer Ein-Eltern-Familie oder das Zusammenleben mit neuen Beziehungspartnern der Mütter bzw. mit Stiefvätern zur verbreiteten »Normalität« elterlicher und kindlicher Biographien werden, verliert aber die Mystifizierung des »authentischen« Vaters möglicherweise an Bedeutung (Hoffmann-Riem 1985, 221). Nach Furstenberg (1988, 78 f.) sind Kinder heute zunehmend in der Lage, multiple Mutter- und Vaterschaften anzuerkennen und in ihr Leben zu integrieren.

Dementsprechend können Väter mehrerer Kinder ihre Beziehungen zu jedem einzelnen – nicht mit ihnen zusammenlebenden – Kind unterschiedlich ausgestalten, je nach Art der Kontaktmöglichkeit, des Wohnortes oder der Beziehung zur jeweiligen Mutter.

Familiale Verbundenheit zwischen getrennt lebenden Eltern(teilen) und Kindern

Es gibt Eltern und Kinder, die enge Beziehungen zueinander entwickeln oder aufrechterhalten, obwohl sie nicht zusammenleben. Dies kann durch regelmäßige Besuchskontakte geschehen oder auch durch Beteiligungen des außerhalb lebenden Elternteils an der alltäglichen Betreuung und Versorgung des Kindes.

Für diese Formen familialer Verbundenheit gibt es noch keine populären Muster des Verhaltens und Fühlens. Betroffene Eltern und Kinder erproben individuell neue Formen einer räumlich getrennten Eltern-Kind-Beziehung. Dabei stehen die hohen Erwartungen oft in krassem Widerspruch zu den realen Möglichkeiten, Erfahrungen und auch Enttäuschungen eines zeitlich beschränkten Besuchskontaktes. Die Suche nach einer befriedigenden Lösung vollzieht sich vor dem Hintergrund kulturell definierter Konzeptionen der Bedürfnisse von Kindern und Eltern und den damit verbundenen rechtlichen Rahmenbedingungen.

Bislang liegen für die Bundesrepublik kaum Untersuchungen über subjektive Verarbeitungsformen von räumlich getrennten Eltern und Kindern bzw. von mehreren Eltern in der Beziehung zu einem Kind vor. Die dazu durchgeführten Studien scheinen zudem vorwiegend davon auszugehen, daß sich elterliche Trennungen immer negativ auf das Kind auswirken müssen. Deshalb werden in ihnen vor allem kindliche Verhaltens- und Befindlichkeitsstörungen und die Auswirkungen unterschiedlicher Sorgerechts-Alternativen überprüft (Napp-Peters 1988; Balloff/Walter 1990).

Gleichwohl ist seit längerer Zeit zu beobachten, daß sich parallel zu den Veränderungen tatsächlich gelebter Eltern-Kind-Beziehungen auch in wissenschaftlichen Auseinandersetzungen ein Wandel der Auffassungen über die für ein Kind notwendigen oder sinnvollen familialen Bindungen vollzieht. In besonderer Weise betrifft dies das Verhältnis zwischen Kindern und von ihnen getrennt lebenden Vätern. Weil heute Väter ein engeres Verhältnis zu Kindern entwickeln und als Bindungs-Partner für Kinder tatsächlich bedeutsamer werden, verändert sich auch das Verständnis familialer Beziehungen nach einer elterlichen Trennung oder Scheidung immer mehr.

Trennungen oder Scheidungen werden zunehmend als Ereignis begriffen, das zwar die Beziehung zwischen den Eltern grundlegend verändert oder auch beendet, nicht aber die Beziehung zwischen Eltern(teil) und Kind(ern).

Indem nichteheliche Mutterschaft und elterliche Trennungen/Scheidungen ihre stigmatisierende Wirkung verlieren, lockert sich zudem – auch in der Kommunikation mit Kindern – der früher verbreitete Zwang, diese Ereignisse zu tabuisieren (Plogstedt 1991). Die aus beiden Eltern und leiblichen Kindern bestehende Verwandtschaftsfamilie ist nicht mehr der für alle geltende Normalfall und Kriterium einer normativen Bewertung biographischer Lebensmuster, die kommunikative Offenheit und Akzeptanz gegenüber anderen familialen Gruppierungen wächst.

Die soziale Bestimmtheit familialer Gefühle

Eltern-Kind-Beziehungen haben eine individuelle Geschichte, die als Entstehung und Ausdifferenzierung emotionaler Bindungen beschreibbar ist. Sie haben darüber hinaus aber auch eine kollektive Geschichte.

Seit rund 200 Jahren bestimmt das Modell der biologisch codierten, zusammenlebenden Kleinfamilie die gängigen Vorstellungen von Kindeswohl und Elternglück. Gefühlsbeziehungen und Verhaltenserwartungen von Eltern und Kindern sind an diesem Modell orientiert.

Was verändert sich im Prozeß der Pluralisierung von Familienformen?

Soziogenese familialer Gefühle

Menschliche Gefühle sind keine quasi-natürlichen oder naturwüchsigen psychischen Reservate, sondern entwickeln sich in Abhängigkeit von objektiven materiellen Bedürfnissen und kulturell vorgegebenen Mustern. Obwohl gerade familiale Gefühle und Beziehungen für spontan und interessefrei gehalten werden, gibt es überzeugende Hinweise darauf, daß sich Beziehungen zwischen Familienangehörigen innerhalb einer Matrix gesellschaftlicher Beziehungen ausbilden, die subjektive Bereitschaften ebenso beinhaltet wie kulturelle Gepflogenheiten und wirtschaftliche Notwendigkeiten (Medick/Sabean 1984).

Individuelle Emotionen waren und sind immer auch in Eigentumsverhältnisse, Arbeitsprozesse und Herrschaftsstrukturen einer Gesellschaft eingebettet (Hausen 1976, 380 f.). Empfindungen und objektive Sozialstrukturen sind aufs engste miteinander verbunden. In unterschiedlichen historischen Epochen werden ebenso wie in unterschiedlichen sozialen und kulturellen Milieus Bereiche und Beziehungen abgesteckt, in welchen Emotionen gebildet und zum Ausdruck gebracht werden können. So gruppierte sich etwa die familiale Gefühlskultur vergangener Jahrhunderte besonders oft um Besitz und die Weitergabe von Eigentum. Empfindungen und zwischenmenschliche Beziehungen innerhalb einer Familie oder auch größerer Gemeinschaften können um ein gemeinsames Anliegen, politische Zielsetzungen, religiöse Vorstellungen oder um ein Erbe zentriert sein (Medick/Sabean 1984, 21).

Historische Analysen des Gefühls »Mutterliebe« (Badinter 1985) oder der Liebe zwischen EhepartnerInnen (Beck/Beck-Gernsheim 1990) belegen die soziale Prägung gerade jener Gefühle, die in höchstem Maße für ursprünglich, persönlich oder auch »natürlich« gehalten werden.

Jedes Gefühl gewinnt seine eigene Gestalt und in einem gewissen Sinne seine Identität zuallererst im sozialen Zusammenhang (Hochschild 1990, 168): Es gibt normative Vorgaben, welche Gefühle gegenüber welchen Personen auf welche Weise geäußert werden können.

Durkheim (1981) hat – für religiöses Erleben – auf die hohe Bedeutung von Ritualen für die Auslösung spezifischer Gefühle verwiesen. Auch in freundschaftlichen oder verwandtschaftlichen Beziehungen und ebenso im Berufsleben sind Rituale und emotionales Erleben eng miteinander verbunden.

Die soziale Normierung elterlicher Gefühle

Eltern-Kind-Beziehungen sind in vielfältiger Weise sozial normiert und strukturiert.

In unserem Kulturkreis ist biologische Elternschaft heute mit Gefühlen von Verantwortlichkeit und Verpflichtung gegenüber einem Kind verknüpft; geschlechtsspezifisch unterschiedlich werden diese Gefühle realisiert und mit tatsächlichem Engagement für das Kind verbunden.

Die soziale Institution Mutterschaft gibt Frauen Regeln und Gepflogenheiten des Fühlens, Denkens und Handelns gegenüber Kindern vor (IFF 1989). Auch väterliches Verhalten unterliegt kulturell geprägten Anforderungen; zunehmend wird heute von Vätern ein liebevoller und zärtlicher Umgang mit Kindern und die aktive Teilhabe an ihrem Leben von Beginn an erwartet. Eine umfangreiche Ratgeber-Literatur ebenso wie publizistische und institutionelle Angebote im Bereich der Familienbildung dokumentieren Verhaltensweisen und Gefühle einer »guten Mutter« (Schütze 1986, Landweer 1989) und auch eines »guten Vaters«.

Ein pädagogisch fundiertes Wissen über den angemessenen und richtigen Umgang mit Kindern ist heute in allen Bevölkerungsgruppen weit verbreitet (Wahl 1980, Beck-Gernsheim 1990, m.w.N.). Eltern erhalten von allen Seiten explizite Anweisungen, wie unerwünschte Gefühle (Ungeduld, Gereiztheit, Wut) kontrolliert bzw. erwünschte elterliche Gefühle und Verhaltensweisen (Akzeptanz, liebevolle Zuwendung, Verläßlichkeit) hergestellt werden können. Idealvorstellungen einer »guten Mutter« und eines »guten Vaters« werden in das eigene Selbstkonzept übernommen (zusammen mit dem Wissen darüber, daß diese Idealvorstellungen aus unterschiedlichen Gründen nicht immer zu realisieren sind).

Auf der Basis eines mit anderen geteilten Wissens über emotionale Aspekte von Eltern-Kind-Beziehungen werden eigene Empfindungen und Verhaltensweisen interpretiert und gegebenenfalls durch gezielte emotionale Strategien »bearbeitet«.

Das Recht der Eltern-Kind-Beziehung und seine historischen Wurzeln

Ein Rückblick auf die historische Entwicklung von Rechtspositionen des Eltern-Kind-Verhältnisses macht vor allem deutlich, daß die jahrtausendelange Vorherrschaft patriarchaler Verfügungsmacht erst in jüngster Zeit einer zunehmenden rechtlichen Berücksichtigung mütterlicher und kindlicher Interessen gewichen ist.

Der Mythos vom männlichen Lebensursprung

Die Zeugungslehre der Antike und die darauf aufbauenden Vorstellungswelten des Christentums sind bestimmt von dem Gedanken, daß das Leben allein männlichen Ursprungs sei und die Frau nur ein Gefäß, das den männlichen Samen austrägt.

Für Aristoteles war der Mann eigentlicher Schöpfer des Lebens. Er erweckte den Keim und beseelte ihn, die Frau lieferte nur den körperlichen Stoff dazu. In Platons dazu passender physiologischer Theorie bestand der aus dem Gehirn und dem Rückenmark stammende Samen des Mannes bereits aus Lebewesen. Aus den männlichen Genitalien gingen sie in den weiblichen Uterus über und wurden dort bis zur Geburt genährt und großgezogen (Reinprecht 1988, 135).

In patriarchalen arabischen Gesellschaften blieb die Vorstellung vom Mann als dem eigentlichen Erzeuger und der Frau als eines austragenden Gefäßes bis heute erhalten (Maher 1984).

»Mit der Entdeckung des weiblichen Eis im Eierstock und dessen Funktion für die Fortpflanzung (1827) hat die aristotelische Zeugungslehre jene Umdeutungen erfahren, die bis heute noch nicht ihren Kredit verloren haben ... Mit der der Philosophie der Aufklärung entspringenden Idee, daß nicht die bloße Zeugung, sondern die Erziehung den Menschen ausmache, wurde geschwind der Mann zum berufenen Erzieher des Menschengeschlechts erklärt.« (Reinprecht 1988, 130) Die biologische Überlegenheit der Zeugungskraft des Mannes wird zu einer geistigen umgedeutet. In Kants »Pädagogischen Vorlesungen« wird den Frauen die lebenserhaltende Wartung und Pflege von Kindern zugewiesen, den männlichen Erziehern und Lehrern hingegen obliegt die Menschwerdung des Kindes, dessen zweite Geburt; sie sind die eigentlichen Geburtshelfer des Menschen (Glantschnig 1988, 163).

Patriarchale Verfügungsrechte über Kinder

Nahezu sachenrechtliche Vorstellungen von Besitz und Eigentum an Kindern haben das Verständnis von Elternschaft immer geprägt. Sie sind historisch überdauernd eng mit der Geschichte der patriarchalen Familie verbunden. Verfügungsgewalt, Nutzungsrecht und Befehlsgewalt über die »eigenen« Kinder sind Kennzeichen aller patriarchalen Gesellschaftsordnungen (Schmerl 1989).

Ein Rückblick auf die Geschichte der Familie zeigt, daß das Prinzip des Patriarchalismus über alle unterschiedlichen Familienformen hinweg relativ ungebrochen bestehen bleibt (Weber-Kellermann 1975). Davon ist auch das Konzept der elterlichen Sorge – die Summe aller Rechte und Pflichten gegenüber Kindern – zentral betroffen: Sie ist in allen europäischen Rechtssystemen bis ins 19. Jahrhundert hinein als nahezu grenzenloses Verfügungs- und Erziehungsrecht des Vaters ausgestaltet. Kinder sind Eigentum ihrer Väter, Sorgerechte für Kinder werden immer auch als Eigentumsrechte verhandelt (Fthenakis 1982).

In der gesamten Antike wurden Kinder eher als Sache denn als Person behandelt. So konnten sie ausgesetzt und beseitigt werden (Spillmann 1980). Das römische Recht sprach formal dem Vater als dem Oberhaupt der Familie die absolute väterliche Gewalt über Kinder zu, obgleich die tatsächliche Gerichtspraxis diesem Recht nicht immer entsprach. Es überließ ihm die Entscheidung über Leben und Tod Neugeborener, ebenso das Entscheidungsprimat über die Erziehung von Kindern (Trallori 1983).

Das germanische Recht verfügte die uneingeschränkte Gewalt und das uneingeschränkte Recht des Mannes an seiner Frau und den gemeinsamen Kindern (Weber-Kellermann 1975). Das Muntrecht war »ein Herrschaftsrecht des Hausherrn über die Angehörigen der Hausgemeinschaft einschließlich seiner Ehefrau« (Planck 1978, 203). Es beinhaltete Strafgewalt, Vermögensverwaltung, Außenvertretung und die Kontrolle über Verehelichung und Sexualität von Frauen. Ebenso wie die Ehefrau gehörten auch gemeinsame Kinder dem Vater, der sie unter spezifischen Umständen töten, aussetzen und noch bis ins 13. Jahrhundert hinein verkaufen konnte (Limbach 1988).

Die vorindustrielle Lebens- und Wirtschaftsgemeinschaft des »ganzen Hauses« – in der im hohen Mittelalter etwa 70-80 % der Bevölkerung lebten – wurde wirtschaftlich und rechtlich vertreten vom »Hausvater«. Der Hausvater stand dem »ganzen Hause« vor als oberster Planer und Ökonom, als Vertreter seines Hausrechts in der Gemeinde, als Gatte und Vater und als Gestalter der häuslichen Kultur wie auch als Meister und Wirt (Weber-Kellermann 1975, 10). Dem Hausvater stand das ausdrückliche Unterweisungs- und Züchtigungsrecht nicht nur über seine Kinder, sondern auch über die Verwandten und das Gesinde zu (Specht 1978, 105).

»Vaterschaft« in diesem Sinne war weniger ein an Blutsverwandtschaft orientiertes individuelles Attribut, sondern ein zentrales gesellschaftliches Ordnungsprinzip. So wie der Vater über das Haus regierten auch Landesväter über ihre Häuser und – über alle – der himmlische Vater. Dort, wo die Institution Familie ihre Ordnungsfunktion gegenüber dem Staat einbüßte, verlor auch das patriarchale Familienoberhaupt seine absolute Machtstellung (Donzelot 1979, 104).

Im Bürgertum, das einen neuen Familientyp hervorbrachte, blieb das Prinzip des Patriarchalismus bestehen »... ja, der pater familias dieser Epoche erhielt noch dadurch neue Machtbefugnisse, daß er für die Seinen die einzige Vermittlung zur Außenwelt, zu Arbeit und Gesellschaft bildete, während sich die abgeschirmte familiäre Innenwelt um die zentrale Gestalt der Mutter und Hausfrau zusammenschloß« (Weber-Kellermann 1975, 10).

Das Familienrecht des Preußischen Allgemeinen Landrechts (ALR) von 1794 stattete den Mann als »Haupt der häuslichen Gesellschaft« mit umfassenden Entscheidungsbefugnissen über alle Familienmitglieder aus. Er besaß im Gegensatz zur Mutter die nahezu uneingeschränkte »väterliche Gewalt«. Allerdings hatten Väter bei älteren Söhnen auf Lebensart und Neigungen Rücksicht zu nehmen, und diese konnten ab dem 14. Lebensjahr das Vormundschaftsgericht gegen eine Entscheidung des Vaters anrufen (Schwab 1975, 283). Mütter waren für die körperliche Pflege und Versorgung von Kleinkindern vor allem unter vier Jahren zuständig. Von diesem Alter an konnten Väter Kinder auch gegen den Willen der Mutter zur Adoption freigeben oder ihr die Aufsicht entziehen (Weber-Will 1983). Für vaterlose Kinder wurde ein männlicher Vormund bestellt.

Dennoch blieben die immer stärker in den Vordergrund tretenden Mutterideologien und Vorstellungen über die normative Zuständigkeit von Müttern für kleine Kinder (Schütze 1986, Landweer 1989) nicht ohne Auswirkungen auf Sorgerechts-Regelungen im Scheidungsfall. Dies verband sich auch mit einer stärkeren Berücksichtigung kindlicher Bedürfnisse und Interessen. Im Bürgertum des 19. Jahrhunderts entstand die Vorstellung, daß jüngere Kinder im Falle einer Scheidung zur Mutter gehörten (Fthenakis 1982). Einen entscheidenden Abschnitt in der Entwicklung elterlicher Sorgerechte markierte in England die Verabschiedung des »Justice Talford Act« im Jahre 1839. Dieses Gesetz verfügte, daß nach einer Scheidung Kinder unter sieben Jahren eher der Mutter als dem Vater übergeben werden sollten – ein Grundsatz, der als »tender years doctrine« immer stärker die Rechtsprechung der folgenden Jahrzehnte bestimmte (Fthenakis 1982). Er erhielt hohe öffentliche und wissenschaftliche Publizität.

Das Elternrecht des BGB (1896/1900) sah den »Vater als Vermögensinhaber, der durch Erziehung seine Kinder auf die Übernahme des Erbes vorbereitet, dadurch aber zugleich für seine Alterssicherung sorgt, beim Scheitern das Risiko privat trägt und deswegen auch eine umfassende Erziehungsgewalt trägt« (Münder 1980, 17). Die väterliche Gewalt wurde als ein dem Interesse des Kindes dienendes Schutzinstitut verstanden.

Dem Vater stand kraft der elterlichen Gewalt das Recht und die Pflicht zu, für die Person und das Vermögen des Kindes zu sorgen

(§1627). Kraft des Erziehungsrechtes durfte er angemessene Zuchtmittel gegen das Kind anwenden (§1631, 2). Neben dem Vater hatte während der Ehe die Mutter das Recht und die Pflicht, für die Person des Kindes zu sorgen. Zur Vertretung des Kindes war sie nicht berechtigt, bei einer Meinungsverschiedenheit zwischen den Eltern hatte die Meinung des Vaters Vorrang (§1634).

Das Recht der Ehescheidung war verschuldensabhängig ausgestaltet. Im Scheidungsfall wurde dem für nicht schuldig erklärten Elternteil die elterliche Gewalt zugesprochen. Wurden beide Eltern für schuldig erklärt, stand die Sorge für Töchter immer der Mutter zu, ebenso die Sorge für Söhne unter sechs Jahren. Für Söhne über sechs Jahren wurde Vätern die elterliche Gewalt zugesprochen. Dieser Gedanke einer zeitlichen Aufteilung des Sorgerechts, wonach der Mutter die Sorge für das Kleinkind, dem Vater die Sorge für das ältere Kind zugesprochen wird, blieb in ausländischen Rechtsordnungen bis in die Gegenwart erhalten. Überwiegend werden sie heute als nicht mit dem Kindeswohl vereinbar bewertet (Zenz/Salgo 1983).

Im BGB blieb nach einer Scheidung das Recht des Vaters zur Vertretung des Kindes im Rechtsverkehr und die Vermögenssorge auch dann erhalten, wenn der Mutter die Personensorge zugesprochen wurde. Vollgewalt erlangte die Mutter lediglich dann, wenn die elterliche Gewalt verwirkt war oder ruhte; unter Umständen wurde ihr hier ein Beistand gestellt.

Im Jahre 1938 wurde dem Vormundschaftsgericht die Befugnis zugesprochen, über Personensorge und Vertretungsrecht eine einheitliche Entscheidung nach dem Wohle des Kindes zu treffen (§81 EheG). In der Regel sollte der nicht schuldig Geschiedene das Sorgerecht erhalten.

Der Begriff der »väterlichen Gewalt« prägte bis zum 31.3.1953 das Recht am Kind; der Vater war Inhaber der elterlichen »Hauptgewalt« und die Mutter hatte eine auf die Personensorge beschränkte »Nebengewalt« inne. Diese Regelungen wurden erst 1958 durch das Gesetz über die Gleichberechtigung von Mann und Frau zugunsten der gemeinsamen elterlichen Gewalt (ab 1979: elterliche Sorge) neu gefaßt.

Das alleinige Sorgerecht für Mütter

Das alleinige Sorgerecht für Mütter – im Falle ihrer Verwitwung, einer Scheidung und der nichtehelichen Geburt ihrer Kinder – ist im deutschen Recht ein *historisch junges Phänomen.*

Die *verwitwete Mutter* erhielt schon in der ursprünglichen Fassung des Bürgerlichen Gesetzbuches die volle elterliche Gewalt (§ 1684 ursprüngliche Fassung BGB – heute § 1681 Abs. 1 BGB). Unter Umständen war ihr aber auch ohne eigenen Antrag ein Beistand zu bestellen (§§ 1687, 1688 ursprüngliche Fassung BGB). Mit ihrer Wiederverheiratung verlor die Mutter die elterliche Gewalt an einen Vormund, behielt jedoch Recht und Pflicht der Personensorge (§ 1697 ursprüngliche Fassung BGB).

Für *geschiedene Frauen* wurde in der BRD ein uneingeschränktes alleiniges Sorgerecht zum ersten Mal im Jahre 1958 möglich. Erst das Gleichberechtigungs-Gesetz, das verspätet dem Verfassungsauftrag des Artikel 3 Abs. 2 GG Folge leistete, beseitigte in diesem Jahr alle geschlechtsspezifischen Besonderheiten für den Zusammenhang des § 1671.

Auch *nicht verheiratete Mütter* können erst seit kurzem ein volles alleiniges Sorgerecht für ihre Kinder bekommen. In der Urfassung des BGB galt ein nichteheliches Kind als nicht mit seinem Vater verwandt. Der Erzeuger mußte einen Beitrag zum Unterhalt leisten. Die nicht (mit dem biologischen Vater des Kindes) verheiratete Mutter hatte nach der ursprünglichen Fassung des Bürgerlichen Gesetzbuches nur die tatsächliche Personensorge; die elterliche Gewalt stand ihr nicht zu (§ 1707 ursprüngliche Fassung BGB). Da andererseits der Vater als Träger der elterlichen Gewalt ausschied, da er mit dem Kind als nicht verwandt galt (§ 1598 Abs. 2 ursprüngliche Fassung BGB), bedurfte es stets eines Vormundes zur Ausfüllung dieses rechtlichen Vakuums.

Erst im Jahre 1961 wurde der nicht verheirateten Mutter die Möglichkeit zugestanden, auf eigenen Antrag hin die elterliche Gewalt für ihr nichtehelich geborenes Kind auszuüben. Das Gesetz zur Neuregelung des Rechts der nichtehelichen Kinder erklärte 1970 Väter und Kinder als verwandt und erbberechtigt und erhöhte den Unterhaltsanspruch des nichtehelichen Kindes. Die Amtsvormundschaft konnte nunmehr auf Antrag aufgehoben werden, der Mutter wurde das elterliche Sorgerecht einschließlich der Vermögenssorge und der gesetzlichen Vertretung des Kindes eingeräumt. Die elterliche Sorge für ein nichteheliches Kind steht seitdem grundsätzlich der Mutter zu (§ 1705 Abs. 1 Satz 1 BGB).

Nach § 1706 BGB wird die elterliche Sorge der nichtehelichen Mutter aber generell durch eine Amtspflegschaft zum Zwecke der Vaterschaftsfeststellung, der Geltendmachung von Unterhaltsansprüchen und der Regelung von Erbschaftsangelegenheiten eingeschränkt. Auf Antrag der Mutter kann das Vormundschaftsgericht anordnen, daß die Pflegschaft nicht eintritt, aufgehoben wird oder der Wirkungskreis des Pflegers beschränkt wird (§ 1707 BGB). Voraussetzung dafür ist, daß dies »dem Wohle des Kindes nicht widerspricht« (§1707 Abs. 2 BGB), »wenn dies zum Wohle des Kindes erforderlich ist«, kann die Anordnung jederzeit geändert werden (§1707 Abs. 2 Satz 2 BGB).

Durch das Instrument der Zwangspflegschaft enthält das Familienrecht für ledige Mütter gegenüber verheirateten, verwitweten oder geschiedenen Müttern noch immer verstärkte Möglichkeiten einer rechtlichen Kontrolle (Zenz/Salgo 1983, 49 ff.). Die Zwangspflegschaft wird insbesondere dann verordnet, wenn Mütter sich weigern, den Namen des Vaters amtlich bekanntzugeben (BT-Drucksache V/2370, 64 ff., 105; V/4179, 4).

Das »Kindeswohl« als Rechtsbegriff

Um die letzte Jahrhundertwende wurden in der Rechtsprechung Tendenzen erkennbar, Rechtsansprüche der Eltern zugunsten einer stärkeren Berücksichtigung der Interessen des Kindes zurückzudrängen. Das Kind wurde – auch in der juristischen Ausgestaltung von Eltern-Kind-Beziehungen – als eigenständige Rechtspersönlichkeit anerkannt.

Die in diesem Jahrhundert (ausdrücklich: 1958) erfolgte Einführung des »Kindeswohl«-Begriffes in die Rechtssprache des BGB kennzeichnet diese Entwicklung. Dem Elternrecht wird das »Wohl des Kindes« als Maßstab dafür entgegengesetzt, legitime Sorge und illegitime (Herrschafts-)Ansprüche voneinander abzugrenzen (Gernhuber 1973, 229). Der »Kindeswohl«-Gedanke markiert gleichsam das Spannungsverhältnis von Kindesinteresse, Elternrecht und Wächteramt des Staates.

Das BGB verwendet den Begriff »Wohl des Kindes« als orientierenden Begriff zur Ausübung der elterlichen Sorge (§ 1627) und zur Regelung elterlicher Konflikte bei Eingriffen in die elterliche Sorge. Coester (1985) benennt vier Grundfunktionen des Kindeswohlpostulats:

- es legitimiert Eingriffe in die Familienautonomie (z.B. bei Kindesmißhandlungen);
- es dient als Entscheidungsmaßstab bei positiv zu treffenden Maßnahmen (z.B. im Umgangsrecht);
- es ist Verfahrensrichtlinie bei richterlichen Interventionen;

- und es bezeichnet einen rechtspolitischen Gestaltungsauftrag an den Gesetzgeber.

Coester (1983, 218 f.) verweist zudem auf die Leit- und Sperrfunktion des Kindeswohl-Konzeptes: Die Verpflichtung, »kindzentriert zu denken und jeden Gesichtspunkt, auch etwaige Elterninteressen, von der Situation des Kindes her zu bewerten« sowie die Abwehr von Gesichtspunkten, die mit dem Kindesinteresse nicht vereinbar sind.

Für die Zuerkennung der elterlichen Sorge im Scheidungsfall ist nach §1671 BGB, Abs. 2 das »Kindeswohl« ausschlaggebend. Konkretisiert wird der Begriff dahingehend, daß die Bindungen des Kindes an seine Eltern und Geschwister zu berücksichtigen sind (§1671 Abs. 2). Weitere Kriterien einer Sorgerechts-Zuerkennung sind:

- der übereinstimmende Elternvorschlag (§1671 Abs. 3)
- der Kontinuitätsgrundsatz (im Hinblick auf Erziehung und Umgebung)
- das Förderungsprinzip (im Hinblick auf erzieherische Eignung und wirtschaftliche Situation)
- die Beachtung des Kindeswillens (die allgemein vom Alter des Kindes abhängig gemacht wird).

Die Rahmennorm »Kindeswohl« zielt darauf ab, die Interessen von Kindern über die ihrer Mütter oder Väter zu stellen. Sie hält grundsätzlich einen breiten Entscheidungsspielraum offen und erlaubt eine Anpassung an die Umstände eines jeden Einzelfalls. Seitdem nicht mehr die Scheidungsschuld Kriterium einer Sorgerechtszuweisung ist, müssen Familiengerichte somit in jedem Scheidungsfall die Eltern-Kind-Beziehung unter dem Aspekt des Kindeswohls bewerten. Gefordert ist die gerichtlich verwertbare Begutachtung der Qualität dieser Beziehung. Im Zusammenhang einer solchen Bewertung sind Interpretationen kindlicher Bedürfnisse, Bindungen und zukünftiger Interessen unvermeidbar.

Damit verbunden sind auch spezifische Probleme des Rechtsbegriffs »Kindeswohl«: Es »wird zu einem immer umstritteneren Kriterium, dem man Subjektivismus und Willkür vorwirft und die Rolle eines Alibis und juristischen Passepartouts zuweist« (Thêry 1988, 88). Zusammengefaßt gilt: *»Kindeswohl« ist ein unbestimmter und ausfüllungsbedürftiger Rechtsbegriff, für den es keine allgemeinverbindliche positive Definition gibt.*

Neuere Rechtsentwicklungen deuten darauf hin, daß der Gedanke eines elterlichen Sorgerechtes zunehmend von dem Gedanken der subjektiven Rechtsmündigkeit des Kindes abgelöst wird (Gernhuber 1980, Ramm 1990). Der im Konzept der elterlichen Sorge kodifizierte Gedanke *elterlicher Rechte und Pflichten* gegenüber dem Kind wird durch die Perspektive eines *eigenständigen Rechtes des Kindes* ersetzt. Wo bisher die Macht der Eltern über das Kind und die Rechte der Eltern an ihm im Vordergrund standen, gewinnt heute die Perspektive der kindlichen Persönlichkeit mit definierten eigenen Bedürfnissen und Rechten an Bedeutung. Das Wohlergehen des Kindes wird inhaltlich nicht mehr durch die Eltern bestimmt, sondern an definierte Rechte als objektiv bestimmbare Größe gebunden. Das Kind selber wird in den Mittelpunkt gestellt, das Recht wird von ihm aus neu definiert und bewertet. In der Rechtsprechung setzt sich – unter Vorgabe des Kindeswohl-Gedankens – eine allgemeine Tendenz der Entwicklung autonomen kindschaftsrechtlichen Denkens durch (Münder 1988).

Den Rechten des Kindes stehen dann die entsprechenden Pflichten des/der Verantwortlichen gegenüber. »Wer das Kindesrecht auf angemessene Ernährung, Unterbringung, Erholung und ärztliche Betreuung verletzt, wer seinen Anspruch, gesund aufzuwachsen und sich zu entwickeln, nicht erfüllt, wird seiner Verantwortung nicht gerecht. Sie muß ihm deshalb, um des Kindes willen, entzogen und ein anderer Verantwortlicher an seine Stelle gesetzt werden.« (Ramm 1990, 154)

Eine solche Sichtweise ist im deutschen Recht nicht üblich (Ramm 1990). Zwar verfolgt der Begriff »Wohl des Kindes« im Prinzip eine ähnliche Zielrichtung. Das Kindeswohl ist aber ein zivilrechtlicher Begriff und bezieht sich vorwiegend auf das konkrete, individuelle Kind. Demgegenüber zielt der normative Begriff der »Rechte des Kindes« auf generelle, typische Entwicklungsbedingungen von Kindern ab (Ramm 1990, 140 f.).

Für ausländische Rechtsordnungen haben Kerckhoff/McPhee (1984) und Harding (1987) die immer stärkere Absicherung der Rechte von Kindern gegen die Ansprüche ihrer Eltern herausgearbeitet.

Nach Art. 6 Abs. 2 des Grundgesetzes der BRD sind »Pflege und Erziehung der Kinder das natürliche Recht der Eltern und die ihnen zuvörderst obliegende Pflicht«. Mit dieser Festlegung garantiert das GG einerseits den Schutz der Kindeserziehung in der Familie. Andererseits wird die rechtliche Voraussetzung geschaffen, unzulässige Interventionen des Staates in die Eltern-Kind-Beziehung abzuwehren.

Die elterliche Sorge wird heute als ein den Interessen des Kindes dienendes Schutzverhältnis charakterisiert (BGHZ 66, 334, 337), als pflichtgebundenes Recht (Beitzke 1983, 235 f.), das sich permanent von den Kindesinteressen her legitimieren muß. Der Pflichtencharakter überwiegt, verglichen mit dem Recht am und gegenüber dem Kind.

Gleichwohl wird das Elternrecht als ein weitgehend gegen staatliche Eingriffe geschütztes natürliches Recht angesehen, das die privaten und individuellen Interessen von Eltern schützt. Verschiedentlich findet sich daher auch die Auffassung, es sei entgegen dem Gesetzeswortlaut unentziehbar, könne nur in seiner Ausübung beschränkt werden (Soergel-Strätz § 1626 Rz. 5, m.w.N.). Greifen Dritte in die Beziehung zwischen Eltern und Kind dergestalt ein, daß die Eltern an der Ausübung des Sorgerechts gehindert werden, so verletzen sie ein absolutes Recht der Eltern – nicht des Kindes.

Auch Kinder sind Träger von Grundrechten. Nach Art. 6 Abs. 3 GG haben sie einen staatlichen Schutzanspruch, wenn durch das Tun oder Lassen der Eltern das körperliche, geistige oder seelische Wohl gefährdet wird oder das Kind zu verwahrlosen droht. Weil aber das Recht der Eltern-Kind-Beziehung verfassungsrechtlich vor allem als Abwehrrecht der Eltern gegenüber der Staatsgewalt konzipiert wurde, traten bisher Aspekte der Durchsetzung kindlicher Rechte gegenüber Eltern und das Wächteramt der staatlichen Gemeinschaft im Interesse des Kindeswohls demgegenüber in den Hintergrund (Dietze 1989).

Da in der Rechtsprechung wie auch im juristischen Schrifttum weitgehend unbestritten ist, daß staatsgerichtete Grundrechte keine Drittwirkung auf Private untereinander haben, können aus Art. 6 GG keine unmittelbaren Konsequenzen für die rechtlichen Ansprüche zwischen Eltern und Kindern gezogen werden. Wenn Grundrechte der Eltern mit denen des Kindes kollidieren, wird in der juristischen Doktrin ein Verfahren gewählt, bei dem in Widerstreit stehende Verfassungspositionen gegeneinander abgewogen werden; das – nach nicht feststehenden Kriterien – als gewichtiger angesehene Recht erweist sich als durchsetzungsfähig.

Eigentliche Rechtsquelle für die Beschreibung der Eltern-Kind-Beziehung ist das Bürgerliche Gesetzbuch. Dabei unterscheidet das Gesetz, nach der Festlegung einiger mehr oder minder allgemein geltender Prinzipien (z.B. Namensrecht, Pflicht zur gegenseitigen Rücksichtnahme, Dienstleistungspflicht des Kindes), in den §§ 1626 ff. zwischen der elterlichen Sorge für eheliche und nichteheliche Kinder. Gesetzlicher Grundtatbestand ist die Rechtsstellung der verheirateten Eltern gegenüber dem ehelichen Kind; für das nichteheliche Kind und seine Mutter werden Abweichungen normiert.

Die Eltern eines minderjährigen ehelichen Kindes haben gemeinsam das Recht und die Pflicht, für die Person und das Vermögen ihres Kindes zu sorgen (§ 1626 Abs. 1 BGB). Unterschieden wird dabei nach Personensorge und Vermögenssorge.

Erstere ist in § 1631 BGB definiert als das Recht und die Pflicht, das Kind zu pflegen, zu erziehen, zu beaufsichtigen und seinen Aufenthalt zu bestimmen. Eine nähere inhaltliche Festlegung erfolgt nicht, insbesondere deshalb, weil die Kindeserziehung durch die Eltern als einer rechtlichen Normierung unzugänglich angesehen wird (Schwab 1989, Rz 432). Gewisse Einschränkungen im Hinblick auf Ausbildungs- und Berufsangelegenheiten sowie auf solche Unterbringungen des Kindes, die mit Freiheitsentziehung verbunden sind, nehmen die §§ 1631 a und 1631 b vor. § 1632 schließlich regelt, daß Sorgeberechtigte das Recht haben, die Herausgabe ihres Kindes zu fordern, wenn es ihnen widerrechtlich vorenthalten wird. Die Vorschrift ähnelt strukturell jener des Sachenrechts, der zufolge Eigentümer von jedem Besitzer die Herausgabe einer Sache verlangen können, wenn dieser kein Recht zum Besitz hat (§ 985 mit § 986 BGB).

Seine allgemeine Begrenzung findet das Recht der Personensorge insbesondere dort, wo seine mißbräuchliche Ausübung das »körperliche, geistige oder seelische Wohl des Kindes« gefährdet (§ 1666). Eine Entziehung des Sorgerechts durch das Vormundschaftsgericht kommt jedoch nur als ultima ratio in Betracht (vgl. § 1666 a BGB).

Mit zunehmendem Alter des Kindes drängt dessen Selbstbestimmungsrecht die Personensorgemacht zurück. So steht es beispielsweise den Minderjährigen mit Vollendung des 14. Lebensjahres frei, sich einem religiösen Bekenntnis anzuschließen. Von diesem Zeitpunkt an können sie auch nicht mehr gegen ihren Willen zur Adoption freigegeben werden. Vom 16. Lebensjahr an sind sie »testierfähig«. Und sie erhalten etwa in diesem Alter die Berechtigung, in einen Heileingriff einzuwilligen oder nicht.

Sehr viel detailreicher als die gesetzliche Regelung der Personensorge ist die der Vermögenssorge (§§ 1638 ff) und ihrer Schranken. In diesem Zusammenhang verweist das Gesetz auch auf einzelne Ausgestaltungen des Vormundschaftsrechts und verankert für bestimmte Handlungen der Eltern, die sich auf das Vermögen des Kindes beziehen, vormundschaftsgerichtliche Genehmigungserfordernisse (etwa § 1843 BGB).

Im Verhältnis zu Dritten besitzen die Eltern (gesetzliche) Vertretungsmacht für das Kind (§ 1629 BGB). Damit werden sie in die Lage versetzt, im Rahmen der Personen- und der Vermögenssorge durch ihre Erklärung das Kind gesetzlich zu binden. Diese Bindung vermag sich auch über die Zeit bis zum Erreichen des Volljährigkeitsalters hinaus fortzusetzen.

Stirbt einer der Ehepartner, steht die elterliche Sorge dem/der Überlebenden allein zu (§ 1681 Abs. S. 1 BGB). Wird die Ehe durch Scheidung aufgelöst, bestimmt das Familiengericht unter der Prämisse des Kindeswohls und der Beachtung übereinstimmender Vorschläge der Eltern, ob die Mutter oder der Vater sorgeberechtigt sein soll oder ob die gemeinsame elterliche Sorge beibehalten wird. Im Falle des Getrenntlebens gilt Entsprechendes. Allerdings wird hier das Gericht regelmäßig nur auf Antrag eines Elternteils tätig. Erfolgt ein solcher nicht, bleibt es bei der für Verheiratete maßgebenden Bestimmung. Nach § 1634 Abs. 1 S. 1 BGB behält der nichtsorgeberechtigte Elternteil das Recht zum persönlichen Umgang mit seinem Kind. Ihm soll dadurch ermöglicht werden, sich von dem körperlichen und geistigen Befinden und der Entwicklung seines Kindes fortlaufend zu überzeugen, die verwandtschaftlichen Beziehungen aufrechtzuerhalten, einer Entfremdung vorzubeugen sowie dem gegenseitigen Liebesbedürfnis Rechnung zu tragen (Soergel-Lange § 1634, RdNr. 11, m.w.N.).

Das alleinige Sorgerecht der Mutter gegenüber dem nichtehelichen Kind entspricht in den wesentlichen Punkten dem der ehelichen Eltern (§ 1705 BGB). Die mütterliche Sorge wird aber durch eine gesetzliche Pflegschaft mit begrenztem Aufgabenbereich eingeschränkt. Dabei handelt es sich um im einzelnen aufgezählte Rechtspositionen des Kindes gegenüber dem Vater. Auf Antrag der Mutter entfällt die Pflegschaft ganz oder teilweise, wenn dies dem Wohle des Kindes nicht widerspricht.

Dem Vater des nichtehelichen Kindes steht im Grundsatz weder die Personen- noch die Vermögenssorge zu. Diese Entscheidung des Gesetzgebers wurde im Juni 1991 durch eine Entscheidung des Bundesverfassungsgerichtes in dem Fall für verfassungswidrig erachtet, wenn die Eltern mit dem Kind zusammenleben, beide bereit und in der Lage sind, die elterliche Verantwortung gemeinsam zu übernehmen und dies dem Kindeswohl entspricht. Ist die Mutter alleine sorgeberechtigt, bestimmt sie über das Umgangsrecht des Vaters mit dem Kind (§ 1711 Abs. 1 BGB). Hat sie es abgelehnt, kann das Vormundschaftsgericht die Befugnis zusprechen, sofern ein solcher Umgang mit dem Vater dem Wohle des Kindes dient (§ 1711 Abs. 2 BGB).

Da das Sorgerecht als pflichtgebundenes Recht verstanden wird, »schulden« die Eltern dem Kind Personen- und Vermögenssorge. Eigene, konkrete Ansprüche stehen dem Kind gegenüber Mutter und Vater (etwa auf bestimmte Erziehungsmaßnahmen, auf Beaufsichtigung, auf Taschengeld) insoweit jedoch nicht zu. Der verbreiteten Erkenntnis einer Regulierungsresistenz familiärer Beziehungen Rechnung tragend, hat der Staat es hier unterlassen, klagbare Rechte einzuräumen; er beschränkt sich auf eine Beratungs- und Wächterfunktion. Soweit hierbei (Vormundschafts- oder Familien-)Gerichte tätig werden, bestehen seit Inkrafttreten des Sorgerechtsgesetzes (1980) verstärkte Verpflichtungen, das Kind zu hören.

Bei der Pflege und Erziehung sollen die wachsende Fähigkeit und das Bedürfnis des Kindes zu selbständigem und verantwortungsbewußtem Handeln berücksichtigt, in der Ausbildung und beruflichen Bildung seine Eignungen und Neigungen beachtet werden. Entwürdigende Erziehungsmaßnahmen sind verboten (§ 1631 Abs. 2 BGB). Letztlich kann eine Intervention zugunsten des Kindes aber nur dann erfolgen, wenn die Sorgeberechtigten das körperliche, geistige oder seelische Wohl des Kindes in erheblicher Weise nachhaltig verletzen (vgl. im einzelnen §§ 1631 a, 1666, 1666 a BGB). Eine niedrigere Eingriffsschwelle besteht lediglich bei Unterhaltsverletzungen im Hinblick auf den Entzug der Vermögenssorge.

3

Auseinandersetzungen um Rechte, Interessen und Bedürfnisse von Eltern und Kindern

Eine zusammenfassende Zwischenbilanz: Verdichtung des Mutter-Kind-Verhältnisses und Verflüchtigung der Vater-Kind-Beziehung

Ein Rückblick auf bisherige, das Eltern-Kind-Verhältnis charakterisierende Entwicklungen läßt einige markante Entwicklungslinien deutlich hervortreten:

In westlichen Industriegesellschaften hat sich die aus einem Elternpaar und den von ihnen abstammenden Kindern bestehende, zusammenlebende Kleinfamilie zum vorherrschenden Familientyp entwickelt. Dieses Familienmodell erscheint als Bestandsgarantie einer gewählten und bewährten, natürlichen Verbindung von Eltern und Kindern. Als zentrale gesellschaftliche Institution ist »Familie« in vielfacher Weise sanktioniert und mit hoher moralischer, rechtlicher und sozialer Legitimität ausgestattet.

Mit diesem Familienmodell verbinden sich nicht nur eine spezifische Gefühlsgeschichte, sondern auch bestimmte Verhaltensanforderungen an Männer, Frauen und Kinder. Vorstellungen von Elternglück und kindlichem Wohlergehen sind vor allem in den letzten Jahrhunderten auf das Modell der »intakten« Kleinfamilie konzentriert.

Das vor rund 200 Jahren etablierte Modell der bürgerlichen Kleinfamilie ist gebunden an eine spezifische Produktionsweise und eine Arbeitsteilung zwischen den Geschlechtern, die Frauen die primäre Sorge für Kinder, Männern hingegen primär die vergesellschaftete Erwerbsarbeit und damit auch die materielle Absicherung der Familie zuweist. Diese geschlechtliche Arbeitsteilung durchzieht als grundlegendes Prinzip die Gesamtheit aller gesellschaftlichen Arbeitsteilungen und Organisationsstrukturen und prägt die Beteiligung von Männern und Frauen in den Bereichen von Ökonomie, Politik und Kultur. Mit ihr sind geschlechtsspezifisch unterschiedliche Erfahrungs- und Handlungsmöglichkeiten und spezifische Macht- und Herrschaftsverhältnisse eng verbunden.

Mit den sich in modernen Gesellschaften verstärkenden Individualisierungsprozessen und den emotionalisierten familialen Beziehungen erlangen Kinder immer größere Bedeutung für das Leben ihrer Eltern. Individuelle Glückserwartungen sind für Frauen – und zunehmend für Männer – (auch) an eigene Kinder genüpft, deren Dasein ihrem Leben Sinn und Halt verleiht.

Im Kontext der Institution Familie war bislang die ökonomische und soziale Existenz von Frauen und Kindern wesentlich über die Person des Ehemannes und Vaters bestimmt.

Auch wenn gegenwärtig eine eigenständige Existenzsicherung für viele Frauen nicht möglich ist, hat doch die zunehmende Integration in die Erwerbsarbeit in vielen Industrieländern die familiale und soziale Situation von Müttern verändert. Nach wie vor bleibt die Ausbalancierung von sogenannter »privater« (Familien-)Arbeit und Arbeit in der Erwerbssphäre schwierig, und weiterhin ist dieser Balanceakt ein Problem, dem Männer sich gewöhnlich nicht stellen.

Erweiterte Teilhabechancen von Frauen und wachsende Ansprüche an eine ökonomisch und sozial eigenständige Lebensführung haben aber ihre Zwänge – oder auch Freiräume – reduziert, sich überdauernd an einen (Ehe-)Mann zu binden. Zudem sind in begrenztem Maße Leistungen einer sozialstaatlichen Absicherung von Müttern und Kindern vorhanden und ihre rechtliche Situation – auch im Familienrecht – hat sich verbessert.

Steigende Trennungs-/Scheidungsraten und die zunehmende Zahl alleinlebender und alleinerziehender Frauen markieren diese Entwicklung. Das dominante Kulturmuster »Partnerliebe« scheint angesichts des Auseinanderfallens von individualisierten Anspruchserwartungen und realen Handlungsmöglichkeiten seine überdauernde Bindungswirkung – auch für Eltern – einzubüßen. Wo die Liebesbeziehungen Erwachsener zerbrechen, erscheint demgegenüber die Eltern-Kind-Beziehung als Bastion von Dauer und Beständigkeit.

Die Umstrukturierung familialer Lebensformen läßt sich empirisch auch als *Verdichtung des Mutter-Kind-Verhältnisses und Verflüchtigung der Vater-Kind-Beziehung* beschreiben. Die enge Zuordnung von Frauen und Kindern bleibt bei Trennungen und Scheidungen der Eltern erhalten. Zunehmend häufiger sind Beziehungen von Kindern zu ihren biologischen Vätern gar nicht (mehr) vorhanden oder lediglich an (mehr oder minder häufige) Besuchskontakte geknüpft. Die zusammenlebende Mutter-Kind-Familie – ergänzt durch Lebenspartner, Stiefväter u.a. – scheint derzeit als Lebensform an Bedeutung zu gewinnen, die Beziehung zwischen biologischem Vater und Kind stärker in den Hintergrund zu treten.

Diese Ausgangssituation hat einen intensiven Diskurs über die Neu- und Umgestaltung von Eltern-Kind-Beziehungen in Gang gesetzt, der in den folgenden Abschnitten in einigen Teilbereichen beschrieben wird. In ihm werden die Interessen von Müttern, Vätern und Kindern neu ausgehandelt, politikfähig aufbereitet und in Form moralischer Prinzipien, pädagogischer Grundsätze und rechtlicher Ansprüche durchzusetzen versucht. Im wesentlichen geht es um die Feststellung der Rechte und Pflichten der Eltern und der Ansprüche und Bedürfnisse der Kinder.

Wegen der vermeintlichen oder tatsächlichen Privilegierung der leiblichen Mutter im Verhältnis zum Kind konzentriert sich dieser Diskurs insbesondere auf das Vater-Kind-Verhältnis und das Recht des Kindes auf beide Eltern. *Rechte und Bedürfnisse von Eltern – speziell von Vätern – und Rechte und Bedürfnisse von Kindern* stellen somit zwei Zentren dar, um die sich die Diskussionen gruppieren.

Väterliche Interessen an Kindern und Entscheidungskompetenzen von Frauen

Väter und ihre Interessenvertretungen stellen die soziale und rechtliche Privilegierung der Mutter-Kind-Beziehung zunehmend in Frage. Sie sehen mit der Trennung von der Mutter ihre Möglichkeiten beschnitten, eine eigenständige Beziehung zum eigenen Kind aufzubauen oder aufrechtzuerhalten.

Entscheidungskompetenzen der Mütter und Abhängigkeiten der Väter

Die Entscheidungskompetenz in der Kinderfrage obliegt heute den Frauen. Sie entscheiden darüber, ob ein Kind geboren wird oder nicht und in welcher Weise sie es großziehen wollen. Für Männer bedeutet dies, daß Art und Ausgestaltung einer potentiellen oder realisierten Vaterschaft in starkem Maße durch die Art ihrer Beziehung zu der Mutter des Kindes bestimmt wird.

Effektive Methoden der Empfängnisverhütung und deren Zugänglichkeit ermöglichen es Frauen heute, sich für oder gegen ein Kind als Ausdruck ihrer persönlichen Lebensgestaltung zu entscheiden. In der Praxis kann diese Entscheidung durch eine Vielzahl von psychologischen oder materiellen Abhängigkeiten bestimmt sein. Theoretisch gilt dennoch das auch rechtlich anerkannte Prinzip der weiblichen Reproduktionsautonomie – in Fragen der Empfängnisverhütung ebenso wie in der Frage eines rechtlich zulässigen Schwangerschaftsabbruchs. Die Mutter ist Produzentin eines neuen Lebens, zwischen ihr und dem Kind entsteht durch Schwangerschaft und Geburt eine biologische Lebensgemeinschaft, die das Leben der Mutter grundlegend bestimmt. Eine rechtlich unterschiedliche Bewertung von Mutterschaft und Vaterschaft ist deshalb in unserem Rechtsverständnis zumindest bis nach der Geburt angebracht (v.d. Daele 1985, 50).

Die Möglichkeit, sich autonom *für* ein Leben mit Kind(ern) auszusprechen, steht ohnehin nur Frauen offen; Männer sind dabei immer auf die Zustimmung einer Frau angewiesen und in diesem Sinne auch von ihr abhängig.

Nur Frauen können Kinder austragen, gebären und stillen, und wahrscheinlich bedingt dies zunächst eine andere Art der Eltern-Kind-Beziehung als sie ein Mann haben kann. In der Selbsterfahrungs- und Ratgeber-Literatur für Väter (z. B. Gerspach/Hafeneger 1982) wird deutlich, daß diese Fähigkeiten auch den Neid jener Männer hervorrufen können, die an einer besonders engen emotionalen Vater-Kind-Beziehung von Beginn an interessiert sind.

Mit Schwangerschaft und Geburt verbindet sich für Frauen ein biologischer Vorsprung, auch rechtlich und sozial Mutter des geborenen Kindes zu sein. Dies gilt insbesondere für nicht verheiratete Mütter, die in der BRD bislang in jedem Fall das alleinige Sorgerecht für eigene Kinder innehatten und die auch in Zukunft einem gemeinsamen Sorgerecht mit dem Vater des Kindes zustimmen müssen. Faktisch können Frauen somit darüber entscheiden, ob sich eine psychosoziale Vater-Kind-Beziehung überhaupt entwickeln kann oder nicht (Sullerot 1992, 114). Ähnliche rechtliche Privilegierungen der Mutter-Kind-Beziehung existieren in mehr oder weniger abgeschwächter Form in vielen internationalen Rechtsordnungen.

Frauen können ein Kind als Erfüllung einer Paarbeziehung betrachten, aber sie sind nicht mehr verpflichtet, ein Kind auf jeden Fall im Kontext von Ehe und Familie oder familienähnlicher Lebensform zu gebären und aufzuziehen. Eigene Erwerbseinkünfte und Leistungen der Sozialhilfe ermöglichen es, mit dem Kind auch alleine leben zu können. Demoskopische Umfragen und eine verbreitete Lebenspraxis belegen, daß junge Frauen sich bewußt für ein Leben mit Kind(ern), aber des öfteren gegen ein Zusammenleben mit dem leiblichen Vater entscheiden. Auch die Scheidungs-Statistiken zeigen, daß Frauen wohl an dem Leben mit Kind(ern) festhalten, nicht aber am Zusammenleben mit dem Ehemann. Komplementär dazu beklagen viele Väter ihre rechtlichen und sozialen Schwierigkeiten, nach der Trennung oder Scheidung eine intensive Vater-Kind-Beziehung aufrechtzuerhalten.

Gleichzeitig sind deutliche Tendenzen der sozialen Aufwertung des Lebens alleinerziehender Frauen und Kinder erkennbar. Auch wenn ihre ökonomische Situation häufig schwierig bleibt (Neubauer 1989), betrachten viele Frauen ein Leben mit Kind(ern) und ohne dazugehörigen Vater auch als Chance für sich selbst.

Die Entscheidung über einen straffreien Schwangerschaftsabbruch

Nach in der Bundesrepublik Deutschland geltendem Recht liegt die Entscheidung über einen straffreien Schwangerschaftsabbruch ausschließlich bei der betroffenen Frau (und einem Arzt/einer Ärztin ihres Vertrauens). Persönlichkeitsrechte der betroffenen Frau und des ungeborenen Kindes stehen im Zentrum rechtlicher und politischer Auseinandersetzungen.

Diese alleinige Entscheidungskompetenz der betroffenen Frau ist in den vergangenen Jahren vielfach in Frage gestellt worden (Bienwald 1985, m.w.N.). Angestrebt wird eine Beteiligung des potentiellen Vaters an der Entscheidung über einen straffreien Schwangerschaftsabbruch.

In der Bundesrepublik Deutschland gab es Versuche von Männern, ihrer schwangeren Ehefrau oder Freundin durch eine zivilrechtliche Unterlassungsklage einen Schwangerschaftsabbruch verbieten zu lassen und sie damit zum Austragen einer unerwünschten Schwangerschaft zu zwingen. Ähnliche Klagen waren im europäischen Ausland anhängig; die Europäische Kommission für Menschenrechte beschäftigte sich mit dem Fall eines potentiellen Vaters, der beantragte, zum beabsichtigten Schwangerschaftsabbruch gehört zu werden und selber Anträge stellen zu dürfen (Bienwald 1985, 1097, m.w.N.).

Das Vormundschaftsgericht Köln (Az 53x87/84) setzte sich 1984 mit der Klage eines Ehemannes auseinander, dessen Frau alle gesetzlichen Voraussetzungen für einen Schwangerschaftsabbruch erfüllte. Der Ehemann beantragte für das ungeborene Kind eine einstweilige Verfügung auf Unterlassung des Schwangerschaftsabbruchs. »Er stützte seinen Antrag auf § 1628 des Bürgerlichen Gesetzbuches, der bestimmt, daß das Vormundschaftsgericht auf Antrag eines Elternteils die Entscheidung in einer Angelegenheit der elterlichen Sorge, deren Regelung für das Kind von erheblicher Bedeutung ist, über die sich die Eltern nicht einigen können, einem Elternteil übertragen werden kann, sofern dies dem Wohl des Kindes entspricht ...« (Bahr-Jendges 1986, 185)

Diese beim Amtsgericht Köln anstehende Entscheidung auf Erlaß einer einstweiligen Verfügung zur Unterlassung des Schwangerschaftsabbruchs stieß auf außerordentlich große öffentliche Resonanz. Nahezu alle großen Tageszeitungen, Magazine und andere Massenmedien (z. B. *taz* v. 6.6.85, *FR* v. 10.6. und 12. 6. 85, *Der Spiegel* v. 17.6. 85, 90) berichteten über diese Entscheidung, die auch im juristischen Schrifttum umfassend diskutiert wurde. Einer Entscheidung darüber, ob Vormundschaftsgerichte dem Erzeuger eines Kindes das Recht zuerkennen, seinen Wunsch nach einem eigenen Kind auch gegen den Willen der schwangeren Frau durchzusetzen, wurde grundsätzliche Bedeutung für eine zukünftige Gestaltung von Geschlechterbeziehungen und Elternschaft zuerkannt.

Bislang hat die bundesrepublikanische Rechtsprechung die Klagen auf Unterlassung eines straffreien Schwangerschaftsabbruchs abschlägig beschieden. Die Berufung auf die elterliche Sorge wurde für nichtig erachtet, da das Recht der elterlichen Sorge erst mit der Geburt einsetzt. Der potentielle Vater kann deshalb nicht sein zukünftiges Sorgerecht geltend machen, und gegenüber den eigenen Ansprüchen gilt bislang das Persönlichkeitsrecht der Frau in jedem Fall als höherrangig.

Eine zunehmende Einschränkung dieses Rechtsprinzips ist dennoch deutlich zu beobachten. Immer stärker werden in der rechtspolitischen Diskussion Individualität und Rechtsansprüche des noch nicht geborenen Kindes hervorgehoben (Faludi 1991, 421 f.); der Foetus wird zunehmend als eigenständiges Rechtssubjekt anerkannt (v. d. Daele 1988, 207). In die juristische Diskussion wird deshalb auch die Möglichkeit eingeführt, einer schwangeren Frau auf Anregung des zukünftigen Vaters »zum Wohle des ungeborenen Kindes« (§ 1666 BGB) einen Schwangerschaftsabbruch zu untersagen. Ein entsprechender Beschluß des Vormundschaftsgerichts Celle (v. 9.2.87) liegt vor.

Im juristischen Schrifttum wird erörtert, ob und in welcher Weise der Ehemann bzw. potentielle Vater an der Entscheidung über einen geplanten Schwangerschaftsabbruch zu beteiligen sei (Coester-Waltjen 1985, Bienwald 1985). Fleisch (1987, 82 f.) argumentiert in der Frage eines Mitspracherechts des werdenden Vaters bei Schwangerschaftsabbrüchen dahingehend, es bestünde objektivrechtlich eine *gemeinsame* Elternverantwortung. Diese sei als Verpflichtung zu verstehen, in die Verantwortung einzutreten, die Eltern gemeinsam und gleichermaßen trifft. »So verbietet sich, wenn schon und soweit staatlicherseits die Unzumutbarkeit der Fortsetzung der Schwangerschaft der Frau von der Zumutbarkeit der – nachschwangerschaftlichen und darum eben nicht nur die Mutter treffenden – Elternverantwortung abhängig gemacht wird, den Vater und damit auch die Gemeinsamkeit der Elternverantwortung und die wechselseitige Verpflichtung der Eltern in der Gemeinsamkeit der Elternverantwortung, einander zu stützen und zu ergänzen, völlig unberücksichtigt zu lassen.« (Ebd., 82) Diese Argumentation betrifft die meisten Fälle der sogenannten Notlagen-Indikation, für die nach Ansicht des Autors eine Mitberücksichtigung des potentiellen Vaters verfahrensmäßig sicherzustellen ist.

In verschiedenen Vorschlägen zur Neufassung des § 218 StGB wurde eine gesetzliche Beteiligung des potentiellen Vaters an der Beratung über die Frage des Schwangerschaftsabbruchs vorgesehen. Begründet wird dies auch mit dem Schutz von Ehe und Familie: »Läßt der Gesetzgeber zu, daß der eine Ehepartner unter Übergehung des anderen die alleinige Entscheidung über den Schwangerschaftsabbruch und damit über das Entstehen oder Nichtentstehen von Familie erhält, nimmt er die Schutzfunktion aus Art 6 I GG nicht genügend wahr.« (Bienwald 1985, 1102)

In der *FAZ* vom 16.2.1990 wurde in einer großen Anzeigenkampagne ein Mitspracherecht von Männern im Falle eines geplanten Schwangerschaftsabbruchs gefordert. Inhaltlich wurde diese Forderung damit begründet, daß Männer sich als Mitverantwortliche an Zeugung und Schwangerschaft auch nicht ihrer Verantwortung für den massenhaften Schwangerschaftsabbruch entziehen dürften.

Mit wachsendem Interesse an Kontakt und engen emotionalen Beziehungen zu eigenen Kindern problematisieren viele Väter die nahezu selbstverständliche Zuordnung von Kindern zur Mutter in jenen Fällen, in denen sie nicht (mehr) mit ihr zusammenleben. Sie sehen sich – als nichteheliche oder geschiedene Väter – von den sozialen Möglichkeiten eines engen Kontaktes zum Kind abgeschnitten, in einer (eltern-)rechtlich defizitären Situation und zudem mit Unterhaltsforderungen für Kind(er) (und geschiedene Frau) belastet, ohne an einem familialen Leben mit Kindern hinreichend partizipieren zu können. Die biologische Verwandtschaft mit dem Kind wird von ihnen als ein Faktum begriffen, das dieses Eltern-Kind-Verhältnis über alle Formen sozialer Eltern-Kind-Beziehungen stellt, auch wenn die biologischen Eltern nicht (mehr) zusammenleben.

Die von jenen Vätern artikulierten Gefühle des Abgeschnittenseins und der rechtlichen und sozialen Privilegierung der Mutter-Kind-Beziehung wurden in den letzten Jahren in zahlreichen publizistischen und literarischen Beiträgen bearbeitet. Zunehmend schließen sich betroffene Väter in Verbänden zusammen, um ihre Interessen wirkungsvoll durchsetzen zu können.

In der Bundesrepublik haben nach der Reform des Scheidungsrechts im Jahre 1977 vor allem der »Bürgerbund gegen Scheidungsunrecht« (BUR) in Bonn sowie (seit 1975) die »Interessen- und Schutzgemeinschaft unterhaltspflichtiger Väter und Mütter – Verband der Unterhaltspflichtigen« (ISUV) in München wirkungsvoll ihren Kampf gegen das geltende Ehe- und Familienrecht aufgenommen.

Die in diesen Verbänden organisierten Männer (vereinzelt auch Frauen) betrachten sich als Opfer des geltenden Ehe- und Scheidungsrechts. Insbesondere die Zahlung von hohem Kindesunterhalt und langfristigem Unterhalt an die geschiedene Frau wird kritisiert, der ISUV/VDU tritt für eine zeitliche Befristung (1 Jahr bis höchtens 5 Jahre) von Unterhaltsansprüchen ein. Für die Deckung des Unterhaltsbedarfs sollten nach Ansicht des Verbundes leistungsfähige Verwandte herangezogen werden, zu denen »nach einer Scheidung regelmäßig eine viel engere Bindung besteht als zu dem abgelehnten früheren Ehegatten« (Grundsatzprogramm).

Im Hinblick auf gemeinsame Kinder tritt der ISUV/VDU für »den ungehinderten Umgang der Kinder mit beiden Elternteilen, das gemeinsame Sorgerecht und die Anteilnahme des Nichtsorgeberechtigten am Leben seiner Kinder ein« (ebd). Weitergehende Forderungen betreffen auch väterliche Mitspracherechte bei Schwangerschaftsabbrüchen und die Erweiterung von Sorge- und Umgangsrechten für nichteheliche Väter.

Als besonders militant gilt der »Verbund Scheidungsgeschädigter, Bürgerinitiative gegen Kindesentzug und Unterhaltsmißbrauch« (USBI) mit Sitz in Berlin, dem u.a. (ebenso wie dem BUR) die Beteiligung an Kindesentführungen vorgeworfen wird (Emma 1/1990). Seine Hauptforderungen: »1. Beibehalt der gemeinsamen elterlichen Sorge im Trennungs- und Scheidungsfall für nichteheliche und eheliche Gemeinschaften. Elternrechte und -pflichten werden nicht vom Staat, sondern von der Natur verliehen und sind unantastbare Grundrechte ... 2. Schluß mit Sorgerechtsentscheidungen anläßlich der Scheidung ... 6. Trennung von Sorgerecht und Unterhaltsanspruch ... 7. Schluß mit der steuerlichen Benachteiligung Geschiedener.«

Andere Organisationen – wie z. B. der 1988 gegründete, bundesweit arbeitende Verein »Väteraufbruch für Kinder« – betonen die Verpflichtung von Vätern, auch finanziell für ihre eigenen (ehelich und nichtehelich geborenen) Kinder einzustehen und distanzieren sich demzufolge von den zuvor beschriebenen Verbänden. In ihnen sind eher gut qualifizierte und vorwiegend jüngere, oft nicht verheiratete Männer organisiert.

Nach ihrer Ansicht benachteiligt das geltende Familienrecht Väter hinsichtlich ihrer Sorge- und Umgangsrechte für eigene Kinder. Hervorgehoben wird, daß auch Väter heute enge emotionale Beziehungen zu ihren Kindern entwickeln, wie diese zu ihnen, und daß sie ebenso wie Mütter an der Betreuung und Versorgung von Kindern beteiligt sind oder sein sollten.

Das Positions- und Forderungspapier betont demzufolge das Recht des Kindes, mit beiden Eltern Umgang zu pflegen, auch wenn sie getrennt leben. »Eltern in diesem Sinne können auch nichtleibliche Mütter oder Väter sein, wenn – aus welchem Grund auch immer – eine soziale Bindung zwischen leiblichem Vater bzw. Mutter und Kind nicht entstanden ist.« In bezug auf den § 218 StGB wird das uneingeschränkte Selbstbestimmungsrecht von Frauen hervorgehoben und insbesondere jede Verschärfung seiner Handhabung abgelehnt. Dem Vater eines nichtehelich geborenen Kindes dürfe aber nicht die Vaterschaft durch Adoption des Kindes abgesprochen werden.

Auch die 1989 gegründete Ost-Berliner »Initiative Streitfall Kind« fordert vor allem ein gemeinsames Sorge- und ein einklagbares Umgangsrecht, auch für nichtehelich geborene Kinder (*Tagesspiegel* v. 9.3.1991).

Die gleichfalls in Berlin ansässige »Initiative für aktive Vaterschaft« gehört zu den wenigen Organisationen, die eine gemeinsame Sorge – im

Sinne einer paritätischen Arbeitsteilung beider Eltern – bereits während des Zusammenlebens (und nicht erst nach einer Trennung) realisieren wollen.

Stark forciert wird das Anliegen einer gemeinsamen Elternverantwortung trotz Trennung oder Scheidung – und als dessen Rechtsform das gemeinsame Sorgerecht beider Eltern – durch den Verein »Dialog zum Wohle des Kindes e. V.« mit Sitz in Aachen, der sein Anliegen durch eigene Beratungsstellen und rechtspolitische Veranstaltungen zu realisieren sucht. Der Verein wurde im März 1990 gegründet und versteht sich als Lobby der von einer Trennung oder Scheidung ihrer Eltern betroffenen Kinder. »Kontinuierliche Präsenz in den Medien, viel beachtete interdisziplinäre Fachveranstaltungen und ständige Telefonbereitschaft der Aachener Geschäftsstelle haben unseren Verein zur ersten Anlaufstelle für viele interessierte bzw. betroffene Bürger, Fachleute, Politiker und Verbände werden lassen.« (Dialog/Neues Forum zum Wohle des Kindes 1/1992)

In vielen europäischen Ländern betonen derzeit Vertreter einer »father's rights movement« ihre Ansprüche auf Zugang zu Kindern und auf Sorgerechte. Gleichzeitig drängen sie auf die Verpflichtung von Müttern, ihren Kindern den Umgang mit dem biologischen Vater zu sichern (Sevenhuisen 1987, Holtrust 1987, Stopcyk 1988, v.Münch 1988). Auf europäischer Ebene kämpft eine Maskulistenbewegung mit Sitz in Brüssel für verbesserte Rechtspositionen von Männern vor allem nach einer Scheidung (*Der Spiegel*, Nr. 16/1984).

In den USA entwickelte sich in den 60er Jahren eine Scheidungsreformbewegung von Männern, die sich als Opfer der Scheidungsgesetzgebung betrachten und für Sorgerechte und gegen Unterhaltszahlungen kämpfen (Brzoska/Hafner o.J., 41 ff). Bis heute existieren in den USA etwa 200 »Men's Divorce Societies« (ebd.).

Weitere Schwerpunkte der US-amerikanischen Männerrechts-Bewegung sind Fragen der Vaterschaftsfeststellung, Rechte nichtehelicher Väter, väterliches Mitspracherecht bei Schwangerschaftsabbrüchen sowie juristisch fixierte väterliche Rechte und Verpflichtungen (Katz/Monroe 1982). Eine steigende Zahl US-amerikanischer Fachbücher wendet sich speziell an Männer/Väter und vermittelt Tips und Rechtsberatung im Hinblick auf die Vermeidung von Unterhaltszahlungen und die Durchsetzung väterlicher Sorgerechts-Ansprüche (vgl. z. B. Kiefer 1982, Franks 1983, Kerpelman 1983). Coester (1982, 263) berichtet, daß die US-amerikanische Vereinigung »Equal Rights for Fathers« ihren Mitgliedern empfiehlt, grundsätzlich die gemeinsame Sorge zu beantragen. Falls die Mutter dies ablehnt, sei dem Gericht vorzutragen, die Mutter stünde dem kindlichen Kontakt zum Vater feindlich gegenüber. Unter Hinweis darauf könne ihr das Sorgerecht entzogen werden.

Biologische und psychosoziale Eltern-Kind-Beziehungen

Im Zuge sich wandelnder Familienformen fallen biologische Elternschaft und ein tatsächliches Zusammenleben von Eltern und Kindern immer stärker auseinander. Betroffen davon ist vor allem das Vater-Kind-Verhältnis. So kennen Kinder ihren biologischen Vater zum Teil gar nicht, sie leben zunehmend nicht mehr mit ihren leiblichen Vätern zusammen oder aber das Zusammenleben ist auf eine kurze Zeitspanne nach der Geburt des Kindes beschränkt. In vielen Fällen treten andere Elternpersonen – Lebenspartner der Mutter, ein Stiefvater – in das Leben von Kindern ein. Kinder leben mit ihnen – und eventuell weiteren Geschwistern bzw. Stief- oder Halbgeschwistern – zusammen. Der Familienalltag und faktische Eltern-Kind-Beziehungen sind dann weniger durch Blutsverwandtschaft bestimmt als vielmehr durch die in konkreter Erfahrungs- und Lebensgemeinschaft entstehenden Bindungen: die psychosozialen Eltern-Kind-Beziehungen.

Für die soziale und rechtliche Gestaltung von Eltern-Kind-Beziehungen wird es von diesem Sachverhalt her notwendig, die zentralen Bestimmungsmomente des Eltern-Kind-Verhältnisses zu beschreiben und zu gewichten. Verbunden damit sind rechtliche Privilegierungen des psychosozialen oder des biologischen Eltern-Kind-Verhältnisses.

Natürliche und faktische Eltern: Elternrechte und Kindesinteressen am Beispiel von Adoptiv-, Pflege- und Stiefkindern

Im Rechtssystem der Bundesrepublik Deutschland sind Rechte und Pflichten biologischer Eltern gegenüber einem Kind in hohem Maße geschützt. »Dritten, auch dem Staat gegenüber, enthält die elterliche Sorge ein eigennütziges Element, das ernsthaft nicht bestritten, sondern fast universal anerkannt wird: Das Recht der Eltern auf die Erziehung und

Gemeinschaft mit ihren Kindern auch dann, wenn Dritte von den äußeren und persönlichen Bedingungen her besser geeignet scheinen.« (Coester 1983, 207)

Einschränkungen elterlicher Rechte am Kind wurden bislang vor allem in jenen Fällen diskutiert, in denen ein Kind nicht bei seinen leiblichen Eltern aufwächst und intensive Bindungen an andere, faktische Elternpersonen entwickelt.

Adoption

Als klassischer und allgemein anerkannter Fall eines solchen faktischen Eltern-Kind-Verhältnisses gilt die Adoption. Alle Rechte und Zuständigkeiten biologischer Eltern gehen vollständig an die faktischen Eltern des Kindes über. Durch die Annahme als Kind wird eine soziale Beziehung verrechtlicht und die biologisch begründete Beziehung zur Ursprungsfamilie vollständig verdrängt. Das adoptierte Kind selber hat aber das Recht, von seinem 16. Lebensjahr an den Namen seiner biologischen Eltern zu erfahren (und evtl. Kontakt zu ihnen aufzunehmen).

Pflegekinder und ihre Eltern

In anderen Fällen sind Rechte und Ansprüche genetischer und faktischer Eltern – und damit auch die Rechte und Ansprüche von Kindern – weniger deutlich gegeneinander abgegrenzt. Das Schicksal von Pflegekindern, die von ihren leiblichen Eltern aus Pflegefamilien geholt wurden, in denen sie sich zu Hause fühlten, war in besonderem Maße Anlaß für eine Revision elternrechtlicher Positionen.

In der BRD leben etwa 37 000 Kinder in staatlich überprüften Pflegefamilien, davon etwa 4/5 in Dauerpflege (BT-Drucks. 11/6576, 149). Zwischen diesen Kindern und ihren Pflegeeltern besteht aufgrund der engen Lebensgemeinschaft häufig eine existenzielle Verbundenheit, die von Goldstein/Freud/Solnit (1974) als *faktische Elternschaft* bezeichnet und hier *psychosoziale Elternschaft* genannt wird: eine sich aus konkreter Erfahrungs- und Verantwortungsgemeinschaft entwickelnde, intensive Eltern-Kind-Beziehung, deren Grundlage nicht biologische Verwandtschaft und rechtliche Zuständigkeit, sondern ein hohes Maß an Zuwendung, gelebter Nähe und konstanter Betreuung sind. Insbesondere kleineren Kindern werden die abwesenden leiblichen Eltern in kurzer Zeit fremd. Sie binden sich an andere

Personen, die für sie Elternfunktionen übernehmen und von ihnen als Eltern anerkannt werden.

Weil gleichzeitig die Rechte der biologischen Eltern weiterhin fortbestehen, ist die in Pflegeverhältnissen entstehende Eltern-Kind-Beziehung immer auch latent bedroht. Wenn die leiblichen Eltern die Rückführung des Kindes in die (nunmehr konsolidierte) Ursprungsfamilie verlangen, argumentieren sie genauso wie die psychosozialen Eltern mit Hinweis auf das Kindeswohl: Während die biologischen Eltern die Notwendigkeit einer gesicherten familialen Zugehörigkeit des Kindes zur Ursprungsfamilie und zu seinen leiblichen Eltern ins Feld führen, machen die psychosozialen Eltern die Notwendigkeit der Kontinuität emotionaler und sozialer Bindungen und der Vermeidung von Beziehungsabbrüchen geltend.

Die Rechtswissenschaft der BRD hat sich lange Zeit dagegen gewehrt, die Bedeutung der psychosozialen Elternschaft im Verhältnis zur biologischen anzuerkennen (Salgo 1987, 44 ff.). Die Eigeninteressen der »Blutseltern« wurden höher bewertet als psychologische und soziale Bindungen des Kindes. Bedürfnisse von Kindern nach Kontinuität und Sicherung ihrer Lebensverhältnisse wurden ignoriert, Pflegekinder wurden für fähig gehalten, sich umzugewöhnen und einen Wechsel von Milieu und Bezugspersonen mitzumachen, ohne langanhaltende Schäden davonzutragen (ebd., 39 ff.).

Durch ein Urteil des Bundesverfassungsgerichts (v. 17.10.1984) änderte sich dies. Es entschied, daß nach einer bestimmten Dauer des Pflegeverhältnisses das Kind in seiner Pflegefamilie bleiben könne (Verbleibensanordnung nach § 1632 IV BGB), wenn eine schwere oder nachhaltige Schädigung seines körperlichen oder seelischen Wohlbefindens beim Wechsel in die Familie der biologischen Eltern zu erwarten sei. Der gewachsenen Eltern-Kind-Beziehung wurde im Interesse des Kindes Vorrang vor einer biologischen Eltern-Kind-Beziehung eingeräumt: »Das Pflegekind ist nicht ein jederzeit verfügbares und verschiebbares Objekt, staatliches wie elterliches Verhalten haben sich hieran zu orientieren, weil bei einem Interessenwiderstreit zwischen Elternrecht und Kindeswohl dem letzteren stets Vorrang zukommt.« (Salgo 1989, 162)

Maßgeblich beeinflußt wurde das Umdenken im Vormundschafts- und Pflegerecht durch die Arbeiten von Joseph Goldstein, Anna Freud und Albert J. Solnit (1974), die auch international hohe Anerkennung fanden und praktisch relevant wurden. Die AutorInnen formulierten psychologische Grundannahmen dahingehend, daß

1. ein Kind dauerhafte Pflege und Betreuung durch mindestens eine erwachsene Person braucht, die für seine täglichen Bedürfnisse unmittelbar verantwortlich ist und dies auch sein will;
2. psychologische Bindungen zwischen Erwachsenen und Kindern unabhängig von genetischen und rechtlichen Beziehungen entstehen und der Vorrang biologischer Elternschaft dadurch eingeschränkt werde.

Sie forderten zudem eine Berücksichtigung der kindlichen Zeitperspektive bei allen das Kind betreffenden Sorgerechtsmaßnahmen. Im amerikanischen Familienrecht wurden aufgrund ihrer Initiative Fristen festgelegt, nach deren Ablauf Kinder nicht mehr aus ihren Pflegefamilien herausgenommen werden dürfen (etwa sechs Monate für bis zu 3jährige Kinder und höchstens 18 Monate für ältere Kinder – vgl. Salgo 1989, m.w.N.).

Auch in der Bundesrepublik wird diskutiert, die Rechte der natürlichen Eltern auf den kindlichen Zeitbegriff abzustimmen und eine zeitliche Beschränkung der Elternrechte einzuführen: »Die Grenze bestimmt das Kindesinteresse, genauer, Genese und Dynamik der neu entstandenen seelischen Bindung.« (Simitis, in: Goldstein u. a. 1991, 118)

Andere AutorInnen (z. B. Gudat/Rummel 1988) weisen aber auch darauf hin, daß in den wenigsten Fällen von Fremdunterbringung die Bindungen an Eltern und Herkunftsfamilie völlig abreißen. Vielmehr bestehen überwiegend weiterhin Kontakte, die oftmals vom Kind auch positiv erlebt werden, selbst wenn eine Rückführung des Kindes nicht sinnvoll oder möglich ist. »Probleme von Pflegekindern resultieren nicht nur aus vorausgehenden Traumatisierungen oder Trennungsängsten, sondern häufig auch aus den Spannungen zwischen verschiedenen Elternfiguren und den dem Kind damit abgeforderten Verlusten oder Loyalitätskonflikten.« (Ebd., 154)

Stiefkinder und ihre Eltern

Viele Kinder getrennt lebender biologischer Eltern leben heute mit ihrer Mutter und deren neuem Lebenspartner oder Ehemann zusammen, zum Teil mit weiteren Halb- oder Stiefgeschwistern. Faktisch sorgen in vielen Fällen ein leiblicher und ein Stief-Elternteil für sie, wobei zum leiblichen Vater Kontakte weiterhin bestehen können.

Bislang blieben Stiefeltern im Verhältnis zum Kind rechtlos, selbst wenn sie in enger Bindung mit ihm zusammenleben und eine psychosoziale Eltern-Kind-Beziehung besteht. Die Privilegierung der genetischen Eltern-

Kind-Beziehung blieb unangetastet, insbesondere dann, wenn auch zum leiblichen Elternteil eine psychosoziale Beziehung (weiter-)bestand. Die Verhandlungen des 92. Deutschen Juristentages (Schwenzer 1992) geben aber erste Hinweise darauf, die tatsächliche Lebenssituation des Kindes stärker zu gewichten und auch Stiefeltern an der elterlichen Sorge zu beteiligen.

Getrennt lebende natürliche Eltern

Für die psychologische und rechtliche Gestaltung familialer Beziehungen macht es einen großen Unterschied, ob den leiblichen Eltern nicht-natürliche, faktische Eltern gegenüberstehen, oder ob das Kindeswohl im Verhältnis zu den Rechten und Interessen zweier natürlicher Eltern untereinander diskutiert wird. Nur in Ausnahmefällen – etwa bei starker Ablehnung, Kindesmißhandlung u.ä. – wird die Notwendigkeit einer weiterbestehenden Eltern-Kind-Beziehung in Frage gestellt. Wenn beide Eltern mit dem Kind zusammengelebt haben und intensive und tragfähige Eltern-Kind-Bindungen bestehen, wird deren Bestand heute als schutzwürdiges Rechtsgut betrachtet. Vorausgesetzt wird dabei, daß sowohl Kinder als auch von ihnen getrennt lebende Eltern ein Interesse am Fortbestand dieser Beziehung haben.

Die mit einer Trennung der Eltern oft verbundenen Konflikte und kindlichen Ängste werden heute aufmerksamer wahrgenommen. In einer fachwissenschaftlichen – mit elterlichen Trennungen und Scheidungen befaßten – Öffentlichkeit stellt sich in den letzten Jahren insbesondere Einverständnis darüber her, daß für Kinder ein Beziehungsabbruch vermieden werden soll, wenn enge Eltern-Kind-Bindungen vorhanden und die Kinder selber an dem Fortbestand dieser Beziehung interessiert sind. Von Jugendhilfe-Institutionen und Familien-Beratungsstellen werden Eltern in dieser Hinsicht beraten und unterstützt. Als ideal wird heute die Herstellung eines Klimas zwischen den getrennten Eltern empfunden, das relativ unbehinderte und flexible Kontakte zwischen Kindern und von ihnen getrennt lebenden Vätern oder Müttern erlaubt. Gleichwohl zeigen Forschungsarbeiten zur Trennungs- und Scheidungsproblematik, daß dieser Idealzustand nur selten erreicht wird (s. Kap. Konfliktfeld »Scheidung«). Für die meisten Eltern bleibt es im Trennungs- und Scheidungsfall aufgrund der Konflikte schwierig, die Wünsche, Interessen und Rechte aller Beteiligter in Übereinstimmung zu bringen.

Von Vertretern eines systemischen Familienverständnisses wurde in den vergangenen Jahren hervorgehoben, eine Familie löse sich durch elterliche Trennungen oder Scheidungen nicht auf (Fthenakis 1982, Duss von Werdt 1984, Jopt 1987, Fthenakis 1991). Daraus wurden spezifische Empfehlungen für die Gestaltung rechtlich-sozialer Elternschaft nach Trennung oder Scheidung sowie spezifische Konflikt-Interventionen abgeleitet, die insgesamt auf den Fortbestand und die Reorganisation familialer Beziehungen abzielen (Fthenakis/Walbiner 1989).

In Konzepten der Systemtheorie werden Familien als sinnhafte, selbstreferente (Mikro-)Systeme aufgefaßt, die ihrerseits eingebettet sind in andere (Meso-, Exo-, Makro-)Systeme und durch diese beeinflußt werden. In den Interaktionsmustern und Beziehungsgeflechten von Familien wird das Verhalten einzelner Mitglieder immer auch durch das Verhalten anderer beeinflußt. Veränderungen des Familiensystems und einzelner Mitglieder können als Kommunikationsprozesse zwischen Systemen und im zeitlichen Verlauf als mehr oder weniger kontinuierliche Wandlungs- und Entwicklungsprozesse der Familie beschrieben werden (Schneewind 1987, m.w.N.).

Trennungen und Scheidungen sind nach diesem Familienverständnis nur Übergänge von einer ursprünglichen zu einer neu organisierten Familienform. Sie erfordern, wie auch andere Übergänge in der familialen Entwicklung, eine Neuordnung familialer Beziehungen auf unterschiedlichen Ebenen: der Eltern- und Paarebene, der ökonomischen und sozialen Beziehungen und der psychischen und emotionalen Ebene. Statt einer Kernfamilie existiere nach einer Scheidung eine binukleare Familie mit zwei Kernen (Napp-Peters 1988, 14; Fthenakis 1991, 24); die Familie bestehe in strukturell veränderter Form weiter.

Tatsächlich sind Interaktionen und Beziehungen (positiver und negativer Art) zwischen früheren Paaren und vor allem zwischen Eltern und Kindern nicht mit dem Akt der Trennung oder Scheidung beendet. In den meisten Fällen bestehen Kontakte und Anteilnahme am Leben des/der anderen weiter, ebenso ökonomische Verbindungen (Vermögensauseinandersetzungen, Unterhaltszahlungen) und auch Konflikte oder Absprachen im Hinblick auf gemeinsame Kinder.

Ob dies als »Fortbestand von Familie« bezeichnet werden kann, erscheint jedoch zweifelhaft. Die mit Familie existenziell verbundenen, gewollten Gemeinsamkeiten von Haushalt, Alltag, Lebensplanung und Lebensperspektive, Kindererziehung, Ökonomie, Sozialkontakt, Sexualität und Gefühle familialer Verbundenheit gehen über kurz oder lang verloren und sind allenfalls in Teilbereichen noch in abgeschwächter Form vorhanden. Auch bilden zumindest erwachsene Frauen und Männer nach einer längeren Trennungszeit und dann, wenn sie mit Kindern alleine oder mit neuen PartnerInnen zusammenleben, das Gefühl neuer familialer Verbundenheiten aus, ohne sich gleichzeitig weiterhin als Mitglied früherer »Familien« zu empfinden.

Im Bewußtsein von Kindern scheint hingegen die frühere Familie, in der sie gelebt haben, länger als eigentliche »Familie« repräsentiert zu bleiben. Besonders oft sind ihre Phantasien und Wiederversöhnungswünsche auf die weiterbestehende frühere Familie ausgerichtet. Balloff/Walter (1990, 58 ff.) halten es deshalb für notwendig, Kinder, die von einer elterlichen Trennung oder Scheidung betroffen sind, nicht über den Bruch familialer Beziehungen hinwegzutäuschen. Die eigentliche Familie bestehe nicht mehr, es handele sich allenfalls um »Reste oder Rudimente einer ursprünglich völlig anders gedachten, geplanten oder gelebten Beziehung« (ebd., 7). Für Kinder sei nicht der Erhalt eines Familiensystems von Bedeutung, wohl aber der Erhalt einer bestimmten Qualität von Eltern-Kind-Beziehung unter veränderten familialen Bedingungen (ebd., 264).

Schwierigkeiten einer Gewichtung von biologischen und psychosozialen Eltern-Kind-Beziehungen

Im Grundsatz müssen biologische und psychosoziale Momente des Eltern-Kind-Verhältnisses nicht als Gegensatz gedacht werden. Wenn zwischen natürlichen und faktischen Eltern Zuständigkeiten und Verantwortlichkeiten für das Kind geregelt und erkennbar sind, können Kinder mit »multiplen Elternschaften« (Furstenberg 1988) leben. Sie sind in der Lage und können darin unterstützt werden, Beziehungen zu mehreren Elternpersonen aufzunehmen bzw. aufrechtzuerhalten – z. B. zur mit ihnen zusammenlebenden leiblichen Mutter, einem außerhalb der Familie lebenden biologischen Vater, dessen neuer Partnerin/Frau sowie einem mit ihnen zusammenlebenden Stiefvater, der konkret für das Kind sorgt.

Spannungen zwischen natürlichen und psychosozialen Eltern entstehen vor allem als Folge der Ansprüche und Rechte der Eltern, das Leben »ihres« Kindes mitzugestalten und daran teilzuhaben. Dem steht das Interesse des Kindes nach Kontinuität seiner Lebensverhältnisse und manchmal auch offensichtlich besseren Entwicklungsmöglichkeiten ohne einen und/oder beide Elternteile andererseits entgegen.

Zunehmend wird in den rechtswissenschaftlichen Auseinandersetzungen das Bemühen erkennbar (Schwenzer 1992, Zenz 1992), die tatsächliche Lebenssituation des Kindes zum Ausgangspunkt einer Gestaltung rechtlicher Rahmenbedingungen für Eltern-Kind-Beziehungen zu machen. Die Anerkennung der psychosozialen Elternschaft für Pflegekinder und erste Ansätze zur Verrechtlichung der Eltern-Kind-Beziehungen in Stieffamilien sind in dieser Perspektive hervorzuheben. Gleichwohl sind nach wie vor starke Tendenzen einer – auch rechtlichen – Überhöhung des biologischen Eltern-Kind-Verhältnisses und der daran anknüpfenden Rechtsansprüche erkennbar.

In der Regel wird heute der Vorrang der psychosozialen gegenüber der biologischen Elternschaft dann ohne weiteres bejaht, wenn den leiblichen Eltern(teilen) ein schuldhaftes Verhalten vorgeworfen wird. Gelten diese aber als »schuldlos« an der Trennung vom Kinde – etwa in den 1991 in der DDR bekannt gewordenen Fällen von Zwangsadoptionen oder in Fällen der Adoption jüdischer Kinder durch nicht-jüdische Eltern zur Zeit des Nationalsozialismus – werden gewachsene Bindungen des Kindes dem »natürlichen« Elternrecht nahezu selbstverständlich untergeordnet (vgl. auch Simitis, in: Goldstein u.a. 1991, 117).

Die Bedeutung biologischer Elternschaft

Für ein Kind sind Zeugung und Geburt im Hinblick auf die Entwicklung emotionaler Bindungen unerheblich. Seine Gefühlsbeziehungen entstehen im Kontext von Pflege und Versorgung, emotionaler Zuwendungsbereitschaft, -fähigkeit und sensibler Kommunikation.

Für Elternpersonen hingegen können genetische Abstammung und rechtliche Zuständigkeit Gefühle von Intimität und Verantwortlichkeit – und damit ihre Interaktionen mit dem Kind – beeinflussen. In die Entwicklung sozial-emotionaler Beziehungen gehen immer auch kulturelle Ansprüche und Wertungen ein.

In welchen »Territorien«, Formen und Ausprägungen sich enge Gefühlsbindungen zwischen Kindern und Erwachsenen ausbilden, ist sozial vorstrukturiert und scheint Kindern schon früh vermittelt zu werden. In diesem Sinne unterscheiden sich Eltern-Kind-Bindungen von anderen Beziehungen zwischen Erwachsenen und Kindern: Die Beziehungen zwischen Müttern oder Vätern und Kindern haben eine andere Bedeutung als die zu anderen Bezugspersonen. Auch wenn sich zwischen Kindern und anderen Erwachsenen – z. B. Großeltern, Kinderfrau, Tagesmüttern – quantitativ mehr und qualitativ intensivere oder liebevollere Beziehungen entwickeln können, ist allen Beteiligten – und eben auch Kindern – klar, daß Gefühle und wechselseitige Ansprüche begrenzt und nicht von Dauer sein werden. Soziale Bedeutungen von Elternschaft oder Nicht-Elternschaft strukturieren jegliche Form der Beziehung zwischen Kindern und Erwachsenen.

Elternschaft ist in hohem Maße symbolisch besetzt und mit imaginären Zuschreibungen und Verhaltensanforderungen an Kinder verbunden («Du sollst Vater und Mutter ehren ...«). Genetische Eltern gelten als »eigentliche« Eltern eines Kindes, die darauf basierenden Eltern-Kind-Beziehungen als einzigartig und exklusiv. Sie sind über Jahrhunderte hinweg Gegenstand literarischer, ästhetischer und wissenschaftlicher Werke gewesen und Bestandteil der Subjektkonstitution von Individuen. Biologische Eltern sind in unserer Kultur mehr als nur »Gebärerin« und »Erzeuger«: »Jeder hat Vater und Mutter, selbst wenn er sie nie erlebt oder gekannt hat. Er ist und bleibt ihr Kind. Sie sind und bleiben seine Eltern. Man ist nie niemandes Kind.« (Duss von Werdt 1980, 18)

Von dieser symbolischen Repräsentation profitiert die aus genetischen Eltern und gemeinsamen Kindern bestehende Verwandtschaftsfamilie. Die diesem Familienmodell unterstellte »Natürlichkeit« verleiht ihm hohe Legitimation und Priorität gegenüber anderen Formen des Zusammenlebens. Der Prozeß gesellschaftlicher Institutionalisierung von Familie bleibt verdeckt (Hoffmann-Riem 1985, 11).

Nach unserem heutigen Lebens- und Wissenschaftsverständnis hängt die hohe Bedeutung biologischer Elternschaft für Kinder damit zusammen, daß jeder Mensch seine Existenz dem Zeugungsakt – und heute zunehmend auch dem Zeugungswillen – einer Mutter und eines Vaters verdankt und von beiden seine genetische Ausstattung erhält. Auch das (Über-)Leben eines Kindes und sein emotionales Wohlergehen sind von seinen biologischen Eltern – vor allem von Müttern – abhängig.

Das Wissen um die eigene Herkunft ist für nahezu alle Menschen von hoher Relevanz. Insbesondere am Beispiel von Adoptivkindern (Sorosky u.a. 1979) wurde belegt, daß die Klärung der genealogischen Zugehörigkeit im Leben von Jugendlichen und Erwachsenen manchmal eine Schlüsselstellung für die Bewältigung der Identitätsfindung einnimmt: »Das während der Adoleszenz verstärkt aufbrechende Interesse an den Blutsverwandten ist ein Schritt zur Klärung der Identität, für die offensichtlich genealogische Zuständigkeit zählt.« (Hoffmann-Riem 1984, 248) Es wird aber auch beschrieben, daß das verstärkte Bemühen um genealogische Klärung der eigenen Herkunft oftmals nur eine vorübergehende Episode im Leben dieser Jugendlichen darstellt. Das Verhältnis zu den Adoptiveltern wird dadurch langfristig nicht belastet, im Gegenteil, sie werden sogar vorbehaltloser akzeptiert (ebd., 251). Von jetzt an erscheinen die leiblichen Eltern eher als eine Frau, die sie geboren hat und ein Mann, der seinen Beitrag dazu geleistet hat, denn als Eltern im Sinne einer überdauernden Verantwortungsbeziehung (Sorosky u.a. 1979, 155 f.; Hoffmann-Riem 1984, 250).

Ansprüche und Rechte des Kindes

Der in der Rechtsentwicklung zu beobachtende Perspektivenwechsel vom Recht der sorgeberechtigten Eltern hin zu einem eigenständigen Recht des Kindes schließt zunehmend den Gedanken eines kindlichen Anspruches auf beide Eltern ein. Der »Kindeswohl«-Begriff erfährt heute eine inhaltliche Ausweitung, die als zunehmende Absicherung kindlicher Rechte gegen die Rechte der Eltern begriffen werden kann (Rummel 1989, m.w.N.). Dazu gehören etwa das Recht des Kindes auf Kenntnis seiner genetischen Abstammung und eindeutige familiale Zuordnung. Immer stärker wird der Kindeswohl-Gedanke auch dahingehend interpretiert, daß Kinder ein Recht auf Kenntnis von und Betreuung durch beide Eltern haben.

Weil – zumindest jüngere Kinder – ihre Ansprüche und Rechte nicht autonom geltend machen können, sondern diese durch andere – vorrangig ihre Eltern – realisiert werden müssen, sind damit auch spezifische Rechtspositionen von Eltern im Verhältnis zum Kind angesprochen.

Was braucht ein Kind?

Eine Deklaration der Ansprüche und Rechte des Kindes setzt eine Definition der materialen Grundwerte für die Entwicklung einer menschlichen Persönlichkeit voraus. Kindliche Bedürfnisse können nur auf der Grundlage eines allgemein als gültig empfundenen Konsenses darüber definiert werden, was ein Kind für sein Aufwachsen und sein Leben braucht und wie es erzogen werden sollte.

Ein solcher Konsens über die für ein Kind notwendigen Grundbedingungen seiner Entwicklung läßt sich nur hinsichtlich der Sicherung primär physiologischer Bedürfnisse – Nahrung, Schutz vor Krankheit, Kälte, Hitze usw. – aus der »Natur« des Kindes ableiten. Erst in allerjüngster Zeit – seit ca. 30 Jahren – ist uns bewußt, wie sehr jede Form der ansonsten Kindern zugeschriebenen Bedürfnisse und auch jede Form von Erziehung ein Produkt soziokultureller Einflüsse ist, geprägt durch die jeweils dominanten Werte einer historischen Epoche. Die Frage danach, was ein Kind »braucht«, ist in unterschiedlichen erziehungswissenschaftlichen und entwicklungspsychologischen Traditionen – je nach Menschenbildern, Entwicklungskonzeptionen, politischen Zielvorstellungen – unterschiedlich beantwortet worden. Sie ist nur schwer zu trennen von den konkreten gesellschaftlich-historischen Lebensbedingungen erwachsener Menschen und auch vom politischen Verständnis und den Interessen derjenigen, die diese Frage zu beantworten versuchen (Rutschky 1983, XXXIII). Dies zeigt sich u.a. darin, daß für Kinder unterschiedlichen Geschlechts, unterschiedlicher sozialer Schichten, Regionen, politischer Systeme, Religionen usw. durchaus unterschiedliche Bedürfnisse und Ansprüche formuliert werden.

Dennoch haben sich nach Liegle (1987) unsere Anschauungen über kindliche Bedürfnisse und deren Eigenwelt in den letzten 200 Jahren nur wenig verändert. Übereinstimmend werden Schutz und Geborgenheit, Versorgung, Liebe und Verständnis, die Ermöglichung von Erfahrung und Lernen sowie Verläßlichkeit und Kontinuität als Voraussetzungen einer gelingenden kindlichen Sozialisation betrachtet.

In Anlehnung an Entwicklungskonzepte der Humanistischen Psychologie hat Schmidtchen (1989, 101 ff.) Grundbedürfnisse einer kindlichen Entwicklung formuliert:

1. *Die Befriedigung physiologischer Bedürfnisse:* angemessene Ernährung, Hygiene, Körperausscheidungen, ein Wach-Ruhe-Rhythmus und Sexualität.
2. *Die Befriedigung von Schutzbedürfnissen:* Schutz vor körperlichen und seelischen Krankheiten, Gefahren, Unbilden des Wetters, vor Kälte und Wärme, im Straßenverkehr oder vor schädigenden Umwelteinflüssen.

3. *Die Befriedigung der Bedürfnisse nach einfühlendem Verständnis und sozialer Bindung an eine Person.* Das seelische Einfühlungsvermögen, die Empathie und die Sensibilität von Bezugspersonen gelten als notwendige und überlebenswichtige Voraussetzung eines Dialogs zwischen Kind und sozialer Umwelt. Bei Nichtbefriedigung treten bei Kindern Bindungsängste, Mißtrauen, mangelndes Selbstwertgefühl und soziale Hemmungen verstärkt auf.
4. *Die Befriedigung der Bedürfnisse nach seelischer und körperlicher Wertschätzung* als Voraussetzung für die Entwicklung eines Selbstwertgefühls.
5. *Die Befriedigung der Bedürfnisse nach Anregung, Spiel und Leistung.* Dies ist bereits im Säuglings- und Kleinkindalter von Bedeutung für die motorischen Reaktionen und die Fähigkeit zum Neugier- und Spielverhalten. Dazu gehört auch, kindgemäße Außenwelten zu schaffen und den Leistungswillen und das Leistungsverhalten in späteren Altersstufen zu unterstützen.
6. *Die Befriedigung der Bedürfnisse nach Selbstverwirklichung und nach Bewältigung existentieller Lebensängste.* Damit wird der Aufbau eines kindlichen Selbstkonzepts unterstützt, »mit dem Ziel, Annahmen über Bedürfnisse, Eigenschaften, Rollen, Fertigkeiten, Bewertungen, Gefühle etc. und Interaktionen des Ichs mit der Welt in einem gemeinsamen Bild vom Selbst integrieren zu können« (112). Bedeutsam dafür ist, die Gefühle und Bedürfnisse des Kindes zu akzeptieren.

Eine solche, auf das einzelne Kind bezogene Definition von Grundbedürfnissen findet heute die Zustimmung von Eltern (Wahl u.a.1980) ebenso wie von Fachleuten, die mit der Erziehung und Entwicklung einer kindlichen Persönlichkeit befaßt sind. Gleichwohl wissen wir auch, daß für viele Kinder diese Ansprüche aufgrund ihrer unzureichenden materiellen und sozialen Lebensbedingungen nicht realisiert werden können.

Ein weitaus geringerer Konsens ist hinsichtlich der Frage zu erzielen, durch wen, mit welchen Zielvorstellungen und in welchen institutionellen Kontexten die für Kinder definierten Grundbedürfnisse realisiert werden sollen.

Nach allgemein geltendem Verständnis sind die Eltern eines Kindes in erster Linie berechtigt und verpflichtet, für ein Kind zu sorgen und seine Erziehung zu gestalten. Sofern dies im Kontext von Familie geschieht, werden dieses Recht und die entsprechende Verpflichtung dazu kaum in Frage gestellt. Dabei wird der Institution Familie ein großer Freiraum in der Definition ihrer Erziehungsziele zugebilligt. Coester (1983, 183, m.w.N.) hat darauf hingewiesen, daß in der Rechtspolitik der BRD eine Diskussion über die für ein Kind verbindlichen familialen Erziehungsziele durchweg abgelehnt wird. Auch Methoden der elterlichen Erziehung werden (mit Ausnahme etwa entwürdigender Erziehungsmaßnahmen) grundsätzlich als ein vom Recht auszusparender Bereich betrachtet. Eltern können ihr Kind, unter welchem Etikett auch immer, lenken, beeinflussen oder auch drangsalieren. Ihr Verhalten wird auch über kulturell dominante Kindheits-Konzeptionen und allgemein verbreitete Annahmen über den angemessenen Umgang mit Kindern bestimmt.

Mit den sich umstrukturierenden familialen Lebensformen und dem Auseinanderfallen von biologischer Elternschaft und faktischer Sorge für ein Kind verschärfen sich die Auseinandersetzungen darüber, wer berechtigt sein soll, die Erziehung eines Kindes (mit-)zugestalten.

Internationale Erklärungen und Abkommen über die Rechte des Kindes

International formulierte Erklärungen und Abkommen – insbesondere die 1924 von der Generalversammlung des Völkerbundes verabschiedete »Genfer Erklärung« und deren 1948 und 1959 revidierte Fassungen – sind ausdrücklich als »Erklärungen der Rechte des Kindes« verfaßt.

Nach Ramm (1990, § 11) bezogen sich folgende Passagen der »Genfer Erklärung« direkt auf die Rechte des Kindes:

In vorliegender Erklärung der Rechte des Kindes, der »Genfer Erklärung«, erkennen die Männer und Frauen aller Nationen an, daß die Menschheit dem Kinde das Beste schuldet, das sie zu geben hat, und erklären daher und bekräftigen als ihre Pflichten, die außerhalb aller Rücksichtnahme auf Rasse, Nationalität und Glaube stehen:

I. Das Kind muß in die Lage versetzt werden, sich normal zu entwickeln, körperlich wie geistig.
II. Das Kind, das Hunger hat, muß ernährt, das kranke Kind gepflegt, das zurückgebliebene Kind ermutigt, das vom rechten Weg abgekommene Kind auf diesen zurückgeführt und das Waisenkind und Findelkind aufgenommen und unterstützt werden.
III. Das Kind muß als Erster in Zeiten der Not Unterstützung erhalten.
IV. Das Kind muß in die Lage versetzt werden, seinen Lebensunterhalt zu verdienen und gegen jede Form der Ausbeutung geschützt werden.
V. Das Kind muß in dem Bewußtsein aufgezogen werden, daß es seine besten Kräfte in den Dienst seiner Brüder zu stellen hat.

In ihrer Allgemeinen Erklärung der Menschenrechte befaßte sich die UNO am 10. 12. 1948 in folgenden Vorschriften mit den Rechten des Kindes:

Art. 25:

2. Mütter und Kinder haben Anspruch auf besondere Hilfe und Unterstützung. Alle Kinder, eheliche und uneheliche, genießen den gleichen sozialen Schutz.

Art. 26:

1. Jeder Mensch hat ein Recht auf Bildung. Der Unterricht muß wenigstens in den Elementar- und Grundschulen unentgeltlich sein. Der Elementarunterricht ist obligatorisch. Fachlicher und beruflicher Unterricht soll allgemein zugänglich sein; die höheren Studien sollen allen nach Maßgabe ihrer Fähigkeiten und Leistungen in gleicher Weise offenstehen.
2. Die Ausbildung soll die freie Entfaltung der menschlichen Persönlichkeit und die Stärkung der Achtung der Menschenrechte und Grundfreiheiten zum Ziel haben. Sie soll Verständnis, Duldsamkeit und Freundschaft zwischen allen Nationen und allen rassischen und religiösen Gruppen fördern und die Tätigkeit der Vereinten Nationen zur Aufrechterhaltung des Friedens begünstigen.
3. In erster Linie haben die Eltern das Recht, die Art der ihren Kindern zuteil werdenden Bildung zu bestimmen.

Im gleichen Jahr wurde die Erklärung der Rechte des Kindes revidiert und auf sieben Artikel erweitert. Sie bezogen sich auf den Schutz des Kindes, die Hilfen unter gebührender Berücksichtigung der Familie, die moralische Entwicklung, Hilfen für das körperlich und geistig behinderte Kind und die Ausbildung des Kindes.

Am 20.11.1959 verkündete die Generalversammlung der Vereinten Nationen – ohne strenge völkerrechtliche Verbindlichkeit – eine neue Erklärung der Rechte des Kindes.

In 10 Grundsätzen wurde die Gültigkeit der Erklärung für alle Kinder betont, dem Kind besonderer Schutz zugesichert, das Recht des Kindes auf Namen und Staatszugehörigkeit benannt.

Im Grundsatz 4 heißt es:

Es hat einen Anspruch darauf, gesund aufzuwachsen und sich zu entwickeln; zu diesem Zweck erhalten sowohl das Kind als auch seine Mutter besondere Fürsorge und besonderen Schutz ...

Im Grundsatz 6 werden Fragen des elterlichen Sorgerechts angesprochen:

Das Kind braucht zur vollen und harmonischen Entfaltung seiner Persönlichkeit Liebe und Verständnis. Es wächst, soweit irgend möglich, in der Obhut und unter der Verantwortung seiner Eltern, auf jeden Fall aber in einem Klima der Zuneigung und der moralischen und materiellen Sicherheit auf; ein Kleinkind darf – außer in außergewöhnlichen Fällen – nicht von seiner Mutter getrennt werden.

Weitere Aussagen beziehen sich auf die Erziehung und Bildung des Kindes, Schutz und Hilfe, sowie besonderen Schutz vor Grausamkeit, Ausbeutung und jeglicher Form von Diskriminierung.

Am 20.11.1989 setzte die UNO ihre Normsetzungsaktivitäten auf dem Gebiet der Menschenrechte durch ein »Übereinkommen über die Rechte des Kindes« fort, das die unterzeichnenden Vertragsstaaten zur Realisierung der darin formulierten Grundsätze verpflichtet. Dem Übereinkommen lag die Absicht zugrunde, »erstmals in der Geschichte des Völkerrechts die Rechte des Kindes umfassend in einem internationalen Vertragswerk mit weltweitem Geltungsanspruch« zu verankern (BT 12/42, 32).

Angesprochen darin sind das Recht auf Leben (Art. 6), auf Eintragung in ein Geburtsregister, auf einen Namen und eine Staatszugehörigkeit (Art. 7), freie Meinungsäußerung (Art. 13) und Gedanken-, Gewissens- und Religionsfreiheit (Art. 14), die Adoption eines Kindes betreffende Regelungen (Art. 21), die Rechte behinderter Kinder (Art. 23), das kindliche Recht auf Bildung (Art. 28) u.a.m.

Bundesrepublikanische Auseinandersetzungen um die Auslegung der UN-Kinderkonvention

Wegen der darin enthaltenen Passagen über die beiden Eltern gemeinsame Verantwortung für die Erziehung und Entwicklung des Kindes hat das kurz als »Kinderkonvention« bezeichnete UN-Übereinkommen über die Rechte des Kindes in der Bundesrepublik Deutschland besondere Aufmerksamkeit erfahren.

Ins Kreuzfeuer bundesrepublikanischer Auseinandersetzungen gerieten jene Aussagen, die sich auf die Trennung des Kindes von einem oder beiden Elternteilen und die damit verbundenen Rechte des Kindes und seiner Eltern beziehen.

In Art. 7 Abs. 1 heißt es,

> daß jedes Kind , soweit möglich, das Recht hat, seine Eltern zu kennen und von ihnen betreut zu werden.

In Art. 9, Abs. 1 stellen die Vertragsstaaten sicher,

> daß ein Kind nicht gegen den Willen seiner Eltern von diesen getrennt wird, es sei denn, daß die zuständigen Behörden in einer gerichtlich nachprüfbaren Entscheidung nach den anzuwendenden Rechtsvorschriften und Verfahren bestimmen, daß diese

Trennung zum Wohl des Kindes notwendig ist. Eine solche Entscheidung kann im Einzelfall notwendig werden, ... wenn bei getrennt lebenden Eltern eine Entscheidung über den Aufenthaltsort des Kindes zu treffen ist ... (3) Die Vertragsstaaten achten das Recht des Kindes, das von einem oder beiden Elternteilen getrennt ist, regelmäßige persönliche Beziehungen und unmittelbare persönliche Kontakte zu beiden Elternteilen zu pflegen, soweit dies nicht dem Wohle des Kindes widerspricht.

In der BRD geriet insbesondere der Art. 18 I S. 1:

Die Vertragsstaaten bemühen sich nach besten Kräften, die Anerkennung des Grundsatzes sicherzustellen, daß beide Elternteile gemeinsam für die Erziehung und Entwicklung des Kindes verantwortlich sind

ins Zentrum politischer und familienrechtlicher Auseinandersetzungen. Nach Aussagen des deutschen Verhandlungsleiters der Genfer Beratungen zur Kinderkonvention (Stöcker 1992, 249) zielte dieser Passus vor allem auf die Einschränkung der in vielen patriarchal geprägten Rechtsordnungen üblichen Zuteilung des alleinigen Sorgerechts an den Vater im Trennungs- oder Scheidungsfall.

Bundesrepublikanische Interessenvertretungen nicht sorgeberechtigter Väter haben diesen Artikel als Verpflichtung des Gesetzgebers zur generellen Einführung eines gemeinsamen Sorgerechts für geschiedene und getrennt lebende Eltern interpretiert.

Auf Initiative eines Mitglieds der Kinderkommission des Deutschen Bundestags und unter der Schirmherrschaft des Bundesministers der Justiz veranstaltete der Verein »Dialog zum Wohle des Kindes« am 19. und 20.4.1991 ein Symposion in München, das die Durchsetzung dieses Grundsatzes – und damit eine Verallgemeinerung des Rechtsinstituts der gemeinsamen elterlichen Sorge – für geschiedene und getrennt lebende Eltern zum Ziel hatte. Gefordert wurde die nahezu ausnahmslose Anwendung des in Art. 18 I, S.1 formulierten Grundsatzes für alle Fälle ehelicher oder nichtehelicher, getrennter und geschiedener Elternschaft. Den Tagungsteilnehmern ging es darum, damit das sogenannte »Veto-Recht« der Mutter außer Kraft zu setzen (Stökker 1992, 251). Mittel einer politischen Kampagne waren auch Masseneingaben Betroffener an die Vereinten Nationen, in denen wegen des nach § 1671 BGB »staatlich verordneten Beziehungsmordes« Deutschland der Vorwurf schwerer Menschenrechtsverletzungen gemacht wurde (ebd., 252).

In zahlreichen Folgeveranstaltungen und Publikationen wurden die rechtspolitischen Einschätzungen des Vereins durch namhafte Familienrechtler, Politiker und Sozialwissenschaftler unterstützt (Dialog/Neues Forum zum Wohle des Kindes 1/1992, m.w.N.).

Die Bundesregierung hat in einer Denkschrift (BT-Drucks. 12/42, 29 ff) durch eine Erklärungsabgabe den Art. 18 I, S. 1 der UN-Konvention über die Rechte des Kindes so ausgelegt, daß Kinder geschiedener Eltern und nichteheliche Kinder davon nicht erfaßt werden. Die Vorschriften des innerstaatlichen Rechts über die sorge- und umgangsrechtlichen Regelungen für Kinder geschiedener oder getrennter Eltern sollen insoweit ihre Geltung behalten (Stöcker 1992, 250).

Der Verein »Dialog zum Wohle des Kindes« hat dies in seinen Veröffentlichungen als »Blamage vor der Völkergemeinschaft« herausgestellt (Dialog/Neues Forum zum Wohle des Kindes 1/1992) und entsprechend zum Ratifizierungsverfahren Stellung genommen (ebd.). In ähnlicher Weise kommentierte Jopt (WDR II, 19. 11. 1991) die Ratifizierung des Übereinkommens und sprach in einer hektografierten Stellungnahme (zit. nach Stöcker 1992, 251) von einer »Fortsetzung der bestehenden Degradierung von Kindern zu seelenlosen Rechtsobjekten«.

Bewertung der Auseinandersetzungen

Als Menschenrechts-Erklärung mit appellativem und programmatischem Charakter kommt dem UN-Übereinkommen über die Rechte des Kindes hohe politische und rechtliche Bedeutung zu. Es setzt internationale Standards für die Wahrnehmung des Kindes als autonome und zu respektierende Persönlichkeit – auch in rechtlicher Hinsicht.

Mit Blick auf die konkreten gesellschaftlichen Bedingungen vieler Unterzeichner-Staaten wird aber deutlich, daß sie oftmals eher den schönen Schein als die Realität abbilden. Viele Länder der Dritten Welt haben das Abkommen ratifiziert, ohne die darin angesprochenen Rechte des Kindes – etwa auf Bildungs- und Berufsberatung (Art. 28) oder das Recht der Kinder berufstätiger Eltern, »die für sie in Betracht kommenden Kinderbetreuungsdienste und -einrichtungen zu nutzen« (Art. 18) auch nur annähernd realisieren zu können. In vielen Unterzeichner-Staaten ist nicht einmal die Sicherung primärer (Über-)Lebensbedürfnisse für Kinder möglich.

Daß eine internationale Deklaration der Rechte des Kindes kaum einklagbare Individualansprüche gegenüber einem unterzeichnenden Vertragsstaat begründet (BT-Drucks. 12/42, 33), gilt in der rechtswissenschaftlichen Doktrin als weithin unbestritten. Stöcker (1992) weist darauf hin, daß viele konventionsgeschützte Kinderrechte ihrer Unbestimmtheit wegen als Individualansprüche völlig ungeeignet sind. Andere – etwa das Recht des Kindes, »ungeachtet der Staatsgrenzen Informationen und Gedankengut jeder Art in Wort, Schrift oder Druck, durch Kunstwerke oder andere vom Kind gewählte Mittel sich zu beschaffen, zu empfangen und weiterzugeben« (Art. 13) – scheinen wegen ihrer Loslösung aus konkreten familialen Alltagsbedingungen von einer nahezu surrealistischen Semantik geprägt (ebd.).

Die bundesrepublikanische Debatte um die Rechte des Kindes – hier: die Auslegung der Kinderkonvention – läßt sich beschreiben als Ringen um die angemessenen anthropologischen Kernannahmen über die Entwicklung eines Kindes. Andererseits enthält sie starke elternrechtliche Elemente: das Bestreben getrennt lebender Eltern – insbesondere Väter – nach verbesserten Rechtspositionen im Verhältnis zum Kind.

Daß für ein Kind im Prinzip beide Eltern verantwortlich sind, kann nicht bezweifelt werden. Die (Er-)Zeugung eines Kindes und die damit bestehende biologische Verbindung zum geborenen Kind begründet eine spezifische Verantwortung dafür, seine Rechte und Ansprüche nach heute geltenden Maßstäben zu realisieren. In diesem Sinne braucht jedes Kind seine Eltern.

Faktisch kann dies bedeuten, daß die reale Sorge für ein Kind – seine Pflege, Erziehung und Betreuung, seine materielle und emotionale Versorgung – von beiden Eltern in ungleicher Weise übernommen wird. In der Praxis obliegt denn auch die Sorge für ein Kind überwiegend den Müttern.

Wenn Eltern mit dem Kind zusammenleben, verbinden sich damit auch spezifische psychologische Beziehungen, die heute als Bindung zwischen Eltern und Kindern klassifiziert und als besonders bedeutsam für die kindliche Entwicklung betrachtet werden. Auch in diesem Sinne braucht ein Kind seine Eltern.

Weil Kinder in der Regel mit einem oder beiden Elternteilen in enger Symbiose zusammenleben und zumindest in jüngerem Lebensalter in all ihren Entwicklungsmöglichkeiten von ihnen abhängig sind, betrifft jede Definition kindlicher Bedürfnisse und Rechte immer auch das Leben ihrer Eltern mit. Pädagogische und rechtliche Zielsetzungen für die Entwicklung eines Kindes tangieren insofern mehr oder minder stark den Persönlichkeitsbereich der mit dem Kind zusammenlebenden Eltern. Sie müssen für die Umsetzung dieser Zielsetzungen in eine konkrete Lebenspraxis sorgen. Weil ihnen die Rechte des Kindes als quasi-objektive Entwicklungskriterien gegenüberstehen, sind sie in der Gestaltung des eigenen Lebensentwurfes und der Gestaltung einer kindlichen Lebensperspektive nicht frei, sondern haben sich an den materialen Grundwerten des Kindes zu orientieren. Die Interessenlagen von Kindern und Eltern sind aufs engste miteinander verbunden; mit der Verfolgung kindlicher Interessen werden in der Regel auch elterliche Interessen blockiert oder verwirklicht. Die Wahrung der Rechte von Kindern auf Achtung und Subjektivität kann nicht vollständig von der Wahrung entsprechender Rechte von Eltern getrennt werden (Hurrelmann 1989).

Damit stellt sich die Frage nach dem Verhältnis von Rechten und Interessen eines Kindes zu denen seiner Eltern oder anderer Familienmitglieder.

Die Pflege und Erziehung eines Kindes gestaltet sich als komplexer Interaktionsvorgang, in dem sehr unterschiedliche Bedürfnisse und Interessen verankert sind. Heute werden Kinder als Subjekte und GestalterInnen ihres eigenen Lebens respektiert und entsprechende Verhaltensweisen von ihren Eltern gefordert. Dennoch sind Kinder auch Objekte elterlicher Liebesbedürfnisse: Eltern bemühen sich um sie, lieben sie und werden von ihnen geliebt, nehmen Anteil an ihrem Leben und möchten ihr Leben mitgestalten.

In mehr oder minder starkem Maße sind dabei die Kindern zugeschriebenen Bedürfnisse auch durch die Wahrnehmungsweisen und Interessenlagen ihrer Eltern mitbestimmt. Je jünger die Kinder sind, deren Ansprüche beschrieben werden, um so größer ist der Spielraum für ihnen zuschreibbare Interessen und Bedürfnisse. Mit zunehmendem Alter wachsen die eigenständigen Artikulationsmöglichkeiten eines Kindes und seine Fähigkeit zur selbstbestimmten Lebensgestaltung. Dem entspricht, daß 14-18jährige in diesem Jahrhundert als Jugendliche mit eigenen Rechten ausgestattet wurden.

Wenn die normative Festlegung eines kindlichen Rechtes oder Interesses völlig gegen die Interessen eines oder beider Elternteile verstößt, können sie kaum realisiert werden. »Das Postulat, *ausschließlich* Kindesinteressen zu beachten, ist unerfüllbar und kann deshalb dem Gesetz nicht unterstellt werden ... Im Grundsatz erweist sich deshalb die jedenfalls auf internationaler Ebene herrschende Meinung als richtig, wonach Elterninteressen *auch* berücksichtigt werden können« (Coester 1983, 217 m.w.N.). Es gehört zu den Pflichten und Aufgaben der Eltern, die Interessen und Bedürfnisse aller zusammenlebenden Familienmitglieder zu würdigen und zu integrieren. »Daraus folgt, daß die Eltern auch eigene und spezifische Gemeinschaftsinteressen berücksichtigen dürfen und daß sie sogar unter Umständen legitimerweise das Kindesinteresse hinter anderen Interessen zurückstellen dürfen ... Die Forderung einer totalen inhaltlichen Bindung der elterlichen Sorge an das Kindeswohl ist angesichts des faktischen Nachholbedarfs an kindorientiertem Denken verständlich. Das Recht muß sich aber vor utopischen Verzeichnungen hüten.« (Coester 1983, 213 f.)

Solange beide Eltern mit dem Kind zusammenleben, scheint eine Ausbalancierung von Eltern- und Kindesinteressen relativ problemlos möglich. Für den gemeinsamen Familienalltag wird eine (wie auch immer geartete) kooperative Bewältigung von Versorgungs-, Betreuungs- und Erziehungsaufgaben vorausgesetzt. Umgangsweisen zwischen (leiblichen) Eltern und Kind(ern) bilden sich darin nahezu naturwüchsig aus. Kontakte zwischen Kind und Eltern sind ungehindert möglich und nur durch allgemeine Strukturen des Tagesablaufs, der beruflichen Beanspruchung u.ä. geprägt.

Mit der Entkoppelung von biologischer Elternschaft/Vaterschaft und einem gemeinsamen Familienalltag wachsen auch die Unsicherheiten darüber an, welche emotionalen, sozialen und rechtlichen Anforderungen Eltern und Kinder legitimerweise aneinander stellen können.

Bei getrennten Haushalten von Kind und Eltern(teil) müssen Möglichkeiten des Umgangs miteinander abgesprochen werden. Auf Wunsch eines/r Beteiligten unterbleiben sie manchmal ganz oder müssen – im Streitfall – erkämpft werden.

Mit dem neuen Lebenspartner oder Stiefvater – und auch unter Berücksichtigung der später geborenen oder in die neue Familie integrierten Kinder – sind Tagesabläufe und Zuständigkeiten abzustimmen. Noch weitergehend ist damit angesprochen, wer das Recht – und auch die Pflicht – hat, für ein Kind zu sorgen: in materieller, emotionaler und psychosozialer Hinsicht. Nach geltendem Verständnis und Recht sind dies die biologischen Eltern, faktisch meistens die Mütter.

Kindes- und Elterninteressen – auch Kindes- und Elternrechte – müssen abgestimmt werden und geraten dabei des öfteren in Widerspruch, insbesondere wenn der biologische Vater oder neue Lebenspartner ebenso eine sehr enge Beziehung zum Kind wünschen.

In welcher Weise unterschiedliche Ansprüche ausbalanciert werden, ist erheblich beeinflußt von Annahmen über Bedürfnisse und Rechte des Kindes sowie den Rechten und Pflichten seiner Eltern: den individuellen, kulturell vorherrschenden und auch rechtlich kodifizierten Konzeptionen von Kindheit und Elternschaft. Dennoch kann dieser Vorgang nicht losgelöst von den Beziehungen der Eltern zueinander gesehen werden.

Sofern es Eltern gelingt, ihre mit einer Trennung oft verbundenen eigenen Konflikte zu bewältigen und selber miteinander in Kontakt zu bleiben, sind in der Regel auch Kontakte zwischen Kind und getrennt lebendem Elternteil problemlos möglich. Andere Eltern gelangen trotz eigener Konflikte zu Absprachen von Verantwortlichkeiten. Dies kann mit persönlichen Überwindungen verbunden sein, gelingt aber, weil Eltern in der Lage sind (bzw. durch entsprechende Beratungsangebote in die Lage versetzt werden), die Bedürfnisse eines Kindes als losgelöst von ihren zu begreifen und zu respektieren. Gleichwohl greifen viele Eltern aufgrund starker Konflikte in der Praxis auf die gerichtliche Regelung von Umgangs- und Sorgerechten zurück.

Unter den Bedingungen einer grundsätzlichen Arbeitsteilung nach Geschlecht stellt die Ausbalancierung von Kindes- und Elterninteressen und Kindes- und Elternrechten oftmals eine schwierige Gratwanderung dar. Bislang haben Frauen die tatsächliche Sorge für Kinder überwiegend alleine übernommen. Dies ist für sie mit viel alltäglicher Nähe zu Kindern und beglückenden Erfahrungen verbunden, aber auch mit den allzu bekannten strukturellen Benachteiligungen hinsichtlich ihrer Zugangs- und Teilhabechancen an Erwerbsarbeit, sozialen Sicherungen, ökonomischer und sozialer Gleichstellung. Die für Männer und Frauen ungleichen Scheidungsfolgen sind vor genau diesem Hintergrund zu betrachten.

Wenn geschiedene/getrennt lebende Frauen die sozialen, beruflichen und ökonomischen Konsequenzen des Kinder-Habens nahezu alleine tragen und Männer von der alltäglichen Sorge für Kinder entlastet bleiben, ist eine Gleichverteilung von Rechten zumindest problematisch. Von den Sorgerechten des außerhalb lebenden Vaters ist die mit dem Kind zusammenlebende Mutter immer mitbetroffen. Vor allem Frauen – z. B. Bahr-Jendges (1983, 1986) – haben auf diesen Aspekt verwiesen: auf die hohen Einflußmöglichkeiten des biologischen Vaters auf Wohnort, Umzüge, Schulwechsel, Wochenend-, Freizeit-und Urlaubsgestaltung, die mit Sorgerechtsregelungen verbundenen Unterhaltszahlungen u.a.m. Dem getrennt lebenden Elternteil wird damit potentiell auch ein Recht eingeräumt, die aus Kind und Elternteil bestehende Teilfamilie in Frage zu stellen. Wenn Frauen mehrere Kinder von unterschiedlichen Männern haben – eine heute nicht mehr ungewöhnliche Lebensform – wird gleich mehreren Männern Einfluß auf den Lebensalltag der mit den Kindern zusammenlebenden Mutter zugestanden.

Eine rein rechtliche Behandlung dieser Problematik – die von väterlichen Interessenvertretungen geforderte generelle Anerkennung des gemeinsamen Sorgerechts für alle getrennt lebenden leiblichen Eltern – scheint wenig geeignet, die hier angesprochenen Fragen zu lösen. Der als Recht des Kindes formulierte Grundsatz, daß beide Eltern für die Erziehung und Entwicklung des Kindes verantwortlich sind, läßt sich nicht ausschließlich im Sinne einer Rechtsposition von Eltern interpretieren, deren faktische Voraussetzung ein hohes Maß an kooperativer Absprache und Einigungsfähigkeit der Eltern ist. Grundlage dafür sind auch umfassende Strukturveränderungen zum Abbau geschlechtsspezifischer Arbeitsteilungen und Hierarchien.

Sozialwissenschaftliche Analysen der väterlichen Bedeutung

Sozialwissenschaftliche Analysen der herausgehobenen väterlichen Bedeutung für die Persönlichkeitsentwicklung eines Kindes stellen in den Auseinandersetzungen über rechtlich-soziale Umgestaltungen von Eltern-Kind-Beziehungen einen wesentlichen Bezugspunkt politischer Argumentationen dar. Die väterliche Anwesenheit wird als besonders förderlich, komplementär dazu die Vaterabwesenheit als Sozialisationsdefizit für Kinder eingeschätzt.

Das Modell der aus Vater, Mutter und gemeinsamen Kindern bestehenden Familie mit geschlechtsspezifischer Arbeitsteilung und einer dementsprechenden Gefühlskultur bildet den Hintergrund, auf den sich definitorische Kernannahmen dieser Untersuchungen beziehen. Die Auswahl von Forschungsfragen, Beschreibungs- und Erklärungsmodelle für kindliches und elterliches Verhalten ebenso wie Erhebungs- und Auswertungsstrategien – und insbesondere die Interpretation von Befunden – erfolgen auf der Grundlage dieses Familien-Modells (Oerter/Montada 1987, 76). Ihm werden im Grundsatz alle für Kinder bedeutungsvollen und förderlichen Entwicklungsbedingungen zugeschrieben. Damit verbindet sich eine Forschungsperspektive, in der Abweichungen oder gar ein Bruch familialer Beziehungen als negative Sozialisationsbedingungen eingeschätzt werden.

Theoretische Akzentuierungen von Forschungsarbeiten zur Bedeutung des Vaters

In der wissenschaftlichen Auseinandersetzung mit familialen Sozialisationsbedingungen wird die Bedeutung des Vaters für den Prozeß der Bildung und Entwicklung der kindlichen Persönlichkeit erst seit relativ kurzer Zeit diskutiert (Fthenakis 1985, 20 ff.). Entsprechend der in Familien real vorherrschenden Arbeitsteilung stand die Mutter-Kind-Beziehung im Zentrum wissenschaftlicher Analysen kindlicher Entwicklungsbedingungen (Schütze 1986, Landweer 1990).

In der kleinkindorientierten entwicklungspsychologischen Forschung konzentrierte sich die wissenschaftliche Aufmerksamkeit nahezu völlig auf die Mutter-Kind-Dyade. *Psychoanalytisch beeinflußte Entwicklungstheorien,* die eine symbiotische und exklusive Mutter-Kind-Beziehung postulieren, gehen davon aus, ein Kleinkind könne und solle vorwiegend nur zu einer Person – der Mutter – Bindungen aufbauen. Die in den vierziger Jahren durchgeführten Hospitalismus-Forschungen von Spitz ebenso wie spätere Untersuchungen von Bowlby (1975) zur »maternal deprivation« wiesen die Unerläßlichkeit und notwendige Ausschließlichkeit der engen Mutter-Kind-Beziehung für eine gesunde (Sozial-)Entwicklung von Kindern »zwingend« nach. Väter wurden eher als unbedeutend bzw. – in der psychoanalytischen Forschung – erst von einem bestimmten Alter an als bedeutsam für Kinder eingeschätzt, vor allem im Hinblick auf die Geschlechtsrollenidentifikation von Söhnen (Fthenakis 1985, 25-29, m.w.N.).

In Freuds Modell der psychosexuellen Identifikation übernimmt das männliche Kind die geschlechtsspezifischen Verhaltensweisen des Vaters, der einziges und entscheidendes Modell für Männlichkeit ist. Mädchen lösen sich aus der primären Mutterbindung und identifizieren sich mit ihr im Verhältnis zum Vater. Mahler u.a. (1978) beschreiben die Entwicklung des Kleinkindes von der Symbiose zur Individuation. Das Kleinkind löst sich aus der symbiotischen Beziehung zur Mutter, wobei dieser Prozeß durch den Vater unterstützt wird.

Die psychoanalytischen Theorien der Persönlichkeits- und Neuroseentwicklung erscheinen eingebettet in die spezifisch bürgerliche Familienkonstellation mitsamt den dadurch normierten Geschlechterpolaritäten und Arbeitsteilungen (Chodorow 1985). Freuds Theorie der psychosexuellen Entwicklung ist von feministischen Theoretikerinnen kritisiert worden: Sie sei phallisch ausgerichtet, Männlichkeit sei mit Menschlichkeit gleichgesetzt, die Mutter-Tochter-Beziehung entwertet worden. Die Entwicklung zur »normalen Frau« habe als Triebfeder nur den »Penisneid« bzw. das Verlangen, sich das Geschlecht anzueignen, das kulturell diesen Wert monopolisiert (Irigaray 1979, 89). Wie sehr gerade in den psychoanalytisch beeinflußten Theorien der Geschlechtsidentifikation herrschende Geschlechterstereotypen reproduziert werden – die Bewunderung des »starken« Vaters, der Schutz, der bei ihm gesucht wird, der Vater als drohende und strafende Autorität für Söhne bzw. als Objekt von Sexualwünschen des Mädchens in der ödipalen Phase – wurde aus feministischer Sicht vielfach herausgearbeitet (Dinnerstein 1980, Chodorow 1985).

In *lerntheoretischen Modellvorstellungen* über die Entwicklung der kindlichen Persönlichkeit wird dem Modell-Lernen am Beispiel des Vaters (und der Mutter) hohe Bedeutung zugesprochen (Tillmann 1989). Die Übernahme geschlechtstypischen Verhaltens wird als permanente Verhaltensverstärkung – vor allem auch durch Eltern – konzipiert.

In Parsons' (1981) *funktionalistischer Systemtheorie* wird das soziale Handeln von Menschen in spezifischen Systemen interpretiert: dem organischen, dem psychischen und dem sozialen System. Der Prozeß der Sozialisation beginnt nach Parsons mit der Verinnerlichung der sozialen Objekte, mit denen ein Kind in Beziehung tritt. Im wesentlichen sind dies seine Pflege- und Bezugspersonen, die RollenträgerInnen eines sozialen und kulturellen Systems sind und dieses in ihrem Handeln verkörpern. Sozialisation wird als Prozeß der Übernahme und Verinnerlichung normativer Rollenerwartungen des sozialen Systems begriffen. Im familialen Kontext hebt Parsons (1956) die expressiven Funktionen der Mutter und die instrumentellen Funktionen des Vaters hervor sowie seine Vermittlerrolle zwischen dem Subsystem Familie und der Gesellschaft.

Mit zunehmendem Komplexitätsgrad *soziologischer Sozialisationstheorien* wird die familiale Sozialisation weniger unter Aspekten dyadischer Vater-Kind- oder Mutter-Kind-Beziehungen analysiert und stärker im Kontext sozialer Interaktionsstrukturen und Handlungssysteme gesehen (Hurrelmann 1990, 40 ff.). Die symbolische Kommunikation (über Sprache, Bilder, Interpretationen und Bedeutungszuschreibungen) und die produktive Verarbeitung von familialen (und anderen) Lebenswelten durch das Kind werden zu Themenschwerpunkten sozialwissenschaftlicher Analysen (ebd. 133 ff.).

Neuere sozialisationstheoretische Ansätze betonen die aktive und produktive Rolle des Kindes (oder auch jugendlicher und erwachsener

Menschen) im Prozeß der Sozialisation und der Herstellung von Identität. Sozialisation wird heute eher als »Selbst-Bildung« von Kindern und Jugendlichen in sozialen Praktiken (Bilden 1991) begriffen, als aktive und konstruktive Aneignung und Selbst-Einbindung in symbolische Systeme.

Von der Vaterabwesenheit zur väterlichen Sorge

Die »Abwesenheit des Vaters« entwickelte sich nach dem 2. Weltkrieg und verstärkt in den siebziger Jahren zu einem thematischen Schwerpunkt der angloamerikanischen Familienforschung (Stevenson/Black 1988). Anlaß dafür war vor allem der Anstieg von Ein-Eltern-Familien durch nichteheliche Mutterschaft, Trennungen, Scheidungen oder faktische Abwesenheit der Väter durch Militärdienste und andere berufliche Beanspruchungen.

Diese Untersuchungen über Kinder in vaterlosen Familien sind stets als »Deprivations«-Forschung ausgestaltet. Die völlige oder zeitweilige Abwesenheit des Vaters wurde als eine für das Kind negative Sozialisationsbedingung definiert. Untersuchungsgegenstand war dementsprechend die Schädigung des Kindes durch die völlig oder vorübergehend fehlende Vaterbeziehung. Gefragt wurde nach dem Einfluß der väterlichen Abwesenheit auf kognitive Leistungen, Sozialverhalten, psychosoziale Anpassung und insbesondere auf die Geschlechtsrollenidentifikation des männlichen Kindes.

Fthenakis (1985, 325 ff.) hat in seinem Literaturbericht angloamerikanische Studien zur Vaterabwesenheit von Kindern ausgewertet und diskutiert.

Im Hinblick auf die *kognitive* Entwicklung wird in ihnen die Vaterabwesenheit als besonders schädlich eingeschätzt und dies umso mehr, je früher sie einsetzt und je länger sie dauert (ebd., 336 f., m.w.N.). Kinder ohne Vater werden in zahlreichen Studien der sechziger und siebziger Jahre als angeblich leistungsschwächer oder auch weniger intelligent herausgestellt als diejenigen mit Vater. Dies wird auch für die vorübergehende Abwesenheit des Vaters konstatiert (ebd., 341). Selbst die zeitliche Verfügbarkeit von Vätern wirke sich danach auf ihre intellektuellen Leistungen aus: Kinder, die mehr als zwei Stunden pro Tag mit ihren Vätern zusammen sind, erreichen bessere Leistungstest-Werte als Kinder, die ihre Väter seltener sehen (Blanchard und Biller 1971, zit. nach Fthenakis 1985, 337).

Die Auswirkungen der Vaterabwesenheit auf die *moralische Entwicklung* von Kindern wird vor allem anhand bekannt gewordenen delinquenten Verhaltens und der allgemeinen moralischen Entwicklung sowie moralischer Verhaltensweisen (von Jungen) diskutiert. Kinder aus vaterlosen Familien werden als delinquenter und moralisch »unreifer« befunden. Sie könnten Versuchungen schlechter widerstehen, seien in der Schule auffälliger, hätten Schwierigkeiten, langzeitige Verpflichtungen einzugehen, hätten ein geringeres Maß an Selbstkontrolle (ebd., 346 ff., m.w.N.).

Die Abwesenheit oder die ungenügenden erzieherischen Aktivitäten von Vätern wurden als hochsignifikant für die *Ausbildung ernsthafter psychologischer und sozialer Probleme von Kindern* betrachtet (Biller 1974), wobei vor allem das männliche Kind im Mittelpunkt des Interesses stand. Insgesamt bestätigten die Studien zur Vaterabwesenheit weit verbreitete Alltagsannahmen: Jungen, die ohne Vater aufwachsen, bilden danach bevorzugt Probleme bei der Übernahme ihrer Geschlechtsrolle und sexuellen Identität, schulischen Leistungen, psychosozialer Anpassung und der Kontrolle von Aggression aus (Lamb 1986).

Im Kern konzentrierte sich die Debatte um die väterliche Abwesenheit auf die *Ausbildung einer Geschlechtsrollenidentifikation und die psychosexuelle Entwicklung* von Jungen (und Mädchen). Arbeitshypothese der meisten hierzu durchgeführten Studien war, daß Jungen ohne Vater ein geeignetes Rollenmodell oder ein geeignetes Identifikationsobjekt fehlt und sie deshalb eine Geschlechtsrollenidentität nur ungenügend ausbilden könnten: Sie hätten ein weniger maskulines Selbstkonzept und ein weniger »männliches« Verhalten, und die altersspezifisch angepaßte Ausbalancierung von Abhängigkeitsverhalten und Aggressivität sei gestört (Fthenakis 1985, 359 ff., m.w.N.). Biller (1981) hält bei Kindern, die ohne Vater aufgewachsen sind, die Geschlechtsrollenidentifikation im Sinne einer Auseinandersetzung mit dem eigenen und dem anderen Geschlecht für beeinträchtigt.

Mit den sich wandelnden materiellen und kulturellen Strukturbedingungen familialen Lebens veränderte sich langsam auch die theoretische Ausrichtung von Analysen der Vater-Kind-Beziehung. Als globale Tendenz dieser Konzeptualisierung von Forschungsarbeiten beschreibt Lamb (1986) den Wechsel von der Betonung der ökonomischen Sicherung der Familie und der Kontrolle älterer Kinder durch den Vater hin zur immer direkteren Sorge für Kinder. Seit etwa 1970 heben wissenschaftliche Analysen den Typ des »modernen«, zur Kinderversorgung und -betreuung voll befähigten

Vaters hervor (Fein 1978, Fthenakis 1985, m.w.N.). Die sogenannte nicht-traditionale Arbeitsteilung wurde zu einem viel beachteten Forschungsgegenstand (Russell 1986, Fthenakis 1985, Busch/Hess-Diebäcker/Stein-Hilbers 1994).

In Konzepten einer entwicklungspsychologischen Familienforschung wird die Stellung von Vätern im familialen System und ihre Bedeutung für die Sozialisation des Kindes zunehmend analysiert (Petzold/Nickel 1989). Die »neuen Väter« wurden zum Standard-Begriff wissenschaftlicher Publikationen wie auch literarischer und massenmedialer Produktionen (Stein-Hilbers 1991a).

Wissenschaftliche Veröffentlichungen konstatieren in den letzten Jahren eine allgemeine Konzentration auf das »Vater«-Thema. Unter dem Stichwort »Väter-Forschung« entwickelte sich eine eigene Forschungsrichtung mit hoher Produktivität (Lamb 1981, Nave-Herz 1985, m.w.N., Fthenakis 1985, m.w.N., Knijn/Mulder 1986, Lamb 1986, Lamb u.a. 1987, O'Brien 1987, m.w.N., Nickel/Ehlert 1988, Zeitschrift f. Sozialisationsforschung und Erziehungssoziologie 4/1988, m.w.N., Brzoska/Hafner o.J., Brzoska u.a. 1990).

Zurückliegende Untersuchungen über die Effekte der sogenannten »Vaterabwesenheit« werden heute als mit großen konzeptionellen und methodischen Mängeln behaftet gesehen und deshalb in der Bewertung ihrer Ergebnisse äußerst kritisch eingeschätzt (Fthenakis 1985, 334 f.). Die Ausrichtung der ForscherInnen auf ein (positiv bewertetes) Kernfamilien-Modell hatte eine spezifische Auswahl der Untersuchungsfragen sowie der Erhebungsmethoden zur Folge, und die Auswertung und Gewichtung der erzielten Ergebnisse war mit zahlreichen blinden Flecken und ideologischen Verzerrungen behaftet:

- In einer strikt auf geschlechtshierarchische Arbeitsteilung orientierten Gesellschaft leben Kinder in vaterlosen Familien eher am Rande des Existenzminimums oder unter schlechteren sozioökonomischen Bedingungen als in Familien mit ganztägig außerhäusigem Verdiener. Ein-Eltern-Familien bestehen überwiegend aus Frauen und Kindern, alleinerziehende Mütter stellen bis heute einen Großteil der Armutspopulation (Deininger 1989). Ursache für die schlechten Entwicklungsbedingungen von Kindern ist dann aber nicht die sogenannte »Vaterabwesenheit«, sondern die finanzielle und soziale Schlechterstellung Alleinerziehender (Svanum u.a. 1982).

- Die soziale Stigmatisierung und Isolierung nicht verheirateter oder geschiedener Mütter trifft immer auch ihre Kinder und beeinträchtigt in vielen Fällen deren soziale, intellektuelle und kreative Entwicklungsmöglichkeiten. Eine Sichtweise, in der Ein-Eltern-Familien als abweichend und prinzipiell pathogen betrachtet oder als »unvollständig«, zerbrochen« und »Rest-Familie« klassifiziert werden, ignoriert die positiven Potenzen dieser Lebensform ebenso wie ihre in der Regel schwierigen ökonomischen Bedingungen. Aus zahlreichen empirischen Studien des Etikettierungsansatzes ist bekannt, wie sehr Abweichungen von einem dominanten und normativ sanktionierten Familienmodell mit negativen sozialen Konsequenzen für die davon betroffenen Kinder und Jugendlichen verbunden sind (Quensel 1970). Auswirkungen dieser Etikettierungsprozesse sind auf allen Ebenen sozialer Kontrolle erkennbar. Sie sind mit vielfältigen Determinationen sozialer Chancen ebenso wie der Registrierung delinquenter oder sozial auffälliger Verhaltensweisen verbunden und keinesfalls auf eine isolierte »Vaterabwesenheit« rückführbar.
- Elterlichen Trennungen und Scheidungen gehen besonders häufig langanhaltende familiale Konflikte voraus (Fthenakis 1985, 335, Cherlin/Furstenberg u.a. 1991). Mit großer Wahrscheinlichkeit belasten sie Kinder in stärkerem Maße als der isolierte Faktor »Vaterabwesenheit«.
- Geschlechterrollen wurden als scharf voneinander abgrenzbare Merkmale von Weiblichkeit oder Männlichkeit konzipiert. Erfaßt wurden sie durch Verhaltensbeobachtungen und -einschätzungen, durch projektive Verfahren oder durch Testskalen, die an den Merkmalen der »typischen« Frau bzw. des »typischen« Mannes validiert wurden. Alle Meßverfahren bieten breitesten Spielraum für Geschlechterstereotype und -imaginationen. Die historische, situative und kulturelle Prägung von Geschlechterrollen wurde ebenso vernachlässigt wie die Tatsache, daß die für typisch männlich bzw. typisch weiblich gehaltenen Verhaltensweisen innerhalb eines Geschlechts stärker variieren als zwischen den Geschlechtern (Hagemann-White 1985).

Lamb (1981) hat die älteren Studien über die Auswirkungen der väterlichen Abwesenheit auf die kognitive, moralische und emotionale Entwicklung von Söhnen (und z. T. auch Mädchen) einer ausführlichen Kritik unterzogen. Die Ideologisierungen des darin enthaltenen Konzepts der »vollständigen« Familie seien unverkennbar, emotionale und ökonomische Probleme alleinerziehender Unterschichts-Frauen seien insgesamt auf den Faktor »Vaterabwesenheit« verengt worden.

Stevenson/Black (1988) haben darauf verwiesen, daß ernsthafte Untersuchungen von Auswirkungen des Phänomens »Vaterabwesenheit« zumindest folgende Variablen einzubeziehen haben: 1. die Frage, ob die Abwesenheit des Vaters als sozial stigmatisierend erlebt wird (z. B. kinderreiche Familie, nicht verheiratete Mutter) oder nicht (z. B. verwitwete Mutter) und ob es sich um eine vorübergehende oder dauernde Abwesenheit handelt; 2. die Zusammensetzung und Repräsentativität der Stichprobe; 3. rassische oder nationale Besonderheiten familialen Lebens; 4. sozioökonomischer Status; 5. Alter der Kinder; 6. wissenschaftstheoretische Konzeptualisierungen von Männlichkeit und Weiblichkeit und deren Meßmethoden. In ihrer Meta-Analyse empirischer Studien zur väterlichen Abwesenheit wurden alle verfügbaren Untersuchungen qualitativ dahingehend bewertet, ob und in welcher Weise diese Variablen berücksichtigt wurden. Stevenson/Black gelangten zu dem Ergebnis, daß insgesamt nur geringfügige Unterschiede zwischen Untersuchungsgruppen mit und ohne Vater feststellbar waren. In den qualitativ besser kontrollierten Studien waren für Mädchen überhaupt keine Effekte nachweisbar und für Jungen fast keine.

Die den Studien zur psychosexuellen Entwicklung von Jungen und auch Mädchen implizit zugrundeliegende Annahme, es bedürfe *einer* spezifischen Erziehungsperson – des Vater bzw. der Mutter – und der durch sie verkörperten Verhaltensweisen, um stabile, als männlich oder weiblich zu klassifizierende Verhaltensdispositionen bei Kindern zu erzeugen, wird durch die Arbeiten von Hagemann-White (1982, 1985, 1988) relativiert. In ihren Analysen zur geschlechtsspezifischen Sozialisation stellt sie heraus, *daß Geschlechterpolarität ein kulturelles System ist, das kulturell reproduziert wird* (Hagemann-White 1982). Die Unterscheidbarkeit der Geschlechter manifestiert sich dabei weniger im konkreten Verhalten der Geschlechter als vielmehr auf der symbolischen Ebene.

Die Reproduktion des kulturellen Systems der Zweigeschlechtlichkeit vollzieht sich Tag für Tag ein Leben lang, mit besonderer Intensität in der Kindheit und in enger Verbindung zu Sexualität. Mit der Aneignung von Wirklichkeit eignen sich alle Kinder auch materielle und normative Erfahrungsmomente von »weiblich« und »männlich« an. Sie bewegen sich alltäglich in einer Welt, die – über direkt und indirekt erfahrbare – Handlungen anderer, in massenmedialen und ästhetischen Produktionen, in Kleidung, Sprache und der Strukturierung von Berufspositionen, Privilegien, Macht- und Herrschaftsbeziehungen immerfort Merkmale und Bedeutungen von Männlichkeit und Weiblichkeit scharf voneinander abgrenzt und sie zudem mit der Werthierarchie der Geschlechtlichkeit vercodet (Ortner/Whitehead 1981).

Nach Kohlberg (1974) kann der Prozeß der Geschlechtsidentifikation als Kette interaktiv gewonnener, kognitiver Leistungen verstanden werden. Kinder können sehr früh Frauen und Männer sowie weibliches und männliches Verhalten erkennen und sich selber einer zweigeteilten sozialen Welt zuordnen. Die bedeutungshaltigen Formen von Mitteilungen, Erwartungen und Einflußnahme führen dazu, daß Kinder bereits im Alter von 18 Monaten eine Kerngeschlechtsidentität als Mädchen oder Junge ausgebildet haben (Money/Erhardt 1975).

In einem umfassenden Sinne ist ein Kind »Sozialisator seiner selbst« (Gildemeister 1988, 492): Es versetzt sich in die Lage, sich in einem symbolischen System der Zweigeschlechtlichkeit zu bewegen und handlungsfähig zu werden, es erkennt sich als Junge oder Mädchen, es erlernt die generativen Regeln der Herstellung sozialer Situationen unter den Bedingungen einer universalen, kulturell geprägten Geschlechterdifferenz (ebd. 499).

Das kulturelle System der Zweigeschlechtlichkeit ist für alle Eltern und Kinder überdauernd präsent und wird überdauernd reproduziert, wenngleich die Prozesse der Aneignung und auch die Orte für Mädchen und Jungen unterschiedlich sind. Es bedarf also nicht *einer* konkreten Mutter oder *eines* konkreten – und dazu noch biologischen – Vaters, um für ein Kind erfahrbar werden zu lassen, was Männlichkeit und Weiblichkeit beinhaltet. Wohl aber kann angenommen werden, daß auch Eltern ihren Kindern die *Bedeutungen* davon vermitteln, was es heißt, in dieser Gesellschaft ein Mann oder eine Frau zu sein.

Neuere Analysen der väterlichen An- oder Abwesenheit gelangen inzwischen zu differenzierteren Interpretationen der Befunde (Lamb 1986, m.w.N.). Nicht mehr die An- oder Abwesenheit des *Vaters* wird als wesentlich betrachtet, sondern die mit ihm verbundenen familialen Beziehungen sowie die Begleitumstände einer Trennung der Eltern: die mangelnde Entlastung der alleinerziehenden Mütter, die mit Ein-Elternschaft verbundenen ökonomischen Restriktionen, der emotionale Streß durch Diskriminierung Alleinerziehender, die einer Trennung/Scheidung vorausgehenden und nachfolgenden Konflikte und deren Auswirkungen auf Eltern und Kinder. Als Hauptresultat einer langen Reihe von Untersuchungen zur Bedeutung des Vaters für die Geschlechtsrollenentwicklung von Söhnen konstatiert Lamb (1986, 14), daß Wärme und gelebte Nähe zu Söhnen deren soziale Anpassung, Leistungen und psychologische Entwicklungen beeinflussen können. »Was den Einfluß auf die Kinder angeht, so scheint es sehr wenig deutlich Wichtiges in bezug auf das Geschlecht des Elternteils zu geben. Die Charakteristika des Vaters als Elternteil und weniger die Charakteristika des Vaters als Mann scheinen die Entwicklung des Kindes zu beeinflussen.« (Lamb 1987, 13)

Das in der sozialwissenschaftlichen Forschung lange Zeit vorherrschende Konzept der »vollständigen Familie« als Erklärungsmuster für soziale Anpassungsprobleme und kindliches (Wohl- und Fehl-)Verhalten muß damit neu überdacht werden. Mit Recht wird heute bezweifelt, ob die oberflächliche Unterscheidung von »vollständiger« und »unvollständiger« Familie tatsächlich eine Differenz zwischen förderlichen und abträglichen Sozialisationsbedingungen markieren kann (Krappmann 1988, 133). In den letzten Jahren haben vor allem die gut ausgebildeten und sozial abgesicherten alleinerziehenden Mütter gezeigt, daß die befürchteten negativen Auswirkungen einer väterlichen Abwesenheit für Kinder dann ausbleiben, wenn man diese Mütter nicht isoliert und in ihrer Lebensführung und Identitätsentwicklung ökonomisch und sozial diskriminiert (Schmerl 1989).

Ideologien und Interessen: Wieviel Vater braucht ein Kind?

Auch wenn sich in der sozialwissenschaftlichen Analyse familialer Beziehungen kaum stichhaltige Nachweise dafür finden lassen, daß eine fehlende Vaterfigur als Defizit oder nachteilige Sozialisationsbedingung verstanden werden muß, sind Väter keineswegs bedeutungslos für Kinder. Durch ihre Zuwendung, liebevolle Aufmerksamkeit und Beteiligung an der Betreuung und Versorgung der Kinder werden sie ebenso wie durch autoritäre, vernachlässigende oder drangsalierende Verhaltensweisen zu wichtigen Bezugspersonen. Wegen der Dichte des Zusammenlebens und der Abhängigkeit des Kindes von seinen Eltern eignen sich Kinder eine Identität vor allem auch innerhalb familialer Beziehungen an und verorten sich in ihrer familialen Lebenswelt. In diesem Sinne kann ein Vater niemals bedeutungslos für sie sein.

Es kann kaum bezweifelt werden, daß die Bedeutung der Mutter-Kind-Beziehung in bezug auf eine gelingende kindliche Sozialisation über Jahrzehnte hinweg hoch überschätzt wurde. Die diesem Komplex zuzuordnenden Forschungsarbeiten müssen heute vor dem Hintergrund einer strikten inner- und außerfamilialen Arbeitsteilung interpretiert werden. Die auf dieser Arbeitsteilung basierenden Forschungsergebnisse trugen auch dazu bei, die reproduktiven Verpflichtungen von Frauen gegenüber (Mann und) Kindern immer wieder zu bestätigen und wissenschaftlich zu legitimieren. In diesem Sinne erfüllten sie eine wichtige politische Funktion: Als Ideen, die darauf abzielen, die Natürlichkeit einer bestehenden sozialen Ordnung zu betonen und damit den Erhalt dieser Ordnung zu legitimieren (MEW Bd. 3, 1958, Art. 30).

Forschungen der sechziger und siebziger Jahre zur väterlichen Abwesenheit entsprechen dieser Logik. Sie scheinen insgesamt weniger darauf ausgerichtet, die ökonomischen und sozialen Restriktionen alleinerziehender Frauen offenzulegen und auszugleichen, als vielmehr darauf, die Gefahren der nicht mehr »intakten« Familie für Kinder zu betonen und damit auch eine positiv sanktionierte Institution zu bestätigen.

Wie sehr wissenschaftliche Diskurse Gefahr laufen, die aufgrund realer Arbeitsteilungen und dominanter kultureller Deutungsmuster existierenden Verhaltensstrukturen von Männern und Frauen für quasi-natürlich und existenznotwendig zu halten, wird in Forschungen zur Geschlechtsrollenidentifikation von Jungen und Mädchen besonders deutlich. Sie sind ein klassisches Feld der Beherrschung von Wissenschaft durch Ideologeme, Weiblichkeits- und Männlichkeitsstereotypien und -imaginationen.
Zahlreiche Arbeiten der 50er Jahre beschäftigten sich ausgiebig mit einer möglichen Beeinträchtigung der Entwicklungsbedingungen von Jungen, wenn ihre Väter sich an der Hausarbeit beteiligen (Bronfenbrenner 1958). Noch 1959 vetrat Lidz (nach Schütze 1986, 138) die These, ein Rollentausch der Geschlechter verhindere eine adäquate Geschlechtsrollenidentifikation des Kindes und wirke sich daher schizophrenogen aus. Mädchen aus mutterdominanten Familien wurden Schwierigkeiten mit Männern und die stärkere Unfähigkeit zugeschrieben, langfristige heterosexuelle Beziehungen durch- bzw. auszuhalten (Fthenakis 1985, 317 f., m.w.N.). Auch verlören sie das Interesse an weiblichen Beschäftigungen, wenn ihre Väter sich ihnen zu wenig zuwendeten. Noch 1982 benennt Tyson als eine schädliche Folge der Vaterabwesenheit für Jungen die Verzögerung des aufrechten Urinierens (und der Unabhängigkeitsentwicklung überhaupt). Bis vor wenigen Jahren wurden sehr ernsthafte Auseinandersetzungen darüber ausgetragen, ob Männer überhaupt in der Lage sind, die den Frauen als »natürlich« zugeschriebenen mütterlichen Kompetenzen des liebevollen Umgangs mit Kindern zu entwickeln (Schütze 1986, 138).

In der sich seit einigen Jahren neu etablierenden Foschung über Vater-Kind-Beziehungen sind deutliche Tendenzen einer Überhöhung der Bedeutung des Vaters für das Kind erkennbar. Nahezu ausschließlich werden Väter in ihrer *positiven* Wirkung auf Kinder dargestellt, während ihre Beteiligung z. B. an der innerfamilialen Gewalt oder der sexuellen Ausbeutung von Kindern eher undiskutiert bleibt (Hess-Diebäcker/Stein-Hilbers 1986). Die in entsprechenden Publikationen (z. B. Fthenakis 1985) hervorgehobene reale väterliche Sorge für Kinder erscheint heute als hoch überschätzt (Hoff 1986, Lamb 1986, m.w.N., Stein-Hilbers 1991a, m.w.N.). Die von wenigen, sozioökonomisch privilegierten Eltern praktizierte egalitäre Arbeitsteilung in der Familie wird in der wissenschaftlichen Präsentation bereits als stark verbreitetes Modell elterlicher Kooperation vorgestellt (Radin 1982, Radin u.a. 1982, Fthenakis 1985).

Daß die sogenannte Vaterabwesenheit lange Zeit psychologische Forschungstraditionen und die Interpretation von Befunden bestimmte, erscheint weniger verwunderlich als die Tatsache, daß diese Forschungsresultate bis in die jüngste Zeit rezipiert und argumentativ für die Notwendigkeit der väterlichen Anwesenheit im Verlauf der kindlichen Entwicklung verwendet werden (Cath/Curwitt/Ross 1982). Konstatiert wird, daß ein nur von seiner Mutter aufgezogenes Kind in einem doppelten Sinne defizitär aufwächst: Ihm fehle zum einen »... die Beziehung mit dem anderen Geschlecht, sei es durch Identifikation, durch Abgrenzung, auch durch Konfrontation –, so daß es notgedrungen im Hinblick auf diese gegengeschlechtlichen Anteile in seiner Persönlichkeit unvollkommen bis gestört in die eigene spätere Partnerrolle eintreten muß«. Zum anderen mangele es ihm an »...ganz alltäglichen sinnlichen wie kognitiven Begegnungen mit einer Person des anderen Geschlechts, die immer zugleich auch ein in seinem Denken, Fühlen und Handeln anderer Mensch ist« (Jopt 1988, 12). Noch 1991 wird in der von Fthenakis herausgegebenen Broschüre »Mehr Zeit für Kinder« ohne nähere Kommentierung darauf verwiesen, daß »...Kinder, die ohne Vater aufwachsen, mit größerer Wahrscheinlichkeit Probleme im Leistungsbereich, in den sozialen Beziehungen und in der Geschlechtsrollenentwicklung« haben (15). In dieser Art von wissenschaftlicher Diskussion wird Ein-Eltern-Familien ihre Fähigkeit zur gelingenden Sozialisation von Kindern abgesprochen (Nieslony 1989).

Wie stark der Vater – gemeint ist der anwesende leibliche Vater – als nahezu unersetzlich und nicht austauschbar erscheint, wird u.a. an Fthenakis' Ausführungen (1985, 239 f.) zu den sogenannten »Vatersurrogaten« (Stiefväter, Pflegeväter u.a.) deutlich, die die Effekte der Abwesenheit des »eigentlichen« Vaters wohl abmildern, gleichwohl niemals aufheben könnten.

Die Feststellung der Unverzichtbarkeit des Vaters für eine befriedigende psychosoziale Entwicklung von Kindern wird mit der Forderung nach väterlichen Rechten verbunden. Fthenakis möchte »Persönlichkeitsrechte des Vaters« und seine »Selbstverwirklichungsmöglichkeit in der Elternrolle« gewahrt wissen. Stevenson/Black (1988) haben auf die politischen Implikationen der Forschungsarbeiten zur Vaterabwesenheit hingewiesen: im Hinblick auf Sorgerechtsentscheidungen, Unterstützungsleistungen für Scheidungsfamilien, die gesellschaftliche Bewertung von Ein-Eltern-Familien u.a.m.

Die Vater-Kind-Beziehung wird heute als essentiell »emotional« dargestellt, das heißt gleichzeitig auch als interessenfrei (Medick/Sabean 1984, 19). Emotionen sind aber aufs engste mit (individuellen, sozialen, ökonomischen, politischen) Interessen verbunden. Auch elterliche Gefühle für Kinder sind geprägt durch Interessen, die sich gegenwärtig am ehesten als Verwirklichung von Liebesbedürfnissen, Suche nach emotionaler Bindung und Lebenssinn beschreiben lassen.

Die Frage danach, ob ein Kind den Vater – oder auch die Mutter – »braucht«, läßt sich nicht grundsätzlich beantworten. Jede Antwort muß abhängig gemacht werden von den konkreten Lebensumständen der Eltern und den damit verbundenen Entwicklungsmöglichkeiten des Kindes.

Es kann und darf nicht verkannt werden, daß es für Kinder richtig und wichtig ist, in kontinuierlichen sozialen Bezügen zu leben und daß dabei seinen Beziehungen zu beiden Eltern überwiegend hohe Bedeutung zukommt. Genetische Abstammung und Geschlecht der Eltern sind dennoch nur mittelbar bedeutsam für den Kontext, in dem sich soziale Beziehungen ausbilden. Weitgehend besteht Einigkeit darüber, daß es für Kinder in einem existenziellen Sinne ausreicht, von einer oder auch mehreren nahen Bezugspersonen körperlich und emotional betreut zu werden (Jopt 1988), zu denen nicht unbedingt beide leibliche Eltern gehören müssen. Aus der Perspektive zumindest jüngerer Kinder muß auch als bedeutungslos eingeschätzt werden, ob sie durch ihre leiblichen oder faktischen Eltern – z. B. Adoptiveltern – aufgezogen werden.

Die Annahme einer grundsätzlichen Unverzichtbarkeit oder auch besseren Eignung von Frauen oder Männern für die Erziehung von Kindern läßt sich nicht aufrechterhalten. Heute kann kaum noch bezweifelt werden, daß sowohl Männer als auch Frauen prinzipiell fähig sind, das Leben eines

Kindes mit der notwendigen Liebe, Sorge und Sensitivität zu begleiten. Ebenso wie biologische gegenüber psychosozialer Elternschaft nicht als höherrangig für die Ausgestaltung von Eltern-Kind-Beziehungen bewertet werden kann, ist ein Geschlecht nicht quasi-natürlich besser oder schlechter zur Elternschaft geeignet oder gar unersetzlich für ein Kind.

Interessant ist, daß der Gedanke der Notwendigkeit, ja Unentbehrlichkeit eines gegengeschlechtlichen Elternteils für das Kind zu einer Zeit in den Vordergrund gestellt wird, in der die Frauen und Männern als wesenhaft zugeschriebenen Geschlechtscharaktere ihre Überzeugungskraft verlieren. Was eigentlich »männliches« oder »weibliches« Verhalten seinem Innersten nach ist, läßt sich kaum noch genau bestimmen. In den Dimensionen von Berufsarbeit und Kinderbetreuung wird dies umso deutlicher, als immer mehr Frauen in Ausbildung, Erwerbsarbeit oder politischer Repräsentation Verhaltensweisen zeigen, die bislang als »typisch männlich« galten. Zudem kann niemand mehr bestreiten, daß auch Männer – ebenso wie Frauen – Kinder liebevoll und in jeder Hinsicht zureichend ver- und umsorgen können. Wenn also sowohl Frauen als auch Männer als »weiblich« ebenso wie als »männlich« deklarierte Verhaltensweisen in ihrer Person vereinigen und diese ihren Kindern auch vorleben können, ist die Notwendigkeit einer faktischen und psychologischen Präsenz des gegengeschlechtlichen Elternteils gering.

Die derzeitige Überbetonung der väterlichen Bedeutung kann nur zum Teil mit veränderten Realverhältnissen erklärt werden. Sie ist auch als Reaktion auf den väterlichen Bedeutungsverlust in der Biographie von Kindern interpretierbar und verbunden mit Forderungen nach verbesserten Rechtspositionen für Väter.

»Neue Väter« und »aktive Vaterschaft«

In der Öffentlichkeit hat sich das Bild vom »neuen Vater« durchgesetzt und verbindet sich mit der Vorstellung eines väterlichen Verhaltens, das von Zuneigung, Zärtlichkeit und Fürsorge geprägt ist, von aktiver Anteilnahme am Leben des Kindes und der starken Beteiligung an seiner Betreuung und Versorgung.

Während noch in den fünfziger Jahren ein Vater, der einen Kinderwagen schob, eine Witzblattfigur darstellte und die Nachkriegssoziologie der

BRD allgemein den Bedeutungsverlust des Vaters und das Leben des Kindes in der »vaterlosen Gesellschaft« (Mitscherlich 1965) konstatierte, erfahren heute die »neuen Väter« hohe publizistische und wissenschaftliche Aufmerksamkeit. Damit verbindet sich zunehmend auch die Vorstellung einer verstärkten rechtlichen Schutzwürdigkeit der Vater-Kind-Beziehung.

Das Bild des »neuen Vaters« wird aber nur in Teilbereichen durch empirische Befunde bestätigt.

Indikatoren eines männlichen Wertewandels

In demoskopischen Erhebungen und populärwissenschaftlichen Analysen wird in den letzten Jahren ein Wandel männlicher Werthaltungen und Bedürfnisse nachvollziehbar. Es mehren sich Anzeichen dafür, daß für eine wachsende Zahl von Männern das Ziel des persönlichen Lebenserfolges nicht mehr mit einer so starken Orientierung auf eine Berufskarriere und den Statussymbolen des Berufserfolges zusammenfällt, wie dies noch für die Generation ihrer Väter galt. Arbeits- und leistungsbezogene Werte scheinen sich zugunsten von Freizeitinteressen und Bedürfnissen nach persönlicher Entfaltung zu relativieren (Hinrichs/Wiesenthal 1982, Klages 1984).

Insbesondere jüngere Männer artikulieren in Umfragen ihr Unbehagen an der dominanten Ausrichtung auf materiellen und beruflichen Erfolg. Sie halten die emotionalen Beziehungen zu (Ehe-)Frauen und Kinder für zunehmend wichtiger (Lamb u.a. 1987, m.w.N.), sehen diese allerdings nicht als hinderlich für die eigene Berufsbiographie an.

Populärwissenschaftliche Veröffentlichungen und empirische Untersuchungen beschäftigen sich mit der Frage eines schon veränderten oder eines im Umbruch befindlichen Denkens und Verhaltens von Männern (Postler/Schreiber 1985).

Im Zuge der Neuen Frauenbewegung haben einige Männer begonnen, über die Bedingungen und Auswirkungen vorherrschender Konzepte von »Männlichkeit« nachzudenken und diese kritisch zu hinterfragen (z. B. Pilgrim 1983, Frings 1984, Hollstein 1988). Parallel zu den Erfahrungsprozessen der Frauen gründeten sich erste Männergruppen, in denen männliche Bedürfnisse und Ängste, Sexualität, Männergewalt, Berufsarbeit, Probleme von Leistung und Härte und männliches Konkurrenzdenken thematisiert wurden.

In der Folge dieser Reflexionsprozesse entstanden zahlreiche Publikationen, die vorwiegend auf ein männliches Lesepublikum zugeschnitten sind. Deutlich spürbar ist in ihnen ein allgemeiner Appell an Männer, sich stärker mit den eigenen Gefühlen, Einstellungen, Verhaltensweisen und deren kulturellen Prägungen auseinanderzusetzen. Im angloamerikanischen Schrifttum ist in den achtziger Jahren eine besonders intensive Auseinandersetzung mit Männlichkeitskonzepten und deren sozialen und psychischen Implikationen erkennbar (Filene 1986, Abbott 1987, Kaufman 1987, Brod 1987).

Das Patriarchat mit all seinen sozialen und kulturellen Folgen auch für Männer wird in Frage gestellt. Gleichwohl werden kaum Forderungen nach einer herrschaftsfreien Umgestaltung des Geschlechterverhältnisses in den wissenschaftlich-literarischen Produktionen von Männern bearbeitet.

Die Beschäftigung mit Kindern

Ein gesteigertes Interesse von Männern an den emotionalen Erfahrungen eines Lebens mit Kindern ist in den letzten Jahren unverkennbar. Es manifestiert sich in Umfrageergebnissen ebenso wie in den praktischen Erscheinungsformen einer »neuen Väterlichkeit«.

Wissenschaftliche Veröffentlichungen konstatieren ein geschlechtsspezifisches Gefälle des Kinderwunsches: Männer wünschen sich mehr, Frauen weniger Kinder (Beck-Gernsheim 1984, 137). Mehr Männer als Frauen sprechen sich für eine Heirat aus (Geschlechtsrollen im Wandel 1988).

Um Schwangerschaft, Geburtsvorbereitung und Geburt hat sich in westlichen Industriestaaten eine »Kultur« ausgebildet, die Väter nahezu selbstverständlich einbezieht. Etwa 80% der werdenden Väter nehmen an vorbereitenden Aktivitäten teil und sind auch bei der Geburt ihrer Kinder anwesend (Nave-Herz 1985). Dies hat zur Folge, daß sie sich auch in der täglichen Betreuung von Säuglingen stärker engagieren und selbst – sofern ihnen ihre Berufstätigkeit dies erlaubt – im Umgang mit Kleinkindern und etwas älteren Kindern (Fthenakis 1985, m.w.N.).

Immer mehr Väter äußern den Wunsch nach intensiverem Kontakt zu Kindern (MAGS Bad.-Württ. 1983). Anders als noch vor wenigen Jahrzehnten gehören Väter, die ihre Kinder versorgen, zur Alltagserfahrung des privaten und veröffentlichten Bildes von Familie; alleinerziehende Männer gelten als Prototyp eines neuen Vater-Kind-Verhältnisses.

Nach den Ergebnissen einer Schweizer Untersuchung beteiligen sich 32% der Väter regelmäßig an der Kinderbetreuung, 38% häufig und 27% gelegentlich, 4% selten oder nie (Ryffel-Gericke 1983). Eine Rangfolge der väterlichen Tätigkeiten ist deutlich erkennbar: 1. Freizeit- oder Spielaktivitäten (89%), 2. Spazierengehen (60%), 3. Wickeln und Saubermachen (38% bzw. 30%). Mit der zunehmenden Beteiligung an der Kinderbetreuung sinkt jedoch die Beteiligung des Vaters an anderen Haushaltstätigkeiten (ebd., 173).

Unbestritten ist also, daß Väter (ebenso wie Mütter!) sich heute mehr und intensiver ihren Kindern zuwenden als noch vor wenigen Jahrzehnten (Lamb 1986, m.w.N.). Dies betrifft aber vor allem Säuglinge und Kleinkinder und nur wenig ältere Kinder; zudem beschäftigen sich Väter stärker mit Söhnen als mit Töchtern (ebd.). Für Männer der Mittelschicht mit gehobenen Schulabschlüssen ist eine stärkere Orientierung auf Kinder erkennbar.

Begleitet sind die zuvor beschriebenen Phänomene durch eine Flut von Büchern und Ratgebern für Väter. Zahlreiche Veröffentlichungen über »neue Väter« thematisieren insbesondere die durch Kinder vermittelten neuen Gefühle und Glückserfahrungen, und häufig ermutigen sie andere Männer, ähnliche Erfahrungen zu machen.

Tatsächliche Veränderungen innerfamilialer Arbeitsteilung

Das in den letzten Jahrzehnten deutlich gesteigerte Interesse von Männern an Kindern stellt hierarchisierte Arbeitsteilungen zwischen den Geschlechtern nicht in Frage.

Erfragte Einstellungen signalisieren – insbesondere bei jüngeren und gut ausgebildeten Befragten – einen deutlichen Trend zur Veränderung familialer Arbeitsteilungen. Dies findet aber bislang nur wenig Entsprechung im *tatsächlichen Verhalten* von Männern – Einstellung und Verhalten klaffen weit auseinander (Geschlechtsrollen im Wandel 1988). Zeitvergleichs-Analysen weisen nach, daß trotz veränderter – verbal geäußerter – Einstellungen und auch dann, wenn die Ehefrauen erwerbstätig sind, die traditionellen Strukturen der Familienarbeit kaum aufgebrochen werden (Nave-Herz 1985).

»Während Frauen auch für die Lebensphase mit einem Kind die partnerschaftliche Gestaltung des Lebens weiterführen wollen, erweist sich Männern ... das gemeinsame Kind ... als Faktor, mit dem sich alles ändert«

(Metz-Göckel/Müller 1986); zu mehr als 80% verlangen sie nun den Ausstieg von Frauen aus der Erwerbsarbeit. Nur etwa 1,2% aller Väter nimmt den sog. Erziehungsurlaub in Anspruch, zum überwiegenden Teil Männer, die auch vorher nicht erwerbstätig waren (Brzoska u.a. 1990, 30). Alters- und Bildungsunterschiede spielen eine Rolle: Jüngere Paare mit hohem Bildungsniveau bevorzugen stärker (zu 47%) ein Modell, in dem beide Eltern halbtags erwerbstätig sind (Geschlechtsrollen im Wandel 1988). Tatsächlich realisiert wird die gleichverteilte Zuständigkeit für Kinder und Haushalt aber nur von etwa 1-4% aller erwerbstätigen Eltern (Busch/Hess-Diebäcker/Stein-Hilbers 1994, Bielenski/Strümpel 1989). Dies hat nicht nur mit rückständigen Bewußtseinsinhalten von Männern, sondern ebenso mit strukturellen Hindernissen zu tun: Den unzureichenden Möglichkeiten der außerhäuslichen Kinderbetreuung, den kinderfeindlichen Arbeitszeitstrukturen und der unterschiedlichen Entlohnung und Stabilität der Frauen- und Männer-Arbeitsplätze. Bei ungleichen materiellen Absicherungen bedeutet die Reduzierung der männlichen Erwerbsarbeit zugunsten von Kindern einen verhältnismäßig und real stärkeren familialen Einkommensverlust als umgekehrt. Insgesamt sind deshalb Frauen mit Kleinkindern zu über 70% gezwungen, auf Teilzeitarbeit und ungeschützte Beschäftigungsverhältnisse auszuweichen oder ihre Erwerbsarbeit ganz zu unterbrechen.

Haushaltstätigkeiten

In Zeitvergleichs-Analysen zeigt sich, daß Haushaltstätigkeiten – insbesondere Nähen, Bügeln, Waschen, Putzarbeit und die Nahrungszubereitung – weiterhin hauptsächlich von Frauen erledigt werden. Allerdings steigt hier der Anteil »mithelfender« Männer an. Handwerkliche Tätigkeiten, Reparaturen im Haus und das Autowaschen sind vorwiegend von Männern ausgeübte Tätigkeiten. »Die Zuordnung häuslicher Kompetenzen ist nicht nur über die Zeit, sondern auch zwischen den befragten Gruppen einheitlich. Unterschiede nach Altersgruppen und Bildungsstatus sind festzustellen, jedoch nicht so ausgeprägt, daß sich ein ganz anderes Muster ergäbe. Jüngere und besser ausgebildete Männer sind im Haushalt etwas stärker eingespannt, vor allem beim Einkaufen, Kochen und Abwaschen; dies war 1975 noch nicht der Fall gewesen.« (Geschlechtsrollen im Wandel 1988, 48)

Andere Erhebungen (z. B. Nave-Herz 1985, Metz-Göckel/Müller 1986) bestätigen diese Befunde. Auch ausländische Untersuchungen (z. B. Ryffel-

Gericke 1981, Horna/Lupri 1987) zeigen das gleiche Bild: »Hausarbeit gilt den Männern weitgehend als Sache der Frau ... Ihre Zufriedenheit mit der Ehe ist in weiten Teilen als Zufriedenheit mit der bestehenden Arbeitsteilung zwischen Frauen und Männern zu verstehen ... (Bei den Männern) gilt die Ehe als Gemeinschaft, in der man gemeinsame Aufgaben getrennt erfüllt.« (Geschlechtsrollen im Wandel 1988, 33) Mit steigender Kinderzahl wird noch mehr an Hausarbeit den Müttern überlassen. »Davon besonders hart betroffen sind erwerbstätige Mütter aus einfachem Milieu, mit geringer Ausbildung, schwacher Berufsposition und niedrigem Einkommen, bei denen auch die Mittel für technische und personelle Haushaltshilfen knapp sind.« (Geschlechtsrollen im Wandel 1988, 64)

Auch die Vertretung der Interessen des Kindes – z. B. bei Elternversammlungen in Kindergarten oder Schule – obliegt den Müttern (ebd., 66).

»Besonders einschneidend sind die Auswirkungen auf die Freizeitaktivitäten der Partner. Die Protokolle lassen erkennen, daß Frauen ihre Aktivitäten erheblich einschränken, Männer dagegen ihre Verhaltensmuster soweit wie möglich beibehalten möchten.« (Ebd., 83)

Die Beteiligung von Männern an Hausarbeit scheint primär die Beschäftigung mit Kindern zu betreffen (Familie und Arbeitswelt 1984) und sich eher auf die kreativen und erholungsstiftenden Anteile der Familienarbeit zu erstrecken (Tavecchio 1984). »Es scheint gleichsam eine Hierarchie der Arbeiten und Beschäftigungen mit dem Kind zu existieren: je »unangenehmer« die einzelnen Verrichtungen sind, desto stärker nimmt das Engagement der Väter in der Beschäftigung mit den Kindern ab.« (Urdze/Rerrich 1981, 79)

Erwerbstätige Frauen ohne Kinder können eher auf die Mitarbeit von Männern bauen als erwerbstätige Frauen mit Kindern; letztere fordern sie aber zunehmend stärker ein. Möglicherweise hängt auch die Übernahme hauswirtschaftlicher Tätigkeiten weniger von der beruflichen Belastung der Frau, sondern von der des Mannes ab – stark beruflich belastete Frauen werden nicht eher durch Männer entlastet, stark beruflich belastete Männer verrichten am wenigsten Hausarbeit (Nave-Herz 1985).

Die Ungleichverteilung von Haushaltstätigkeiten verstärkt sich im Zuge der Institutionalisierung von Familie: Bei unverheirateten Paaren sind sie im Verhältnis 1,2:1,6, bei verheirateten Paaren 1,9:4,6 und bei verheirateten Paaren mit Kindern im Verhältnis 0,8:4,7 verteilt (Glatzer/Herget 1984, 124 ff.).

Verfügbarkeit, Zuständigkeit und Verantwortlichkeit für Kinder

Der Begriff des »neuen« oder »aktiven« Vaters schließt das Bild des für seine Kinder tatsächlich verfügbaren, zuständigen und verantwortlich sorgenden Vaters ein. In diesem Bereich sind besonders starke Diskrepanzen erkennbar. Langzeit-Studien (Lamb 1986, 11, m.w.N.) bestätigen, daß Mütter weiterhin in ungleich höherem Maße als Väter aktive Eltern und vor allem fast ausschließlich und alleine verantwortlich für Kinder sind. Sie sind eher für deren direkte Versorgung und Betreuung zuständig, während Väter Spiel- und Freizeitpartner ihrer Kinder bleiben.

In der Mehrzahl aller Familien sind Mütter Hauptbetreuungspersonen ihrer Kinder – dies gilt international (Russell 1982) ebenso wie im Bundesgebiet (Schmidt-Denter 1984). Pflegeleistungen für Kinder und emotionale Zuwendung werden – unabhängig vom Alter des Kindes – in erster Linie durch Mütter erbracht (Schmidt-Denter 1984).

In den meisten Familien sind Väter im Gegensatz zu Müttern für ihre Kinder wenig verfügbar (Fthenakis 1985, 158). Auch scheinen sie gegenüber Kindern nach wie vor kontrollierende und sanktionierende Funktionen zu übernehmen (Schmidt-Denter 1984).

Lamb (1986) versucht eine Quantifizierung aktiver Elternschaft anhand dreier Kriterien:

1. Engagement und direkte Interaktion mit dem Kind (Füttern, Hausaufgabenhilfe, Spiel etc.)
2. Verfügbarkeit für das Kind (z. B. Erledigung von Hausarbeit, während das Kind spielt)
3. Verantwortlichkeit für das Wohlergehen und die Versorgung des Kindes (Arztbesuche, Bekleidung kaufen u.a.m.).

Zurückliegende Studien zur aktiven Vaterschaft bzw. Elternschaft wurden anhand dieser Kriterien klassifiziert. Es zeigte sich, daß nicht-erwerbstätige Mütter gegenüber Vätern im Verhältnis 4:1 direkt interagieren und im Verhältnis 3:1 für ihre Kinder verfügbar sind. Väter waren fast gar nicht für ihre Kinder verantwortlich. Bei zwei erwerbstätigen Eltern interagierten Mütter dreimal so viel wie Väter und waren zu einem Drittel mehr als Väter verfügbar. Die Verantwortlichkeit der Väter für Kinder fiel auch hier kaum ins Gewicht.

Lamb u.a. (1986) gelangen nach langjährigen Forschungen zu Vater-Kind-Beziehungen zum Ergebnis, daß der Anstieg der realen väterlichen Sorge für Kinder in der öffentlichen Darstellung allgemein hoch überschätzt wird.

Faßt man die Befunde zu den in den Medien und der wissenschaftlichen Literatur herausgestellten »neuen Vätern« zusammen, so läßt sich vor allem die Veränderung eines heute als positiv empfundenen Vaterbildes konstatieren: Der zärtliche, an seinen Kindern aktiv interessierte und sie betreuende Vater ist zum neuen Leitbild geworden. »Die alte Dichotomie Fürsorglichkeit und Zärtlichkeit als Zuständigkeitsbereich der Mutter, die insbesondere für die früheste Kindheit von größter Bedeutung ist, während der Vater in den späteren Lebensjahren als strenger Erzieher an Bedeutung gewinnt, wird immer stärker in Frage gestellt.« (Rerrich 1988, 161)

Tatsächliche Verhaltensänderungen der Väter betreffen in erster Linie die Geburtsvorbereitung und die mithelfende Pflege von Säuglingen sowie spielerische, kreative und erholungsstiftende Aktivitäten mit älteren Kindern.

Eine tiefgreifende Veränderung der alltäglichen Sorge und Zuständigkeit für Kinder ist nicht eingetreten. Die Zeitbindung durch Kinder verbleibt bei den Müttern. Insofern ist Hoff (1986) zuzustimmen, der die »neuen Väter« vor allem für ein Medienereignis hält. Nach wie vor richten Mütter ihre Lebensplanung auf Kinder und Väter ihre Lebensplanung auf Berufsarbeit aus. Es sind weiterhin die Mütter, die Erwerbsarbeit zugunsten der Kinder reduzieren oder auch ganz aufgeben (müssen) und für die Betreuung/Versorgung von Kinder zuständig sind. Wohl aber signalisieren die sog. »neuen Väter« das neu erwachte Interesse von Männern an Kindern und an den damit verbundenen sinnlichen Erfahrungen eines Lebens mit ihnen. In einer sozialhistorischen Betrachtungsweise paßt sich dieser männliche Trend zur intensiveren Beschäftigung mit Kindern ein in die von der Familiensoziologie hervorgehobene »Ausdifferenzierung von Bedürfnissen, die als Individualisierungsprozesse aufgefaßt und in verschiedenen gesellschaftlich relevanten Teilbereichen beschrieben werden können« (Schulz 1983, 416). Der Anspruch und Zwang zum eigenen Leben scheint zunehmend auch Bereiche zu erfassen, die bisher den Frauen vorbehalten waren und mit der Hoffnung auf emotionale Nähe zu Kindern verbunden sind.

Parallel zu den sich als »neue Väterlichkeit« manifestierenden positiven Veränderungen des Vater-Kind-Verhältnisses erfährt in den letzten Jahren ein anderer Aspekt der Vater-Kind-Beziehung hohe wissenschaftliche und auch publizistische Aufmerksamkeit: Die überwiegende Beteiligung von Vätern an allen Formen häuslicher Gewalt (Honig 1986, Gesundheitsreport NRW 1990) und insbesondere an der sexuellen Gewalt gegenüber Kindern, speziell gegenüber Mädchen.

Nach bundesrepublikanischen Schätzungen sind 150000 bis 300000 Kinder jährlich sexueller Gewalt und Ausbeutung ausgesetzt (Baurmann 1982, Saller 1989). In Umfragen der Sexualforschung berichten rund 25% aller erwachsenen Frauen über Erfahrungen mit sexueller Gewalt in ihrer Kindheit (Baurmann 1982, 114); diese Zahl dürfte – bedingt durch Verdrängungen und Erinnerungslücken – möglicherweise niedrig ausgefallen sein (Miller 1981). Nach Schätzungen von Kinderärzten sind in 5 bis 10% aller Familien Mädchen schwersten sexuellen Attacken ausgesetzt (*FR* v. 14.8.1985).

Fast immer sind Männer – vor allem Väter, Großväter, Stiefväter, nahe Verwandte – sexuelle Ausbeuter und Mißhandler von Kindern – von Mädchen ebenso wie von Jungen (Finkelhor 1984). Mit zunehmendem Verwandtschaftsgrad scheinen Intensität, Dauer, Massivität der Gewaltanwendung und ihre Gefährlichkeit zuzunehmen (Baurmann 1982).

Kinder nicht verheirateter Frauen und ihre biologischen Väter

Wenn die Eltern eines Kindes miteinander verheiratet sind, stehen ihnen elterliche Rechte und Pflichten in gleichem Umfang zu. Ohne diesen Ehevertrag ist (zunächst) nur die Mutter des Kindes Elternperson im Rechtssinne. Sie ist Alleininhaberin der elterlichen Sorge und bestimmt damit auch über den Umgang des Kindes mit dem leiblichen Vater.

In den alten Bundesländern der Bundesrepublik wächst der Anteil nichtehelich geborener Kinder; er liegt derzeit bei rund 12%. In den Stadtstaaten mit hoher Bevölkerungsdichte ist dieser Anteil deutlich höher (Bremen: 19,09%, Hamburg: 19,06%, Berlin: 26%) als in ländlich strukturierten Flächenstaaten. In der früheren DDR lag der Anteil nichtehelich geborener Kinder bei rund 34%.

Bislang liegen wenig Informationen darüber vor, welche sozialen Sachverhalte und Beziehungsmuster diese Zahlen abbilden. Zu dieser Feststellung gelangt auch Neubauer (1989), die in einer vergleichenden Daten- und Literaturanalyse die Gruppe der nicht verheirateten Mütter näher zu bestimmen suchte. Darunter fallen die sehr jungen ledigen Mütter, die im Haushalt von Familienangehörigen wohnen, ebenso wie Frauen mit LebenspartnerInnen oder der in den letzten Jahren verstärkt anzutreffende Typus der bewußt alleinerziehenden Frau, die oftmals etwas älter ist und in guten wirtschaftlichen Verhältnissen lebt. Zunehmend scheinen sich vor allem die 25 – 30jährigen Frauen für Mutterschaft ohne Ehe zu entscheiden (Höhn/Schulz 1987).

Die Beziehungsmuster zwischen dem Kind und seinen nicht miteinander verheirateten Eltern lassen sich aufgrund fehlender Daten derzeit ebenso wenig beschreiben. Anders als verheiratete Eltern wohnen nicht miteinander verheiratete Eltern oftmals nicht zusammen. Fast immer leben die Frauen mit ihren Kindern zusammen, weniger oft die Väter. Bei den von Napp-Peters untersuchten ledigen Müttern (1985, 88 ff.) kannte lediglich ein Viertel der Kinder überhaupt ihren Vater persönlich. Der Grund dafür war bei den Befragten nur selten, daß die Mütter den Kontakt verhinderten, vielmehr hatten die Väter selber kein Interesse an ihren leiblichen Kindern.

An Bedeutung gewonnen haben die nichtehelichen Lebensgemeinschaften, bei denen Kinder eines/r PartnerIn – meistens der Frau – leben und/ oder auch gemeinsame Kinder. Balloff (1991, 191) veranschlagt aufgrund einer vergleichenden Auswertung verschiedener Untersuchungen den Anteil (der vor 1989) in nichtehelicher Lebensgemeinschaft zusammenlebenden Personen auf mehr als eine Million. Rund 25% dieser Personen haben Kinder aus einer früheren Partnerschaft, rund 5% leben mit gemeinsamen Kindern. Die Mehrzahl aller nichtehelichen Lebensgemeinschaften mit Kindern läßt sich wahrscheinlich am ehesten als Stieffamilie (ohne Trauschein) beschreiben; zu diesem Ergebnis gelangt auch Schwarz (1989).

Die soziale und vor allem die finanzielle Situation der meisten alleinerziehenden ledigen Mütter muß nach wie vor als schwierig bezeichnet werden (Neubauer 1989, m.w.N.). Gleichwohl haben nichteheliche Geburt und nichteheliche Mutterschaft ihre stigmatisierende Wirkung für Kinder und Frauen heute weitgehend eingebüßt; für nichteheliche Väter existierte dieses Stigma ohnehin kaum.

Rechtsbeziehungen zwischen dem Kind und seinen biologischen Eltern

Als nichteheliches Kind gilt ein von einer nicht verheirateten Frau geborenes Kind, als sein Vater derjenige, der die Vaterschaft anerkennt oder als solcher festgestellt wird (§600 a ff. BGB).

Nach §705 BGB obliegt die elterliche Sorge für ein nichteheliches Kind seiner Mutter. Der Vater ist zur Zahlung von Kindesunterhalt verpflichtet. Andere, ansonsten durch die Eheschließung garantierte materielle Ansprüche der Eltern aneinander entfallen bei nichtehelichen Geburten: Nichteheliche Mütter haben (mit Ausnahme eines kurzen Zeitraumes vor und nach der Geburt) keine Unterhaltsansprüche gegenüber nichtehelichen Vätern. Auch nach einer Trennung können sie im Unterschied zu geschiedenen Frauen keinen Unterhalt einfordern, sie haben keinen Anteil an der Altersversorgung des Mannes.

Fragen der Rechtsbeziehungen zwischen Vater und nichtehelichem Kind sind im Bürgerlichen Recht vor allem unter privatwirtschaftlichen Aspekten von Unterhaltsanspruch, Erbrecht und der zunehmenden Angleichung der Rechtsstellung nichtehelich und ehelich geborener Kinder diskutiert worden.

Die Ausgestaltung der zwischen dem Vater und dem nichtehelichen Kind bestehenden rechtlichen Beziehung war bereits bei den Beratungen zum Bürgerlichen Gesetzbuch umstritten. Ein in der Reichstagskommission und im Reichstag gestellter Antrag, nichteheliche Kinder auch im Verhältnis zum Vater den ehelichen gleichzustellen – was zumindest Vermögenssorge und gesetzliche Vertretungsmacht des Vaters bedeutet hätte –, fand keine Mehrheit (Engelmann 1926, 841, m.w.N.).

Die Möglichkeit einer sozialen Beziehung zwischen Vater und Kind blieb bis 1969 weitgehend unerörtert. Der Erzeuger galt als mit dem Kinde nicht verwandt (§1589 Abs. 2 ursprüngliche Fassung BGB). Hatte er die Vaterschaft anerkannt und war sie rechtskräftig festgestellt, war er zu Unterhaltsleistungen verpflichtet (§1708 ursprüngliche Fassung BGB). Weitere Rechte standen ihm nicht zu. Auch das Kind hatte keine eigenständigen weitergehenden Ansprüche, etwa auf den Umgang mit dem Vater.

Die bis dahin nur als »natürlich« bezeichnete Verwandtschaft wurde zur rechtlichen erst durch das Nichtehelichengesetz des Jahres 1969. Der Vater blieb weiterhin ohne Sorgerecht, eine Regelung, die das Bundesverfassungsgericht für verfassungsgemäß erklärte (BVerfG NJW, 1201). Er erhielt aber ein eingeschränktes Umgangsrecht unter den Voraussetzungen des §1711 Abs. 2 BGB.

Das Kind wurde unter die gesetzlichen Erben des Vaters (und umgekehrt) eingeordnet, wenngleich unter bestimmten Voraussetzungen nur mit geringerem Recht. Intendiert war damit die Angleichung der sozialen Lage nichtehelicher Kinder an die von ehelichen Kindern, da die zuerst genannten als unter generell schlechteren Bedingungen aufwachsend angesehen wurden. Ausgangspunkt der gesetzlichen Neuregelung war der Verfassungsauftrag des Artikel 6 Abs.5 GG, wonach unehelichen Kindern »durch die Gesetzgebung die gleichen Bedingungen für ihre leibliche und seelische Entwicklung und ihre Stellung in der Gesellschaft zu schaffen« seien wie ehelichen. Dieser Forderung des Grundgesetzes, die entsprechend bereits in der Weimarer Reichsverfassung enthalten war, kam der Gesetzgeber mit zwanzigjähriger Verzögerung und erst auf Druck des Bundesverfassungsgerichts nach. Dabei beschränkte er sich im Nichtehelichengesetz nahezu ausschließlich darauf, eine wirtschaftliche Absicherung des nichtehelichen Kindes herbeizuführen, die der ehelicher Kinder ähnelt.

Nach §1705 BGB sind nichteheliche Kinder generell der elterlichen Sorge ihrer Mütter unterstellt. Der nichteheliche Vater hatte bislang keine Möglichkeit zur Übernahme eines Sorgerechts für sein Kind, selbst dann, wenn er mit dem Kind zusammenlebte und die Mutter des Kindes ein gemeinsames Sorgerecht wünschte. Begründet wurde dies mit der fehlenden verbindlichen personalen Verantwortung der nicht miteinander verheirateten Eltern füreinander, der Vermutung einer höheren Trennungswahrscheinlichkeit nichtehelicher Lebensgemeinschaften und deren rechtlicher Folgenlosigkeit auch für das Kind (BVerfGE 56, 363, FamRZ 1981). Diese ausschließliche Zuweisung der elterlichen Sorge für ein nichteheliches Kind an die Mutter ist durch Beschluß des Bundesverfassungsgerichts vom 7.5.1991 (NJW 1991, 1944) für jene Fälle als verfassungswidrig definiert worden, in denen die Eltern mit dem Kind zusammenleben, beide bereit und in der Lage sind, die Elternverantwortung gemeinsam zu übernehmen und dies dem Kindeswohl entspricht.

Steht der Mutter die alleinige elterliche Sorge zu, entscheidet sie über den Umgang des Kindes (§1711 BGB). Das Vormundschaftsgericht kann dem Vater ein Umgangsrecht dann einräumen, wenn seine Besuche »dem Wohl des Kindes dauerhaft dienen«, der beantragende Vater muß dies nachvollziehbar begründen können. In den jährlich etwa 4000 Fällen gerichtlicher Durchsetzung von Umgangsrechten werden Umgangsbefugnisse regelmäßig zuerkannt, wenn eine soziale Beziehung zwischen Vater und Kind besteht (Lakies 1990, m.w.N.).

Die allein sorgeberechtigte Mutter kann ihr eigenes Kind adoptieren und damit die Verwandtschaft zwischen Vater und Kind erlöschen lassen (§ 1747 II, S. 2 BGB). Im Todesfall der Mutter fällt dem nichtehelichen Vater nicht automatisch das elterliche Sorgerecht zu.

Forderungen nach erweiterten Umgangs- und Sorgerechten

Die oben beschriebenen sorge- und umgangsrechtlichen Bestimmungen des BGB stehen seit den achtziger Jahren verstärkt im Mittelpunkt intensiver sozial- und rechtspolitischer Auseinandersetzungen.

Ausgangspunkt dafür war zum einen die Situation nichtehelicher Kinder und ihrer Väter, denen im Fall der elterlichen Trennung nach vorherigem Zusammenleben und intensiven Vater-Kind-Bindungen durch die Mutter weitere Kontakte und Umgangsmöglichkeiten verwehrt wurden. Die Väter beklagten ihre im Vergleich zu verheirateten Männern defizitäre Rechtsposition und wiesen auf die Verletzung des Kindeswohl-Postulats und Ansprüche des Kindes auf weiterbestehende Kontakte zum Vater hin. Aus der Perspektive des Kindes sei es unerheblich, ob seine Eltern verheiratet seien oder nicht, die hier entstandene Beziehung bedürfe der gleichen rechtlichen Absicherung wie sie bei verheirateten Eltern vorhanden sei.

Zahlreiche publizistische Beiträge behandelten die psychischen Folgen für betroffene Kinder und Väter und griffen deren Forderungen nach einer Veränderung rechtlicher Rahmenbedingungen auf.

Darüber hinaus proklamieren Väter und Väter-Initiativen in den letzten Jahren verstärkt Ansprüche auf Zugang zu und Umgang mit leiblichen Kindern, zu denen kein persönlicher Kontakt besteht. Dies manifestiert sich zum einen in einer neuartigen Form von Vaterschaftsfeststellungs-Klagen: Immer öfter müssen sich Gerichte mit Anträgen genetischer Väter auf justizielle Feststellung ihrer biologischen Vaterschaft befassen. Dies geschieht zum Teil gegen die ausdrücklichen Wünsche der Mutter, ihres Ehemannes oder eines Scheinvaters. Die Kläger berufen sich dabei auf ihr Persönlichkeitsrecht, das auch ein Vaterschaftsrecht und das Recht auf Bezeugung der Vaterschaft umfasse (Frank 1988, 114, m.w.N.). Überdies verlangen Väter Kontakt und Umgang mit leiblichen, ihnen aber persönlich unbekannten Kindern. So organisieren sich etwa (nach Mitteilung ihres Vorsitzenden) in der Kölner Initiative »Väteraufbruch für Kinder« verstärkt Männer, die ihre leiblichen Kinder gar nicht kennengelernt haben, etwa weil zur Mutter nur ein flüchtiger Kontakt bestand oder bereits während der Schwangerschaft eine Trennung der genetischen Eltern erfolgte.

In der rechtswissenschaftlichen Literatur gewinnt der Themenbereich der Sorge- und Umgangsrechte des nichtehelichen Vaters zunehmend an Bedeutung (Balloff 1991, m.w.N.). Die hierzu vertretenen Positionen sind insgesamt sehr kontrovers.

Die Stärkung der Rechte nichtehelicher Väter ist seit Jahren Anliegen einiger juristischer und sozialwissenschaftlicher AutorInnen (z. B. Fthenakis 1985, Dickmeis 1988, Schwenzer 1988), während andere (z. B. Knöpfel 1990) die Erweiterung von Rechtspositionen nichtehelicher Väter überwiegend ablehnen. Vor allem feministische Autorinnen haben auf das eklatante Mißverhältnis von tatsächlicher Sorge für die Kinder und der Forderung nach erweiterten Sorgerechten hingewiesen (Holtrust u.a. 1987, Bahr-Jendges 1988, Stein-Hilbers 1989). Der Vorschlag, die tatsächliche Lebenssituation des Kindes – und nicht den Rechtsstatus der Eltern-Beziehung oder formale Rechtspositionen zum Ausgangspunkt von Umgangs- und Sorgerechts-Regelungen zu machen, wird von anderen AutorInnen unterbreitet (z. B. Münder 1986, 107 f., Schwenzer 1987, 1992, Müller-Alten 1989, Lakies 1990). Darüber hinausgehend fordert z. B. Boemke (1991) eine quasi-automatische, antragsunabhängige Sorgerechtserteilung für nichteheliche Väter.

Weil nach dem bundesrepublikanischen Recht kindesfremde Interessen grundsätzlich unbeachtlich sind, werden alle Vorschläge zur Gestaltung von Sorge- und Umgangsrechten nicht miteinander verheirateter Eltern stets mit dem »Wohl des Kindes« begründet.

Erhalt oder Herstellung einer Vater-Kind-Beziehung

Die rechtlich defizitäre Situation von Vätern, die mit ihren Kindern zusammenleben, sich intensiv an ihrer Pflege und Erziehung beteiligen und deren gewachsene Beziehung – auch nach einer elterlichen Trennung – der rechtlichen Absicherung bedarf, wird von den meisten AutorInnen gesehen (und in unterschiedlicher Weise zu berücksichtigen versucht).

Eigentlich strittig wird die Auseinandersetzung über Umgangs- und Sorgerechte für nichteheliche Väter dort, wo es nicht mehr um den Erhalt, sondern um die Herstellung einer – genetisch begründeten – psychosozialen Vater-Kind-Beziehung geht.

Problematisch wird dies inbesondere dann, wenn die biologischen Eltern nicht (mehr) zusammenleben, zwischen ihnen kaum Kontakte bestehen und eine soziale Vater-Kind-Beziehung nur gegen den Willen der mit dem Kind zusammenlebenden Mutter herzustellen ist bzw. in einer Weise, die ihren Bedürfnissen widerspricht. Rechtsinstrument dafür ist das Umgangsrecht des Vaters mit seinem Kind.

Weil das Eigeninteresse der Väter an Kontakt und Umgang mit von ihnen abstammenden Kindern unter dem Primat des Kindeswohl-Postulats rechtlich zunächst keine Bedeutung hat, bedarf es im deutschen Recht eines Nachweises, daß der Kontakt des Kindes zum leiblichen Vater dem Wohl des Kindes dient. Dickmeis (1988) unterstellt jedem Kind ein »Bedürfnis nach Zuwendung von Vater und Mutter« und hält das Umgangsrecht des Kindes mit dem Vater für ein »Beziehungsrecht« des Kindes und eine »Beziehungspflicht« seiner Eltern. Jopt (1987, 5) beklagt die Uneinsichtigkeit vieler Mütter gegenüber der »zwingend gebotenen Herstellung bzw. Aufrechterhaltung einer Vater-Kind-Beziehung« und fordert in seiner Stellungnahme zum 3. Familienbericht der Landesregierung NRW: »Da, wo sein leiblicher Vater auch Vater sein will – dies allerdings ist unverzichtbare, aber auch prüfbare (!) Voraussetzung – müßte ihm regelmäßig von früh an dieser Kontakt zu seinem Kind auch ermöglicht werden. Denn einen in seinem Verantwortungsgefühl berechenbareren und in seiner Liebe zuverlässigeren Menschen als den wirklichen und dies auch sein wollenden Vater kann es unter allen weiteren Männern kaum geben.« (14) Diese Aussage – deren empirische Evidenz ohnehin nicht sehr hoch ist – räumt der Biologie als Grundlage der Ausbildung von Gefühlen eine höhere Bedeutung ein als etwa dem Zusammenleben mit Lebenspartnern der Mutter, Stiefvätern o.ä. und den daraus resultierenden Verantwortlichkeiten und Gefühlsbindungen.

Gefragt werden muß in diesen Fällen nach dem Stellenwert von biologischer versus sozialer Vaterschaft (Elternschaft) für die Etablierung einer Vater-Kind-Beziehung (bzw. Eltern-Kind-Beziehung).

Die problematischen Folgen einer stärkeren Gewichtung von genetischer im Vergleich zur faktischen sozialen Elternschaft haben sich vor allem im Bereich des Adoptiv- und Pflegekinderwesens, des Stiefkinderrechts und bei Umgangsrechten geschiedener Eltern gezeigt. Bislang gibt es deshalb in der Rechtsprechung der BRD keinerlei formulierten Grundsatz dahingehend, daß der Kontakt mit dem biologischen Vater stets dem Kindeswohl entspricht – unabhängig von der real existierenden Beziehung (Lakies 1990, 232). Das Offenlegungs- und Ausforschungsverbot des § 1758 BGB schützt auch Adoptiveltern – zum Wohl des Kindes und seiner ungestörten Entwicklung – vor Ansprüchen der genetischen Eltern. Gleichwohl haben adoptierte Kinder nach Erreichen des 16. Lebensjahres ein Recht auf Einsicht in den Geburtseintrag und damit auch die namentliche Kenntnis ihrer genetischen Eltern.

Auch in Fällen der Ehelichkeitsanfechtung eines Kindes und der wahrheitswidrigen Vaterschaftsanerkennung sind dem genetischen Vater eines Kindes bislang keine Anrechte eingeräumt worden (Frank 1988). Dies wird auch mit dem Vorrang einer faktischen Eltern-Kind-Beziehung gegenüber der Blutsverwandtschaft begründet. »Im gesamten Kindschaftsrecht auch außerhalb der Bundesrepublik hat sich daher heute die Tendenz weitgehend durchgesetzt, die Blutsverwandtschaft nicht isoliert als Anknüpfungspunkt für Elternrechte und -pflichten zu betrachten, sondern die Bereitschaft und Fähigkeit zur Wahrnehmung elterlicher Verantwortung mit einzubeziehen, insbesondere aber tatsächlich gewachsene soziale und psychologische Bindungen des Kindes zu berücksichtigen.« (Zenz/Salgo 1983, 62)

Rechtliche und soziale Rahmenbedingungen erweiterter Umgangs- und Sorgerechte

Am 24.8.1989 hat die derzeitige CDU-/FDP-Regierung den Entwurf eines Gesetzes über die rechtliche Möglichkeit des Umgangs zwischen Vater und nichtehelichem Kind (Nichtehelichen-Umgangsgesetz – NEhelUmG) vorgelegt, das den nichtehelichen Vätern Umgangsrechte mit leiblichen Kindern auch gegen der Willen der Mütter sichern soll. Umgangsrechte nichtehelicher Väter sollen nicht länger an besondere, einschränkende Voraussetzungen gebunden sein und dann gewährt werden, wenn der Umgang mit dem Vater »dem Wohl des Kindes nicht widerspricht«. Die Beweislast dafür soll nunmehr der Mutter obliegen. Absicht des Gesetzentwurfes ist es, die Bereitschaft der Mütter zu fördern, im Interesse des Kindes mit dem Vater zusammenzuarbeiten (Bundestags-Drucksache 465/89).
Gegen den Gesetzentwurf wurde eingewandt, daß das Gesetz von jenen Vätern mißbraucht werden kann, die kaum personale Beziehungen zum Kind

aufgebaut haben und sich vorwiegend nur auf die Erzeugerschaft berufen. Diese Befürchtung erscheint angesichts einer allgemeinen Reformulierung der Bedeutung genetischer Elternschaft nicht unbegründet. Wallerstein/Blakeslee (1989, 345) berichten über den Fall einer unverheirateten amerikanischen Mutter, die durch gerichtliche Anordnung verpflichtet wurde, ihr Kleinkind jedes zweite Wochenende zu seinem Hunderte von Kilometern entfernten Vater zu schicken, den sie nur sehr flüchtig kannte.

KritikerInnen haben vor allem auf die lebenspraktischen Probleme einer Regelung verwiesen, die einem Vater – der dem Kind oftmals fremd (geworden) ist – ein Umgangsrecht gegen den Willen der Mutter einräumt. Es fällt nicht schwer, sich die Auswirkungen auf ein kleines Kind vorzustellen, das alle paar Wochen einem relativ unbekannten Mann übergeben wird (werden muß), dem die Mutter ablehnend gegenübersteht. Auch wenn in Einzelfällen die mangelnde Einsicht von Frauen in das Bedürfnis ihrer Kinder nach (fortbestehendem) Kontakt zum Vater bedauert werden mag, wirkt sich dennoch jede Form von rechtlichem Zwang im Eltern-Kind-Verhältnis in der Regel fatal aus (Lakies 1989, Balloff/Walter 1990, Balloff 1991). Gerichtlich festgesetzte Umgangsrechte, die notfalls erzwungen werden müssen, dienen selten dem Kindeswohl. Sie ermöglichen auch nur selten den Aufbau einer unbelasteten Vater-Kind-Beziehung – ein Faktum, das von den Vätern, die dieses Gesetz befürwortet haben, ebenso übersehen wird wie vom Gesetzgeber. Gleichwohl wäre es möglich, ein Recht des Kindes auf Umgang mit dem leiblichen Vater für den Zeitpunkt zu verankern, zu dem es zu selbständigem Umgang in der Lage ist. Realisiert werden kann es aber nur bei vorhandenem Interesse des Vaters an diesem Kontakt.

Der Gesetzentwurf scheint nichtehelichen Müttern generell zu unterstellen, sie würden eigennützig und gegen die Interessen des Kindes den Kontakt zwischen Vater und Kind verhindern. Demgegenüber war die öffentliche Debatte um die Erweiterung von Umgangsrechten für Väter nichtehelicher Kinder vor allem durch das Bild des mit seinem Kind in inniger Vater-Kind-Beziehung verbundenen neuen Vaters in nichtehelicher Lebensgemeinschaft bestimmt, der sich intensiv an der Pflege und Erziehung der Kinder beteiligt hat (Fthenakis 1985, 48-51, *Stern* 21/1988). Ob dieses Bild für einen größeren Anteil der Lebenssituationen nichtehelich geborener Kinder wirklich zutrifft, kann bezweifelt werden.

Der Entwurf eines »Gesetzes über die rechtliche Möglichkeit des Umgangs zwischen Vater und nichtehelichem Kind« hat bislang keine Gesetzeskraft erlangt. Er ist in verschiedenen öffentlichen Anhörungen vor allem von Frauen und ihren Interessenvertretungen als einseitige Stärkung väterlicher Rechtspositionen interpretiert worden (Stab 1988). Eine Erweiterung väterlicher Verpflichtungen gegenüber Kindern sei mit ihm nicht beabsichtigt. Kritisiert wurde, daß bislang keine Bemühungen erkennbar seien, alle anderen im Zusammenhang mit der Auflösung nichtehelicher Lebensgemeinschaften anstehenden Probleme (Unterhalt, Altersversorgung) zu regeln, sondern daß sich diese Initiativen ausschließlich auf erweiterte Rechtspositionen von Vätern konzentrieren.

Das im Mai 1991 ergangene Urteil des Bundesverfassungsgerichts zur gemeinsamen Sorge im Falle der Ehelichkeitserklärung eines nichtehelichen Kindes (NJW 1991, 1944) erlegt dem Gesetzgeber die Verpflichtung auf, nicht miteinander verheirateten Eltern in Zukunft ein gemeinsames Sorgerecht dann zu ermöglichen, wenn sie mit dem Kind zusammenleben, beide bereit und in der Lage sind, die Elternverantwortung gemeinsam zu übernehmen und dies dem Kindeswohl entspricht.

Das Sorgerecht des nichtehelichen Vaters wird damit nicht als formale Rechtsposition antragsunabhängig vergeben, sondern knüpft an eine Lebensgemeinschaft, den Wunsch beider Eltern und an tatsächliche Lebens- und Sozialisationsbedingungen des Kindes an. Im Fall der elterlichen Trennung wird dann eine dem Scheidungsrecht analoge Regelung von Sorge- und Umgangsrechten vonnöten.

Die primäre Zuordnung des nichtehelich geborenen Kindes zur Mutter bleibt erhalten, gegen den Willen der Mutter ist ein gemeinsames Sorgerecht auch in Zukunft nicht möglich. Frauen erhalten damit grundsätzlich die Möglichkeit der Entscheidung, ob sie ein Kind zusammen mit dem leiblichen Vater aufziehen wollen oder nicht (Schwenzer 1985), sie werden nicht per se zu Kontakt und Umgang mit dem Vater des Kindes gezwungen.

Eine Gesamteinschätzung des im Bürgerlichen Gesetzbuch (seit 1900) kodifizierten Rechts des nichtehelichen Kindes läßt vor allem das Bestreben sichtbar werden, die mit der nichtehelichen Geburt häufig verbundenen ökonomischen und sozialen Benachteiligungen des Kindes auch mit den Mitteln des Rechtes abzubauen. Dazu gehört die zunehmende rechtliche Absicherung einer psychosozialen Beziehung zwischen dem Kind und seinem biologischen Vater.

Die Entwicklung des Nichtehelichenrechts läßt sich aber – neben der Ausrichtung auf die Herstellung gleicher Bedingungen für eheliche und nichteheliche Kinder – auch als permanente Interessenvertretung des nichtehelichen Vaters deuten. Die familienrechtlichen Vorstellungen bei der Verabschiedung des BGB im Jahre 1896 waren maßgeblich von der Vorstellung beherrscht, »daß uneheliche Kinder in der Regel der flüchtigen Verbindung besserer Herren oder unerfahrener Jünglinge mit leichtfertigen, jedenfalls moralisch minderwertigen Mädchen entstammen, und daß der womöglich von dem Mädchen verführte Mann und die von ihm gegründete wohlanständige Familie, abgesehen von den Alimenten, vor jeder Behelligung oder Benachteiligung durch das Ärgernis der nichtehelichen Geburt möglichst zu bewahren sei« (Rupp-v.Brünneck 1980, zit. nach Brötel 1991, 3119). Die soziale Situation der nichtehelichen Mutter erschien nicht weiter bedenkenswert. Allenfalls galt es, sie nicht durch zu hohe Alimente zu weiterer Unzucht zu animieren.

Kinder haben heute für das Leben und die Glückserwartungen von Männern neue Bedeutung erlangt, deren Hoffnungen auf zärtliche, überdauernde Gefühlsbeziehungen sich gerade im Zuge des Zerfalls von Partnerbeziehungen zunehmend auf Kinder richten. Dies verbindet sich mit verstärkten Forderungen nach erweiterten Umgangs- und Sorgerechten für leibliche Kinder – ohne erweiterte Verpflichtungen – und geht einher mit einer Relativierung mütterlicher Rechtspositionen. Seit Frauen mit wachsender ökonomischer Selbständigkeit und neuem Selbstbewußtsein begonnen haben, nichteheliche Mutterschaft auch als Chance zu mehr Selbstbestimmung zu begreifen, wird ihnen diese Position immer mehr streitig gemacht.

Das Konfliktfeld »Scheidung«

Die im letzten Jahrzehnt verstärkt geführten Diskussionen um die rechtlichen und psychischen Folgen einer Ehescheidung für Eltern und Kinder dokumentieren in besonderer Weise die Schwierigkeiten – aber auch das Bemühen darum –, in einem oftmals unlösbaren Konfliktfeld die Bedürfnisse und Interessen aller Beteiligten zu berücksichtigen. Rechtlicher Kristallisationspunkt dieser Debatten ist die Frage des nachehelichen Sorgerechts für Kinder.

Bis zum Jahr 1977 war das Scheidungsrecht der BRD verschuldensabhängig ausgestaltet. Das Sorgerecht wurde fast ausnahmslos dem/der »Nicht-Schuldigen« zugesprochen. Auch wenn Eltern die Interessen der Kinder zu berücksichtigen versuchten und untereinander die Schuldzuweisung auf die Sorgerechtsfolgen abstimmten, blieb das Sorgerecht doch Verhandlungsgegenstand in einer Art Kompensationsgeschäft zwischen scheidungswilligem und -unwilligem Elternteil.

Erst durch die Reform des Scheidungsrechts trat nach 1977 mit der Konzentration auf das Kindeswohl auch die Perspektive des Kindes in den Vordergrund. Rechtlich dokumentiert sich darin das Bemühen, in einer Phase des Zerbrechens elterlicher Beziehungen kindliche Bedürfnisse so weit als möglich zu respektieren.

Scheidungen von Eltern minderjähriger Kinder stellen derzeit das soziale Konfliktfeld dar, in dem die Gefühle der Eltern, ein subjektives Recht auf das Kind zu besitzen, am stärksten formuliert und aktualisiert werden. Dies geschieht mehr oder weniger offen – als direkte Interessenartikulation der beteiligten Eltern –, besonders häufig aber auch verdeckt als elterliche oder auch sachverständige, juristische, psychologische Interpretation kindlicher Bedürfnisse und Interessen. Faktisch wird bis heute das Sorgerecht besonders für kleinere Kinder überwiegend den Müttern zugesprochen. Der Grund dafür ist, daß innerhalb von Familien meistens Frauen für die Betreuung und Versorgung von Kindern zuständig sind und daraus enge Bindungen des Kindes an die Mutter resultieren.

Diese Tatsache der primären Sorgerechtszuweisung an Mütter wird zunehmend kritisiert. Zwei Aspekte stehen dabei im Zentrum der Aufmerksamkeit:

1. Im Hinblick auf die von einer Sorgerechtsentscheidung betroffenen Kinder wird heute stärker gesehen, daß diese (überwiegend) auch nach einer Scheidung beide Eltern als Bezugspersonen wünschen und alles getan werden sollte, ihnen beide Eltern in dieser Funktion zu erhalten. Von vielen Autoren wird in der einseitigen Sorgerechtszuweisung an einen Elternteil eine Benachteiligung des anderen Elternteils im Hinblick auf fortbestehende Kontakte und den Umgang mit dem Kind gesehen. In der psychologisch-juristischen Diskussion um Sorgerechtstypen wird heute das normative Potential erkennbar, das die Entscheidung für ein gemeinsames Sorgerecht beider Eltern beinhaltet. Dem gemeinsamen Sorgerecht wird von vielen AutorInnen eine fast magische Wirkung im Widerstreit von Kindes- und Elternrechten zugesprochen.
2. Darüber hinaus wird die Debatte auch von vaterrechtlichen Aspekten bestimmt. Durch die primäre Sorgerechtszuweisung an Mütter sehen sich Väter von allen rechtlichen Möglichkeiten einer zukünftigen Mitgestaltung des kindlichen Lebensweges ausgeschlossen. Zunehmend beru-

fen sie sich deshalb auf die intensivierten emotionalen Bindungen zwischen Vätern und Kindern, eine damit verbundene Relativierung der mütterlichen Bedeutung für Kinder und auf die Gleichbehandlung von Müttern und Vätern in der familiengerichtlichen Auseinandersetzung um Sorgerechte.

Psychosoziale Auswirkungen von Trennungen und Scheidungen

In der Bundesrepublik wurden vor 1989 jährlich etwa 130 000 Ehen geschieden. Mehr als 100 000 Kinder sind von einer Scheidung ihrer Eltern betroffen, hinzu kommen Trennungen nicht-verheirateter Eltern und faktische Trennungen verheirateter, aber nicht offiziell geschiedener Eltern.

Mit der Trennung geht in der Regel die Auflösung eines gemeinsamen Familien-Haushalts und die Entstehung eines väterlichen und eines mütterlichen Haushalts einher. Damit verbunden ist die Entscheidung über den zukünftigen Lebensort von Kindern. Alltägliche Kontakte zwischen Kind(ern) und einem Elternteil werden damit eingeschränkt, oft auch unmöglich gemacht.

Fast immer sind Trennungsprozesse – insbesondere die Trennung von Kindern – begleitet von heftigen Verlustängsten, Streitigkeiten, Trauer und Wut. Für alle Beteiligten bewirken sie Erschütterungen des Selbstkonzepts und schwerste Lebenskrisen. Kinder leiden besonders massiv unter der Trennung ihrer Eltern. Ihre soziale und ökonomische Situation ebenso wie das Verhältnis zwischen Eltern und Kindern sind davon fundamental betroffen.

Trennungs- oder Scheidungsprozesse sind langwierig und nicht mit dem formalen Akt der Wohnungstrennung oder Ehescheidung gleichzusetzen. Formalitäten verändern zwar diese Beziehungen, doch in der Regel wird durch sie ebenso wenig der Kontakt der Eltern beendet wie bestehende Beziehungen zwischen Eltern und Kindern.

Obwohl Trennungen und Scheidungen im Einzelfall unterschiedlich verlaufen, lassen sich doch einige charakteristische Merkmale beschreiben:

Unterschiedliche Wahrnehmungen und Wünsche von Eltern und Kindern

Eine Trennung stellt sich für Kinder meistens anders dar als für ihre Eltern. Eltern können die Trennung vom Partner/der Partnerin in sehr verschiedener Weise erleben: als Entlastung oder Befreiung, als Chance für einen Neuanfang oder auch als nie zu überwindenden Schock mit anhaltenden Gefühlen von Verlust und Trauer. Zumindest ein Elternteil ist auf jeden Fall zur Trennung entschlossen und setzt sie durch.

Die Wahrnehmungen und Wünsche von Kindern stimmen in der Regel nicht mit denen ihrer Eltern überein (Hingst 1981). Die Trennung ihrer Eltern stellt für sie einen starken Einbruch in die Kontinuität ihres Lebensumfeldes dar. In nahezu allen Untersuchungen über Scheidungskinder zeigt sich, daß – unabhängig von Art, Intensität oder Häufigkeit vorhergehender Konflikte – die meisten Kinder wünschen, daß ihre Eltern zusammenbleiben oder wieder zueinanderfinden (Abarbarnel 1979, Arntzen 1980, Wallerstein/Blakeslee 1989). Sie entwickeln Versöhnungsphantasien und starten mehr oder minder hilflose Versuche, diese Versöhnung herbeizuführen, neue Partnerschaften oder Ehen zu torpedieren u.ä.. Besonders oft fühlen sich Kinder schuldig an der Trennung ihrer Eltern oder betrachten diese als Strafe für ihr eigenes Fehlverhalten (Napp-Peters 1988, 38).

Die Einbeziehung von Kindern in Konflikte der Eltern

In empirischen Untersuchungen zeigt sich, daß Kinder in allen Phasen des Trennungsprozesses sehr stark in Trennungs- und Scheidungskonflikte ihrer Eltern einbezogen werden und zum Teil auch aktiv auf sie einwirken (Kaltenborn 1988).

Der Trennung gehen in vielen Familien langanhaltende und traumatisierende Konflikte der Eltern voraus (Furstenberg/Cherlin 1993). Kinder sind Zeugen und Betroffene dieser Konflikte, vielfach auch Opfer gewalttätiger Konfliktbewältigungen (Honig 1986). In der akuten Phase des Scheidungsverfahrens sind Kinder besonders belastet. »Während das Scheidungsverfahren läuft, vernachlässigen Eltern ihre Kinder in fast allen Bereichen: Die häusliche Ordnung bricht zusammen, und die Kinder werden allein gelassen. Eltern, die in Scheidung leben, verbringen weniger Zeit mit ihren Kindern und reagieren weniger einfühlsam auf deren Bedürfnisse. In der Panik der Umbruchsituation dominiert der nackte Egoismus.« (Wallerstein/Blakeslee 1989, 30) Über die Hälfte aller Kinder wird Zeuge von Gewalttätigkeiten zwischen den Eltern (ebd., 31).

In ihrem heftigen Kampf gegeneinander verlieren sowohl Mütter als auch Väter häufig jedes Gefühl für die Bedürfnisse und auch die persönliche Integrität ihrer Kinder. Kinder werden zum Ventil persönlicher Enttäuschungen, sie werden zu Kampfgefährten gemacht (Arntzen 1980, Napp-Peters 1988) und oft genug ermuntert, den anderen Elternteil zu bespitzeln, zu demütigen, zu quälen oder zu verletzen (Wallerstein/Blakeslee 1989, 226). Die letztgenannten Autorinnen schätzen für die USA, daß ca. 100 000 Kinder im Zuge der Scheidungsauseinandersetzungen von Eltern, meistens von Vätern, entführt werden, denen es weniger um das Kind als vielmehr um die Rache am anderen Elternteil geht (236).

Kinder sind durch Loyalitätskonflikte gegenüber Eltern stark belastet und mit »Beziehungsfallen« konfrontiert. Selbst wenn sie nicht dazu aufgefordert werden, Partei zu ergreifen, glauben sie selber, dies tun zu müssen. Wenn sie aber Partei ergreifen, sind sie gleichzeitig verzweifelt, weil sie das Gefühl haben, ihren Vater oder ihre Mutter zu verraten (Wallerstein/Blakeslee 1989, 37). Für viele Kinder bedingt die Einbeziehung in die elterlichen Konflikte starke Verhaltensstörungen (ebd., 226).

In den meisten Trennungs- und Scheidungsfällen sind die elterlichen Konflikte nicht mit der räumlichen Trennung oder dem rechtlichen Scheidungsakt beendet. Sie werden – gerade auch über und durch Kinder – verstärkt weiter ausgetragen.

Soziale Umbrüche

Fast immer sind Trennungen für Eltern und Kinder mit äußerst belastenden sozialen und ökonomischen Umbruchsituationen verbunden.

Für viele Kinder geht mit der Scheidung eine starke Veränderung ihres gesamten sozialen Umfeldes einher: Der Umzug in eine andere und meistens kleinere Wohnung, Schulwechsel, der Verlust naher Freundinnen und Freunde sowie starke materielle Beschränkungen aufgrund des geringeren Familieneinkommens bei gestiegenen Belastungen. Fast immer erfahren Kinder nach einer Trennung ein stark verändertes Erziehungsverhalten ihrer Eltern: Die mit ihnen zusammenlebenden Eltern reagieren strenger und unduldsamer als diejenigen, die nicht den Alltag mit ihnen teilen; diese sind eher nachgiebig und duldsam (Hetherington/Cox/Cox 1978).

Viele Kinder müssen eine neue Stieffamilie oder zumindest neue PartnerInnen eines geschiedenen Elternteils verkraften.

Mütter und Väter müssen ihr gesamtes Leben umstrukturieren. Trennungen zerstören das im Verlauf einer Paarbeziehung entstandene Netz sozialer Kontakte und erfordern den Aufbau neuer Bekanntschaften und Freundschaften. Nach wie vor ist es – zumal mit Kindern – nicht einfach, sich unter dem Druck heterosexueller Normen als alleinstehende Frau oder alleinstehender Mann in einer Welt von Paaren zu behaupten. Die Erfahrung zeigt, daß mit der Trennung bislang intakte Verwandtschaftsbeziehungen zur Familie des früheren Ehepartners nahezu vollständig unterbrochen werden (Anspach 1976, Isaacs/Leon 1986, Furstenberg 1988). Dies gilt auch für Kinder, deren Kontakte zu den väterlichen Großeltern immer mehr abreißen (Furstenberg 1988).

Finanzielle Belastungen, fehlende Unterhaltszahlungen

In der Mehrzahl aller Scheidungsfälle müssen finanzielle Probleme bewältigt werden. Einkommen, die schon vor der Trennung kaum für eine mehrköpfige Familie ausreichten, müssen jetzt für den Bedarf von zwei Haushalten genügen.

Unterhaltsansprüche geschiedener Ehefrauen werden – entgegen einem weit verbreiteten Medienstereotyp – überwiegend zurückgestellt. In einer für großstädtische Scheidungen repräsentativen Stichprobe (Caesar-Wolf u.a. 1983, 1985) verzichteten 75% der unterhaltsberechtigten Ehefrauen auf ihren Unterhalt; dabei hatte immerhin ein Drittel der geschiedenen Ehefrauen minderjährige Kinder zu versorgen. Nur in 17% der Fälle kamen Männer nach der Ehe ihren Unterhaltsverpflichtungen für Frauen nach.

Aber auch Unterhaltszahlungen für Kinder erfolgen nur zu einem sehr geringen Teil, selbst wenn eine eindeutige rechtliche Regelung vorliegt. Etwa 40% aller geschiedenen Mütter erhalten gar keine oder unregelmäßige Unterhaltszahlungen für Kinder (Schumann 1988, 53, m.w.N.). In der von Wallerstein/Blakeslee (1989) untersuchten Langzeit-Studie lag dieser Anteil sogar bei 70% (ebd., 265). In verschiedenen Untersuchungen schwankt die Zahl geschiedener Frauen mit Kindern, die überhaupt Unterhalt beziehen, zwischen 18% und 40% (Willensbacher u.a. 1987). Die durchschnittliche Unterhaltshöhe lag bei 400 DM.

In der Untersuchung von Wallerstein/Blakeslee (1989) unterstützte nur ein Drittel der durchaus gutsituierten Väter ihre Kinder während der Ausbildung, zwei Drittel boten überhaupt keine Unterstützung an (ebd., 191).

Die finanzielle Unterstützung von Kindern und geschiedenen Frauen wird für Männer vor allem dann schwierig, wenn Kinder aus weiteren Ehen/Partnerschaften vorhanden sind. Aber nicht alle Zahlungsversäumnisse lassen sich mit knappen Finanzen erklären. Unterhaltszahlungen sind für Männer das Mittel, um ihre geschiedenen Ehefrauen zu disziplinieren.

In vielen Fällen bilden Unterhaltszahlungen einen Verhandlungsgegenstand bei Trennungs-Konflikten. Öfters versuchen Eltern, die auf das Sorgerecht verzichten, als Entschädigung dafür von Unterhaltszahlungen befreit zu werden, denn über ihre Kinder scheinen Frauen – aber auch Männer – besonders stark erpreßbar. Trotz prinzipieller Unabhängigkeit von Umgangsrecht und Unterhaltspflicht empfiehlt auch Netzler (in Fthenakis 1991, 28), den Unterhalt zu kürzen, wenn die sorgeberechtigte Mutter das vereinbarte Sorgerecht schuldhaft vereitelt.

Unterschiedliche Scheidungsfolgen für Frauen und Männer

Die Folgen einer Scheidung gestalten sich für Männer und Frauen höchst unterschiedlich. Die Mehrzahl aller geschiedenen Frauen mit Kindern muß ein starkes Sinken ihres Lebensstandards hinnehmen (Weitzman 1985). In den USA leben 16% aller Kinder, aber 48,6% aller Kinder geschiedener Frauen unterhalb der Armutsgrenze (Krantz 1988).

Entsprechend der hierarchisierten Arbeitsteilung zwischen den Geschlechtern haben die meisten Frauen wegen der Kinder ihre Berufstätigkeit unterbrochen, aufgegeben oder sind an unsicheren und schlecht bezahlten Arbeitsplätzen beschäftigt. Geschiedene Männer hingegen weisen eine relativ stetige Berufskarriere vor, die sie z. T. mit Unterstützung ihrer Frauen aufbauen konnten und vor allem deshalb, weil sie in der Familie von der Arbeit für Kinder entlastet wurden. Die Mehrheit aller geschiedenen Frauen über 45 wird nicht wieder heiraten, hat keinerlei signifikante Ersparnisse und verfügt nicht über genügend Ausbildung, Erfahrung und Übung, um einen angemessenen und gut bezahlten Arbeitsplatz zu finden (Rhodes 1989, 150). In der Untersuchung von Napp-Peters (1988, 24) war die Mehrheit der geschiedenen Mütter ohne Berufsausbildung (73%), hatte für Kleinkinder zu sorgen (82%) und lebte mit mehreren Kindern (76%) von Sozialhilfe (85%). »Ohne finanzielle Reserven, durch Gerichts- und Anwaltskosten verschuldet oder einfach erschöpft und entmutigt, nahm jede dritte Frau nach der Scheidung eine unqualifizierte Arbeit an oder ließ sich in einem weniger qualifizierten Beruf als ihrem erlernten anstellen, entweder, weil der Arbeitsplatz im Nahbereich der Wohnung liegt, oder weil die Arbeitsstundenregelung günstig ist.« (Napp-Peters 1988, 26) Unzureichender Wohnraum, permanente Geldnot und die Unsicherheit der Lebensführung belasteten insbesondere alleinstehende Mütter mit Kleinkindern (Napp-Peters 1985, 67 ff.). Ihre Kontakte im sozialen Umfeld gingen verloren, Ohnmacht und Hoffnungslosigkeit werden als Haltung direkt auf die Kinder übertragen (ebd., 26).

Napp-Peters (1988) verglich alleinerziehende Mütter nach der Scheidung mit alleinerziehenden Vätern und fand diametrale Unterschiede. Männer üben – wenn auch unter Schwierigkeiten – weiterhin ihren Beruf aus. Zu 81 % waren die alleinerziehenden Väter erwerbstätig, aber nur 9 % arbeiteten Teilzeit (Napp-Peters 1988, 31). Die Einkommensstruktur alleinerziehender Väter ist der verheirateter Männer mit Familie vergleichbar (Schuster 1991).

Auch für alleinerziehende Väter ist es schwierig – zumal in typisch männlichen Berufspositionen –, Arbeitszeiten und -strukturen mit der Zuständigkeit für Kinder zu vereinbaren. Sie sehen sich in ihren Fortbildungs- und Aufstiegschancen beschnitten und an der Ableistung von Überstunden gehindert (Napp-Peters 1988, 31). Väter scheinen aber stärker Unterstützung in ihrer sozialen Umgebung zu erfahren und es gelingt ihnen, zusätzliche Betreuungspersonen und -einrichtungen einzuschalten. »Ihre Kinder werden für mehr Stunden am Tag Kindertagesstätten oder Betreuungspersonen anvertraut, und sie sind andererseits auch häufiger nach der Schule ohne Aufsicht allein zu Hause als Kinder in der Obhut von Müttern« (Napp-Peters 1988, 33). Aber auch unter den alleinerziehenden Vätern gibt es eine – wenngleich kleinere – Gruppe (15 %) nichterwerbstätiger Männer, die an der Armutsgrenze leben (ebd., 1988, 32).

Kontakt zu beiden Eltern, Kontaktabbrüche und elterliche Kooperation

Auch wenn Kinder nicht mehr ständig mit ihren Vätern oder Müttern zusammenleben, bleibt für die meisten von ihnen diese Beziehung sehr wichtig.

Viele Kinder reagieren heftig auf dic räumliche Trennung der Eltern – auch dann, wenn starke Konflikte vorausgegangen sind oder die Beziehung der Väter zu ihnen eher oberflächlich war. Selbst bei Mißhandlungen und sexuellem Mißbrauch durch Väter sind Trennungen von ihnen dennoch mit Trauer und Ängsten verbunden (Arntzen 1980).

Etwas ältere Kinder (zwischen 6 und 8 Jahren) scheinen stärker unter der Trennung zu leiden als jüngere. Vor allem ältere Jungen hängen weiterhin an ihren Vätern, auch wenn sich andere – z. B. die Stiefväter – sehr um sie bemühen. Zum Teil idealisieren sie ihre Väter stark und bauen in ihrer Phantasie Phantom-Beziehungen zu ihnen auf (Wallerstein/Blakeslee 1989,

278). Meistens sehnen sich Kinder nach dem Elternteil, der die Familie verlassen hat und haben Angst davor, von beiden verlassen zu werden (ebd., 35).

Dem steht entgegen, daß ein großer Teil aller Väter nach der Trennung den Kontakt zu den Kindern ganz abbricht oder weit über das notwendige Maß hinaus reduziert.

Bundesdeutsche (Napp-Peters 1985, Balloff/Walter 1990) ebenso wie britische und US-amerikanische Untersuchungen (Lund 1987) zeigen, daß etwa 40-60% aller Väter von sich aus nach einer Scheidung den Kontakt zu Kindern stark einschränken oder abbrechen. Rund die Hälfte aller Väter hatte ihre Kinder in den letzten zwölf Monaten gar nicht gesehen (Furstenberg u.a. 1987, Furstenberg 1988). Bei der überwiegenden Zahl der umgangsberechtigten Väter tritt in den ersten zwei Jahren nach der Scheidung – unabhängig von der vorherigen Intensität des emotionalen Kontaktes – eine starke Distanzierung zum Kind ein (Wallerstein/Kelly 1980). Vor allem jüngere Väter sind weniger in der Lage, eine Beziehung zu ihren Kindern aufrechtzuerhalten. Drei Viertel der Männer sahen ihre kleinen Kinder nur zweimal im Jahr oder gar nicht (Wallerstein/Blakeslee 1989, 267). Mit steigender Kinderzahl nehmen die Kontaktabbrüche der Väter besonders stark zu (Balloff/Walter 1990).

Die Gründe dafür sind vielfältig und lassen sich nicht unter einen Oberbegriff subsumieren.

- Der Wunsch nach Auflösung alter Bindungen, die Überwindung des Trennungsschmerzes, ein Umzug und vor allem auch eine neue Partnerschaft sowie weitere Kinder sind für viele Väter Anlaß, den Kontakt zu reduzieren oder abzubrechen (Lund 1987, Furstenberg u.a. 1987).
- Eltern, die mit den Kindern zusammenleben, richten ihre ganzen Energie auf die Konsolidierung einer neuen Kernfamilie und versuchen oft auch, den anderen Elternteil daraus fernzuhalten (Napp-Peters 1988, 36).
- Einen Hauptgrund bilden fortbestehende Konflikte zwischen den Eltern, die vor allem Unterhaltszahlungen, Vermögensregelungen, enttäuschte Gefühle und neue Partnerschaften betreffen. Eine Trennung oder Scheidung beendet diese Konflikte in der Regel nicht. Offen und verhüllt werden Kinder durch Drohungen, Verwöhnen und andere Einflußnahmen für den nachehelichen Kampf der Eltern instrumentalisiert (Arntzen 1980), der besonders häufig weitergeführt wird, wenn die Kinder geholt oder gebracht werden (Wallerstein/Blakeslee 1989, 226).

- Die Mehrzahl geschiedener Eheleute – etwa 54 % – bricht nach der Scheidung den Kontakt zueinander völlig ab (Napp-Peters 1988, 35) oder geht sich (zu 19 %) nach Möglichkeit aus dem Weg (ebd., 46). Eltern, die nichts mehr miteinander zu tun haben wollen oder einander auch nach der Trennung bekämpfen und hassen, sind selten in der Lage, Beziehungen ihrer Kinder zum jeweils anderen Elternteil davon unabhängig zu sehen. Demzufolge sind nach einer Trennung Muster der Kinderbetreuung fast niemals kooperativ oder gemeinsam koordiniert (Furstenberg 1988, 79).
- Tatsächlich ist eine Loslösung der Paarkonflikte von Eltern-Kind-Beziehungen in der Praxis nur schwer möglich. Die Beziehung zum Kind enthält in jedem Fall auch ein Stück der Beziehung zum Partner/zur Partnerin: Kinder repräsentieren diese Beziehung.
- In der von Napp-Peters (1988) untersuchten Stichprobe waren insgesamt 27 % der Eltern in der Lage, die enttäuschte Paarbeziehung von ihrer Aufgabe als Eltern zu trennen und miteinander zu kooperieren (ebd., 35).
- Gelegentliche Besuche und der Wegfall von Alltagsroutinen lassen Kontakte zwischen Eltern und Kindern schwieriger werden (Furstenberg/Cherlin 1993). Um diese Besuchskontakte für ihre Kinder attraktiv zu gestalten, kreieren Eltern besondere Aktivitäten und Ausflugsprogramme. Um diese Wochenendkontakte ranken sich Konflikte, weil die im Alltag verantwortlichen Mütter Vorwürfe dahingehend formulieren, daß ihre Kinder mit teuren Geschenken oder Aktivitäten geködert würden, die sie selber sich nicht leisten könnten. Auch für Kinder sind Besuche beim anderen Elternteil nicht immer einfach, weil die vertraute Umgebung des Alltags, die eigenen Freunde, Spielzeug oder ein Kinderzimmer fehlen.
- Gefühle zwischen Vätern und Kindern stumpfen nach der Scheidung ab. Trotz gelegentlicher Besuche tritt Fremdheit ein. »Psychologen, Anwälte und Richter glaubten früher, die Beziehung eines Vaters zu seinen Kindern während der Ehe würde innerhalb vernünftiger Grenzen auch sein Verhältnis zu ihnen nach der Scheidung bestimmen ... Unsere Ergebnisse bestätigen das jedoch nicht. Wir begleiteten unsere Familien über Jahre hinweg und stellten fest, daß das Engagement eines Vaters für seine Kinder nicht unbedingt in die Jahre nach der Scheidung übernommen wird.« (Wallerstein/Blakeslee 1989, 194)
- Bei Kindern aus mehreren Partnerschaften/Ehen treten Zeit- und Koordinationsprobleme sowie Konflikte der Kinder untereinander auf.

– Von vielen Autoren (Fthenakis 1985, Jopt 1988) wird die einseitige Zuerkennung des Sorgerechts, die meist an Mütter erfolgt, für Kontaktabbrüche zwischen Vätern und Kindern verantwortlich gemacht. Väter würden damit zu reinen Besuchs- und Zahlvätern degradiert und nur wenig ermuntert, ihre elterliche Verantwortung wahrzunehmen.

Langfristige Verhaltensstörungen der Kinder hängen auch vom Fortbestand des Kontaktes zum getrennt lebenden Elternteil ab. »Während etwa bei jedem zweiten Kind, das keine oder nur eine belastete Beziehung zum getrennt lebenden Elternteil hat, langfristige Störungen aufgetreten sind, trifft dies nur auf jedes vierte Kind zu, bei dem entweder eine feste Besuchsregelung besteht oder ein zuverlässiger Kontakt zum nichtsorgeberechtigten Elternteil vorhanden ist« (Napp-Peters 1989, 5). Aus der Sicht von Kindern muß deshalb alles unternommen werden, ihnen die Chance zum Erhalt guter Beziehungen zu beiden Eltern zu geben. Vor allem Fthenakis (1982, 1984 und 1985) hat auf den Fortbestand von Familienbeziehungen auch nach der Trennung oder Scheidung – unabhängig vom tatsächlichen Zusammenleben – verwiesen und daraus Konsequenzen für die soziale und rechtliche Behandlung von umgangs- und sorgerechtlichen Konflikten abgeleitet. Jopt (1989) tritt für ein »Recht des Kindes auf Erhalt seiner Elternbeziehungen« ein.

Neuere Untersuchungen betonen immer wieder, es sei notwendig, scheidungswillige Eltern auf ihre fortbestehende Elternschaft hinzuweisen und ihnen jede rechtliche und psychologische Unterstützung für eine Zusammenarbeit zu vermitteln, die sich am Kindeswohl orientiert. Die Suche nach einer friedlichen Lösung der Konflikte soll fachlich unterstützt werden (Fthenakis/Walbiner 1989). Für beide Eltern soll die Beziehung zum Kind fortbestehen, damit die Schäden für betroffene Kinder möglichst gering bleiben. Das Kinder- und Jugendhilfe-Gesetz (KJHG) hat den Jugendhilfe-Institutionen die Unterstützung von Eltern bei der Entwicklung einer einvernehmlichen Sorge- und Umgangsregelung als Aufgabe übertragen. Scheidungs-Beratungsstellen sind in der Bundesrepublik in den letzten Jahren vielerorts entstanden und haben damit begonnen, Eltern in dieser Hinsicht zu beraten. Sie versuchen, verbindliche Absprachen über zukünftige Umgangsregelungen für Kinder und Eltern zu vereinbaren, die von beiden Eltern akzeptiert werden (Krabbe 1992). Gleichwohl wird der größte Teil aller Eltern durch Beratungs- und Mediationskonzepte nicht erreicht, und tiefgreifende Verletzungen und Kränkungen lassen sich auch durch Beratungs- und Therapieangebote oft nur schwer abmildern.

Eltern können nach der Trennung am besten dann miteinander kooperieren, wenn Partnerkonflikte weitgehend bewältigt sind; Anpassungsprobleme von Kindern scheinen in diesem Fall viel unkomplizierter zu verlaufen (Hetherington 1979). Eine kindgerechte Kooperation scheint auch vom sozioökonomischen Status beider Eltern, der Ähnlichkeit ihrer Erziehungsvorstellungen und beiderseitig engen Beziehungen zu Kindern abzuhängen (Steinman 1981). Napp-Peters (1988, 47) ermittelte in ihrer Stichprobe, daß die Mehrheit der Eltern, die ihr Handeln an Kindern orientieren, zwar nur über ein kleines Einkommen verfügte, daß sie aber durch ein starkes Netz freundschaftlicher oder verwandtschaftlicher Beziehungen und auch durch neue Partnerschaften aufgefangen und unterstützt wurden.

Wiederverheiratung und erneute Scheidungen

Die Wiederverheiratungsstatistiken belegen, daß geschiedene oder verwitwete Väter sehr viel schneller und häufiger wieder heiraten als alleinerziehende Frauen: Etwa zwei Drittel der Männer, jedoch nur etwa die Hälfte der geschiedenen Mütter heiraten innerhalb von zehn Jahren nach der Scheidung erneut, wobei mit steigender Kinderzahl die Wiederverheiratungsquote sinkt (Heekerens 1988).

Scheidungen in Zweitehen mit Kindern aus erster Ehe sind häufig: »Die Hälfte der Kinder unserer Studie erlebten innerhalb des zehnjährigen Untersuchungszeitraumes mindestens zwei Scheidungen der Mutter oder des Vaters« (Wallerstein/Blakeslee 1989, 33).

Trennungs- und Scheidungsauswirkungen bei Kindern

Napp-Peters (1988) untersuchte in 150 Scheidungsfamilien die Reaktionen von Kindern auf Trennungen der Eltern und ermittelte für die meisten von ihnen mehr oder minder starke Verhaltensstörungen. Sie variierten mit den Lebensbedingungen der Kinder, ihrem Alter und Geschlecht. Jungen im Vorschul- und Grundschulalter zeigten deutlich mehr scheidungsbedingte Verhaltensauffälligkeiten als Mädchen. Relativ viele Kinder mit Verhaltensstörungen – rund 40% – lebten mit ihren Eltern und Geschwistern an der Armutsgrenze.

Nach Furstenberg/Cherlin (1993) sind die Verhaltensauffälligkeiten der Kinder weniger Folge einer Scheidung als vielmehr Begleiterscheinung der ihr vorausgehenden Konflikte. In ihrer Stichprobe zeigte ein gleich hoher

Anteil von Kindern nicht getrennter, aber hoch konfliktbeladener Eltern, ähnliche Schwierigkeiten.

In einer langfristigen Studie über Scheidungsauswirkungen in rund 60 Familien aus der Mittelschicht kommen Wallerstein/Blakeslee (1988) zu dem Ergebnis, daß es rund einem Drittel der Kinder fünf Jahre nach der Scheidung ausgesprochen gut geht, einigen sogar viel besser als vor der Scheidung. Bei rund einem Drittel der Kinder hatte sich das Gesamtbefinden verschlechtert.

In welcher Weise Kinder die Probleme bewältigen können, scheint weniger durch das Trennungs- oder Scheidungsereignis selbst als vielmehr durch die damit verbundenen Veränderungen der Lebensumstände und Entwicklungsbedingungen bestimmt. Kinder müssen im Verlaufe ihrer Kindheit häufiger Trennungen von nahestehenden Bezugspersonen – z. B. Großeltern, Kinderfrauen, Freunden, Kindergärtnerinnen – verkraften, ohne daß dies immer zu gravierenden Verhaltensstörungen führen muß. Unterstützung durch Eltern und andere Personen, Kontaktmöglichkeiten nach der Trennung, eine bestimmte Art der Eltern, mit Konflikten umzugehen, sowie der Erhalt ihres sozialen Umfeldes scheinen sehr viel grundlegendere Auswirkungen auf das Wohlbefinden von Kindern zu haben als die elterliche Trennung selbst (Wallerstein/Blakeslee 1989, 316).

Sorgerechtsentscheidungen für Kinder

Mit der Scheidung von Eltern minderjähriger Kinder geht fast immer die Auflösung des gemeinsamen Familienhaushalts und die Zuordnung von Kindern zum mütterlichen oder väterlichen Haushalt einher. Eltern wird eine Entscheidung darüber abverlangt, wo ihre gemeinsamen Kinder zukünftig leben und wer in erster Linie für sie sorgen soll.

Auf der rechtlichen Ebene bildet sich dieser Vorgang als Sorgerechtsentscheidung ab. Nach dem Familienrecht der Bundesrepublik muß das Familiengericht eine Sorgerechtsentscheidung treffen, wenn die gemeinsamen Kinder noch minderjährig sind (§ 1671 Abs. 1). Begründet wird dies mit dem sog. Wächteramt des Staates zur Abwehr einer möglichen Kindesgefährdung in spannungsgeladenen Trennungssituationen der Eltern und den sich umstrukturierenden Lebensverhältnissen. Gemäß § 1671 Abs. 2 ist diese Entscheidung unter dem Aspekt des Kindeswohls zu treffen: Es muß die Regelung gefunden werden, die das Kind am wenigsten belastet.

Die Zuteilung des Sorgerechts bestimmt auch die Form der Unterhaltsregelung: Der nichtsorgeberechtigte Elternteil wird zu Unterhaltszahlungen verpflichtet.

Juristisch sind Mütter und Väter bezüglich der elterlichen Sorge vor und nach der Scheidung gleichgestellt. Die Praxis der Rechtsanwendung spiegelt jedoch Zuständigkeiten während der Ehe wider. In rund 85% aller Scheidungen erhalten Mütter das Sorgerecht. Die Daten des Statistischen Bundesamtes in Wiesbaden belegen, daß 0-3jährige Kinder nach der Scheidung zu mehr als 97% bei der sorgeberechtigten Mutter aufwachsen, während bei 6-15jährigen Kindern der Anteil der sorgeberechtigten Väter auf über 25% ansteigt.

Kämpfe um das Kind

Nach Napp-Peters (1988) setzt während oder nach der Trennung bei knapp einem Drittel aller Eltern ein verbissener Kampf um die Kinder ein. Die Gründe dafür sind unterschiedlich: Der Schmerz um den Verlust des alltäglichen Kontaktes zu Kindern kann sich dahinter ebenso verbergen wie das Bedürfnis, die Familie aufrechtzuerhalten oder der Wunsch nach Vermeidung von Unterhaltszahlungen. Vielen Vätern wird erst im Trennungs-/Scheidungsprozeß bewußt, daß ihre geringe Beteiligung an der Kinderbetreuung mit rechtlichen Konsequenzen – dem Verlust der elterlichen Sorge – verbunden ist.

Einigen Eltern gelingt es aus eigener Kraft, Konflikte um Kinder von den übrigen Auseinandersetzungen zu trennen und trotz fortbestehender Konflikte eine einvernehmliche Sorgerechtsregelung zu treffen. Wenn das Scheidungsverfahren rechtlich formalisiert wird, verringert sich bei anderen Eltern der Anteil strittiger Sorgerechtsfälle. RechtsanwältInnen sehen sich besonders häufig mit Eltern konfrontiert, die ihre Kinder im Kontext des Ehekrieges instrumentalisieren (Limbach 1987). Sie bemühen sich deshalb vor allem darum, die Frage des Sorgerechts für Kinder von den anderen Folgeproblemen einer Scheidung abzukoppeln (Caesar-Wolf/Eidmann 1985). Auch die FamilienrichterInnen versuchen, von Beginn des Scheidungsverfahrens an Konflikte um zukünftige Sorgerechte friedlich zu bereinigen und einen Konsens der Eltern herbeizuführen (Koechel 1986).

Bis zum Abschluß des Scheidungsverfahrens sind noch etwa 10% aller Sorgerechtsentscheidungen strittig (Zenz/Salgo 1983, 21). In diesen Fällen ist eine gerichtliche Entscheidung notwendig, für die in etwa 3% GutachterInnen bestellt werden. In Streitfällen tendieren Familiengerichte zu einer auch ansonsten üblichen Verteilung des Sorgerechts: Jüngere Kinder werden eher der Mutter und ältere Kinder häufiger auch dem Vater zugesprochen (Fthenakis 1985).

Werden Väter in Sorgerechtskonflikten diskriminiert?

Zunehmend beklagen Väter, daß sie zwar nicht durch die Gesetzgebung, wohl aber durch die Rechtsanwendung diskriminiert würden: Sie hätten kaum eine Chance, insbesondere für jüngere Kinder das alleinige Sorgerecht zu erhalten.

Diese Argumentation ist von einer steigenden Zahl von Vätern begleitet, die das alleinige Sorgerecht für Kinder beantragen (Lamprecht 1982, Chesler 1986, Gaier 1987). Im wissenschaftlichen Schrifttum wird die Forderung nach erweiterten Sorge- und Umgangsrechten für Väter unverkennbar forciert (Fthenakis 1985, Jopt 1987). Zudem ist der väterliche Kampf um Sorgerechte in den Blickpunkt publizistischen Interesses geraten: Die Titelgeschichten großer Illustrierter und vieler großer Tageszeitungen haben sich mit diesem Thema auseinandergesetzt. Der Film *Kramer gegen Kramer* war zu Beginn der 80er Jahre ein großer Publikumserfolg und löste ein starkes öffentliches Echo aus.

Zunehmend berufen sich Väter auf die Rechtsposition »Gleichberechtigung« im Verhältnis zu Kindern (Palandt-Diederichsen § 1671, Anm. 3). Diese Forderung zielt in erster Linie auf die juristische Abwägung zweier Elternrechte (Coester 1983, 252) und erst in zweiter Linie auf das Wohl des Kindes.

Die Gleichstellungsforderungen der Väter entsprechen bislang kaum den Verpflichtungen, die sie tatsächlich für ihre Kinder übernommen haben. Die von Gerichten getroffenen Sorgerechtsentscheidungen spiegeln deshalb vielmehr eine Lebenspraxis wider, in der fast immer Mütter Hauptbezugspersonen von Kindern sind. Sie stimmen insofern mit den Rechtstatsachen überein, die von beiden Eltern geschaffen wurden (Bahr-Jendges 1986). Es kann nicht Aufgabe von Gerichten sein, gesellschaftliche Realitäten »gleichsam durch ›kompensatorische‹ Zuweisung des Sorgerechts an den bis dahin wenig an der Erziehung beteiligten Vater zu revidieren. Das »Kindeswohl« als oberste Maxime in Sorgerechtsentscheidungen setzt hier eindeutige Grenzen.« (Zenz/Salgo 1983, 24)

Reale Veränderungen von Vater-Kind-Beziehungen, das wachsende Interesse von Vätern am Zusammenleben mit Kindern und ein sensibilisiertes Bewußtsein für kindliche Trennungstraumata lassen in den achtziger Jahren neu akzentuierte Positionen der sozialwissenschaftlichen Aufarbeitung von Sorgerechtsfragen erkennen.

Seitdem nach 1977 in der bundesrepublikanischen Rechtsprechung (zu § 1671 BGB, Abs.2) die tatsächlichen Bindungen des Kindes an seine Eltern und Geschwister immer mehr zum ausschlaggebenden Kriterium in Sorgerechtsstreitfällen werden, heben wissenschaftliche Publikationen hervor, daß

1. auch zwischen Vätern und Kindern enge Bindungen bestehen und
2. die primäre Betreuungsperson nicht gleichzeitig Hauptbezugsperson eines Kindes sein muß.

Die Bedeutung der Mutter als wichtigste Bezugsperson für Kinder wird zunehmend in Frage gestellt, ihre damit verbundene Privilegierung in Sorgerechtsstreitfällen relativiert.

Eine solchermaßen veränderte Forschungsperspektive wird dokumentiert durch eine heftig ausgetragene Kontroverse zwischen Lempp (1985, m.w.N.) und Fthenakis (1985a, m.w.N.) zum Stellenwert der Bindungen eines Kindes als sorgerechtsrelevantes Kriterium gemäß § 1671 BGB. Zahlreiche Publikationen anderer AutorInnen beziehen sich in den Folgejahren auf die hier vertretenen Positionen, die auch für Rechtswissenschaft und Rechtsprechung außerordentlich hohe Bedeutung erlangten (vgl. Balloff/Walter 1990, 205 ff., m.w.N.).

Während Lempp in seinen Veröffentlichungen dafür plädiert, wenigstens bei kleineren Kindern der Mutter das Sorgerecht zuzusprechen, wird diese Position von Fthenakis attackiert. Lempp geht davon aus, daß sich in der Regel die Mutter um das Kleinkind kümmert und daraus eine starke Gefühlsbindung zwischen Mutter und Kind erwächst. Nach Fthenakis hingegen beruht eine solche Bevorzugung der Mutter heute nicht mehr auf wissenschaftlichen Erkenntnissen (1985a, 662). Die reale Anwesenheit einer Betreuungsperson sei nicht gleichzusetzen mit der in Zukunft am wenigsten verzichtbaren Bezugsperson. Eltern-Kind-Beziehungen seien nicht in erster Linie durch Dauer und Umfang des physischen Kontaktes, sondern durch ihre Qualität bestimmt: das einfühlsame Reagieren auf kindliche Bedürfnisse, die Stimulation des Kindes und die Förderung familialer Interaktionsprozesse (1985, 272, m.w.N.).

Fthenakis (1985, 209 ff. und 1985a, 666, m.w.N.) listet zudem die erkenntnistheoretischen und forschungspraktischen Bedenken gegen das Bindungskonzept auf:

- die geringe Operationalisierbarkeit des Bindungsverhaltens und die mangelnde Eindeutigkeit von Verhaltensweisen, die in Verhaltensbeobachtungen als Indikator einer Bindung gewertet werden;
- das Bindungskonzept sei zu komplex, als daß es durch die Beobachtung eines kurzen Verhaltensausschnittes erfaßt werden könne;
- Bindungsstärke sei nicht quantifizierbar, sondern allenfalls in ihren Qualitäten beschreibbar;
- die Wahrnehmung einer Bindung sei nicht allein durch die Beobachtung von Eltern-Kind-Interaktionen, sondern durch kulturelle Wertvorstellungen geprägt;
- die zu einem bestimmten Zeitpunkt bewertete Qualität einer Bindung sei nur gültig bei gleichbleibenden Bedingungen in Familie und Pflegesituation;
- Bindungsverhalten könne nur momentan erfaßt werden, sei aber zeitlich wandelbar;
- selbst wenn Bindungsverhalten und Bindungsstärke zuverlässig erfaßt werden könnten, ließen sich daraus keine Erkenntnisse über die Qualität der Eltern-Kind-Beziehung ableiten.

Fthenakis lehnt aus diesen Gründen die Anwendung der Bindungstheorie für Aussagen über das Eltern-Kind-Verhältnis ab, vor allem wenn sie dazu dient, Prognosen über die weitere Entwicklung von Kindern unter veränderten familialen Bedingungen zu erstellen (1985a, 666). Er schlägt aufgrund konzeptueller und methodischer Bedenken vor, das Bindungskonzept durch eine umfassende Beurteilung der Qualitäten einer Eltern-Kind-Beziehung zu ersetzen (1985, 287).

Fthenakis' Kritik am Konstrukt »Bindungen eines Kindes« erscheint insgesamt nachvollziehbar und begründet. Insbesondere seine Ausführungen über Probleme der Operationalisierbarkeit des Bindungskonzeptes und dessen hohe Komplexität verdeutlichen die Schwierigkeiten seiner Anwendung in der Rechtspraxis. Zuzustimmen ist Fthenakis auch darin, daß die Quantität von Betreuung alleine kein Indikator für die Intensität von Bindung sein kann. Auch wenn Kinder im Haushalt ihrer Eltern leben, können sie intensivste Gefühle etwa für Großeltern, Stiefmütter/-väter, Kinderfrauen u.ä. entwickeln. Ginge es also tatsächlich um die Interessen des Kindes, dürfte eine Sorgerechtsentscheidung eigentlich nicht nur zwischen den leiblichen Eltern getroffen werden, sondern müßte den Kreis potentieller Sorgerechts-InhaberInnen erweitern.

Fthenakis umgeht die Frage, in welcher Weise die von ihm geforderten, umfassend dargestellten Qualitäten von Eltern-Kind-Beziehungen im Hinblick auf das Sorgerecht für ein Kind gewichtet werden sollen. Welche Bedeutung hat etwa die Aussage darüber, bei wem ein Kind in schwierigen Konfliktsituationen Schutz und Trost sucht, im Verhältnis zur Darstellung seiner sportlichen Aktivitäten? Wie sind in diesem Kontext Lambs (1981) experimentalpsychologische Laboruntersuchungen zum Bindungsverhalten von 8-24 Monate alten Kindern zu bewerten, die eine Erfahrung aus vielen Alltagssituationen bestätigen, daß nämlich Kinder unterschiedlich agieren und auf andere zugehen können, solange sie sich sicher fühlen, daß sie aber in Streßsituationen dringend ihre primäre Betreuungsperson suchen?

Die von Fthenakis geforderte umfassende Beurteilung der Qualitäten von Eltern-Kind-Beziehungen dürfte das Problem der Gewichtung dieser Qualitäten nicht umgehen: In Streitfällen um den zukünftigen Wohnort eines Kindes, das seine Bedürfnisse noch nicht ausreichend artikulieren kann, ist eben diese Gewichtung gefordert.

Zu fragen ist dabei, ob die eher alltagssprachlich-naive Verwendung des Bindungskonzepts diesen Erfordernissen nicht ebenso gerecht wird wie die ausdifferenzierte Darstellung unterschiedlichster Eltern-Kind-Beziehungen. In den meisten Fällen sind für Außenstehende Hierarchien der Intensität und Wichtigkeit affektiver Beziehungen im Leben eines Kindes erkennbar, z. B. durch die Beobachtung kindlichen Verhaltens in Trauer-, Schock- oder Angstsituationen. Ob diese Hierarchien als Intensität einer Bindung bezeichnet oder andersartig eingestuft werden, erscheint relativ belanglos, wenn es darum geht, Kindern Leid zu ersparen, die zukünftig im Alltagsleben auf einen Elternteil verzichten müssen.

Insofern ist Koechel (1986) zuzustimmen, der Fthenakis' wissenschaftstheoretische Auseinandersetzung mit der internen Stimmigkeit des Bindungskonstruktes begrüßt, ihr aber kaum empirische Relevanz im Hinblick auf tatsächlich notwendige Sorgerechtsentscheidungen zuspricht. Gefordert sei vielmehr mit E.H. Erikson der Einsatz »disziplinierter Subjektivität«, damit aufgrund objektiver, szenischer/situativer und auch subjektiver Informationen die für ein Kind alltäglich lebbare Aufenthaltsentscheidung gefunden werden könne.

Umgangs- und Besuchsrechte

Wird eine Ehe geschieden, so bestimmt das Familiengericht, welchem Elternteil die elterliche Sorge zustehen soll. Der andere Elternteil behält das Recht zum persönlichen Umgang mit seinem Kind (§ 1634 Abs.1 Satz 1 BGB). Es kann vom Familiengericht nur eingeschränkt oder ausgeschlossen werden, wenn dies zum Wohle des Kindes erforderlich ist (§ 1634 Abs. 2 Satz 2 BGB).

Überwiegend einigen sich scheidungswillige Eltern selber über Umgangs- und Besuchsrechte. Die meisten Väter nehmen ihre Rechte in sehr viel geringerem Umfang als möglich wahr. Die Sorgen der meisten geschiedenen Mütter betreffen deshalb nicht Streitigkeiten über das Umgangs- und Sorgerecht, sondern vielmehr Ängste davor, daß die Väter sich nach einer Scheidung zu wenig oder gar nicht mehr um ihre Kinder kümmern (Weitzman 1985, 230; Napp-Peters 1988).

Das Umgangsrecht ist bislang als reines Elternrecht ausgestaltet und berücksichtigt die Interessen des Kindes wenig. »Neuere Ansätze verweisen auf die Notwendigkeit, daß das Kind seinerseits ein Recht auf persönlichen Umgang mit dem nichtsorgeberechtigten Elternteil hat. Damit könnte einer unberechtigten Reduzierung des Umgangs durch den Sorgeberechtigten vorgebeugt werden und dem nichtsorgeberechtigten Elternteil würde eher deutlich, daß er weiterhin Elternverantwortung trägt.« (Fthenakis 1985, 60) Begreift man zudem ein Umgangsrecht des Kindes als Schutz gewachsener Beziehungen, wäre eine Erweiterung auf nahe Bezugspersonen des Kindes angebracht, insbesondere auf Stief- und Pflegeeltern oder alle anderen Formen psychosozialer Eltern-Kind-Beziehungen (Schwenzer 1992, A 90).

Kinder haben nur geringe Möglichkeiten, sich gegen Umgangsregelungen ihrer Eltern zu wehren. Das Gesetz zur Neuregelung der elterlichen Sorge sieht kein Vetorecht der Kinder gegen eine Entscheidung nach § 1634 BGB vor. Dem Kind wird eine Umgangspflicht mit dem getrennt lebenden Elternteil nahezu selbstverständlich auferlegt, während eine solche Verpflichtung für Eltern nicht besteht. In der familiengerichtlichen Praxis hat sich eingespielt, das Kind über seine Vorstellungen zukünftiger Umgangs- und Besuchsregelungen zu befragen. Ähnlich wie bei der Zuerkennung der elterlichen Sorge wird die ausdrückliche Willensbekundung von Kindern vor allem in Abhängigkeit vom Alter berücksichtigt. Wünsche unter dreijähriger Kinder werden als rechtlich unbeachtlich eingeschätzt und auch drei- bis sechsjährigen Kindern wird in der Rechtsprechung eine vernünftige Eigenbeurteilung nicht zugestanden (Neddenriep-Hanke 1987, 27).

Die Zahl der Fälle, in denen geschiedene Eltern über das Umgangsrecht für Kinder streiten, steigt kontinuierlich an (Stat. Jahrbuch 1987, 79). In etwa 15% der Ehescheidungen hat das Familiengericht die Umgangsbefugnis des nichtsorgeberechtigten Elternteils zu regeln (Neddenriep-Hanke 1987). Die konkrete Ausgestaltung von Besuchen wird dann nicht selten vom Kampf der geschiedenen Eltern bestimmt – auch auf dem Rücken der Kinder (Arntzen 1980).

Wenn Kontakte zum nichtsorgeberechtigten Elternteil nicht zwanglos möglich sind, sondern sich auf das Recht und seine gerichtliche Durchsetzung stützen müssen, werden diese Kontakte für Kinder zur Qual. »Fast alle umgangsrechtlichen Streitigkeiten im ›normalen‹ Familiengerichtsverfahren weisen tiefgreifende, erhebliche Unvereinbarkeiten der Eltern auf. Die im Kern eher elternzentrierte Vorschrift des § 1634 BGB im Gegensatz zu der eher kindzentrierten Vorschrift des § 1671 BGB hat im Rahmen seiner Anwendung unseren Erfahrungen als Gutachter in Familiengerichtsverfahren nach – trotz häufig zwischengeschalteter psychologischer Beratung – so gut wie nie das Konfliktpotential der Eltern mildern und den Kindern einen freien und ungezwungenen Umgang zum Nichtsorgerechtsinhaber ermöglichen können. Ein anhaltend spannungsreich verlaufender Besuchskontakt muß die Kinder in unauflösbare Loyalitätskonflikte stürzen und auf Dauer schädigen, gleichgültig ob in erster Linie die Konflikte vom Elternteil ausgehen, bei dem das Kind wohnt, oder demjenigen, der besucht wird.« (Balloff/Walter 1990, 170)

Goldstein u.a. (1974) haben deshalb vorgeschlagen, den SorgerechtsinhaberInnen die alleinige Entscheidungskompetenz über den Umgang des Kindes zu überlassen; dieser Vorschlag wird heute allgemein zurückgewiesen. Es gibt dennoch Überlegungen, ein Umgangsrecht des nichtsorgeberechtigten Elternteils nur dann zu befürworten, wenn die Auseinandersetzung der Eltern beendet ist (Neddenriep-Hanke 1987, 76). Auch Balloff/Walter (1990) vertreten eine eindeutige Position, wenn alle Bemühungen ohne Erfolg geblieben sind: »Unter Abwägung des Interesses und Schutzbedürfnisses der Kinder, einerseits zu beiden Elternteilen nach einer Trennung weiterhin Kontakt zu haben und andererseits wegen anhaltender Konflikte seelisch gefährdet zu werden, halten wir die Regelung eines Umgangs zugunsten des die Besuche begehrenden Elternteils als Ausdruck seines Elternrechts, entgegen den ganz eindeutig vorherrschenden juristischen und zwischenzeitlich wohl auch überwiegenden humanwissenschaftlichen Anschauungen, nicht nur in den Rechtsbeziehungen der unehelichen Lebensgemeinschaften mit dem Wohl des Kindes für unvereinbar. Selbst die Gefahr einer Idealisierung des abwesenden Elternteils bewerten wir nicht höher als die Gefahr der nachhaltig durch konfliktbeladene Besuche erfolgenden Störungen der Beziehungen zwischen Kind und betreuendem Elternteil.« (171)

Gemeinsame Sorge/geteilte Elternschaft

Es gibt Eltern, die auch nach einer Trennung und unabhängig von bestehenden Rechtsformen gleichermaßen für die Betreuung und Versorgung von Kindern verantwortlich sein wollen – in der Regel Paare, die auch vorher ein hohes Maß an geteilter Elternschaft praktiziert haben (Steinman 1981, 1985; Magnus/Dietrich 1986; Busch/Hess-Diebäcker/Stein-Hilbers 1994).

Für Kinder, ebenso wie für ihre Eltern, führt dies zu neuartigen Formen familialen Lebens, für die es bislang kaum Modelle gibt. Die Kinder verbringen z. B. einen Teil der Woche (des Monats, des Jahres usw.) bei der Mutter und den anderen beim Vater, sie leben somit in zwei Elternhäusern. Unter dem Begriff des »nest-birding« berichten amerikanische Studien auch von Versuchen von Eltern aus der Mittelschicht, den Kindern eine ständige Wohnung zu erhalten und selber abwechselnd darin zu wohnen. Absicht dieser neuen Lebensformen ist vor allem, Kindern den regelmäßigen Kontakt zu beiden Eltern zu erhalten und ihre Verlusterfahrungen – ebenso wie die der Eltern – zu minimieren.

Wie weit dies gelingt, bleibt abzuwarten. Sicherlich können bei diesen Modellen zumindest die geschiedenen Eltern in bezug auf ihre Kinder einander kooperativ und akzeptierend gegenüberstehen – wahrscheinlich mit positiven Auswirkungen auf ihre Kinder. Fraglich ist, wie gut Kinder die damit verbundenen Gefühle von Zerrissenheit, das Leben in zwei Wohnungen, die immer wiederkehrenden Trennungen usw. auf Dauer verkraften können. In entsprechenden Untersuchungen werden diese Aspekte zunehmend problematisiert (Steinman 1981; Wallerstein/Blakeslee 1984, 318; Balloff/Walter 1991).

Das Bundesverfassungsgericht eröffnete 1982 geschiedenen Eltern die Möglichkeit, ein gemeinsames Sorgerecht für Kinder auch nach der Scheidung zu behalten. Als Voraussetzung dafür wurde angeführt, daß »beide Elternteile voll erziehungsfähig sind, gleich starke emotionale Bindungen an das Kind haben und beide – übereinstimmend – die Verantwortung weiter tragen wollen«.

Im Gegensatz zu anderen – vor allem US-amerikanischen Regelungen – sind in der Bundesrepublik Deutschland die rechtlich fixierte gemeinsame Sorge und die tatsächliche, alltägliche Sorge für ein Kind nicht identisch. Das Kind kann überwiegend oder fast immer bei einem Elternteil leben, obwohl beide Eltern in juristischer Hinsicht sorgeberechtigt sind – der tatsächliche Umgang mit ihm und die Zuständigkeit für das Kind werden individuell zwischen den Eltern vereinbart. Tatsächlich leben in der BRD Scheidungskinder auch bei gemeinsamem Sorgerecht ihrer Eltern meistens bei der Mutter, die die Pflege und Erziehung übernimmt. Für den anderen Elternteil – meistens den Vater – beinhaltet diese Sorgerechts-Form in der Praxis einen großzügigen Umgang mit dem Kind und die Mitsprache an zentralen Entscheidungen (Limbach 1988). In vielen US-amerikanischen Staaten hingegen beinhalten »joint custody« Arrangements präzise Regelungen bezüglich des Kindes-Aufenthalts: Es wird sehr genau festgelegt, wieviel Zeit das Kind bei jedem der sorgeberechtigten Eltern verbringt.

Faktisch wird in der BRD bislang ein gemeinsames Sorgerecht nur von wenigen, etwa 2% aller scheidungswilligen Eltern beantragt (Magnus/Dietrich 1986; Limbach 1988; Lidle-Haas 1989; Balloff/Walter 1990, m.w.N.). Dennoch existieren bis heute um die Neueinführung und Ausgestaltung des gemeinsamen elterlichen Sorgerechts heftige juristisch-psychologische Auseinandersetzungen, die – neben ihrer Konzentration auf das Wohl des Kindes – auch als Konflikt um Elternrechte und speziell um Rechtspositionen von Vätern interpretiert werden müssen (Chessler 1986, Bahr-Jendges 1986, Stein-Hilbers 1989).

Seine vehementen Verfechter (z. B. Fthenakis u.a. 1982; Fthenakis 1985; Hinz 1987; Jopt 1987 und 1989; Dickmeis 1989) weisen darauf hin, daß die einseitige Zuerkennung des Sorgerechts den nichtsorgeberechtigten Elternteil von jeder weiteren Mitverantwortung und Mitgestaltung des kindlichen Lebensweges ausschließt. Eine bei vielen Scheidungseltern ohnehin vorhandene Sieger/Besiegtenmentalität sowie das Gefühl des Nicht-mehr-

Zuständigseins für Kinder – und damit auch die häufigen Kontaktabbrüche von Vätern – würden dadurch gefördert (Neubauer 1989; Jopt 1990).

Demgegenüber seien die Wünsche von Kindern vor allem auf das Weiterbestehen der Ursprungsfamilie und auf den Erhalt der Beziehungen zu beiden Eltern gerichtet. Das System »Familie« werde durch eine Scheidung nicht zerstört oder aufgehoben, sondern nur in seiner äußeren Form verändert (Fthenakis 1982, 1986; Duss von Werdt 1984; Jopt 1987). Um es zu erhalten und zu stabilisieren, seien gezielte Beratungs- und Befriedungskonzepte einzusetzen. Scheidungswillige Eltern seien darauf hinzuweisen, daß sie zwar ihre Paarbeziehung auflösen könnten, eine gemeinsame nacheheliche Elternschaft jedoch weiterbestehe.

Das gemeinsame elterliche Sorgerecht verleihe dieser nachehelichen Elternverantwortung psychologischen und rechtlichen Ausdruck. Es ermögliche Eltern die Suche nach einem Modus vivendi, in dem sie ihre jeweiligen Ansprüche und Bedürfnisse mit denen von Kindern abstimmen könnten und veranlasse sie zu weiterer Kommunikation und Interaktion auch nach einer räumlichen Trennung (Fthenakis 1982; Jopt 1987). Kindliche Verlusterfahrungen und Schmerzen über die Trennung ihrer Eltern ließen sich so reduzieren.

Vermehrt wird deshalb in den letzten Jahren in der BRD die stärkere Durchsetzung und die allgemeine Einführung eines gemeinsamen elterlichen Sorgerechts nach der Scheidung als Regelfall gefordert. Demgegenüber solle die Aufteilung der elterlichen Sorge die Ausnahme bleiben, die gesondert beantragt und begründet werden muß (Fthenakis u.a. 1982; Hinz 1987; Jopt 1987, Dickmeis 1989; Coester 1991). Dabei wird auf ausländische Erfahrungen verwiesen (z. B. Schweden, Frankreich, UdSSR): Zum Teil besteht dort die gemeinsame Sorge beider Eltern automatisch weiter, solange nicht ein Elternteil eine andere Entscheidung durchsetzt (Coester 1982, 257; Balloff/Walter 1990, m.w.N.). Die – meistens Väter betreffende – »Entrechtung« durch Zuteilung des alleinigen Sorgerechts an einen Elternteil wird von bundesrepublikanischen Autoren auch als Verstoß gegen geltendes Grund- und Völkerrecht interpretiert (Ullmann 1986). Von vaterrechtlich orientierten Initiativen, etwa dem »Dialog zum Wohl des Kindes«, werden die Art. 9 und 18 der UN-Kinderkonvention, die das Recht des Kindes auf regelmäßigen Kontakt zu beiden Elternteilen und die gemeinsame Elternverantwortung behandeln, einseitig im Sinne einer Verallgemeinerung des gemeinsamen Sorgerechts verstanden (Stöcker 1991, Steindorff 1991).

Ein Erfolg dieser Bemühungen um die Verallgemeinerung des gemeinsamen Sorgerechts nach einer Scheidung ist das am 1.9.1991 in Kraft getretene Kinder- und Jugendhilfegesetz (KJHG). Die Begründung dieses Gesetzes-Entwurfes (BT-Drucksache 11/5948, 58) hebt ausdrücklich das gemeinsame Sorgerecht geschiedener Eltern als Idealziel für jugendhilferechtliche Bemühungen nach § 17 KJHG hervor.

Demgegenüber verweisen eher vorsichtige BefürworterInnen (Lempp 1984; Luthin 1987; Balloff/Walter 1990; Stein-Hilbers 1992) des gemeinsamen Sorgerechts und auch seine GegnerInnen (z. B. Bahr-Jendges 1983, 1986) auf die hohen Anforderungen dieses Rechtsinstituts an oftmals heillos zerstrittene Eltern. Es setze viele Absprachen und beständige Kommunikation voraus und sei deshalb eine positive Alternative zum alleinigen Sorgerecht für jene Eltern, die trotz eigener Konflikte kindorientiert und kooperativ miteinander umgehen können. Die automatische oder gar erzwungene Beibehaltung eines Sorgerechts für beide, hoch konfliktbelastete Eltern verlängere möglicherweise ihre Auseinandersetzungen um Machtpositionen und erhöhe die Gefahr, Kinder im Kampf ihrer Eltern zu instrumentalisieren (Coester 1982, 263).

Die Vorschläge zur Ausweitung des gemeinsamen Sorgerechts stützen ihrer Ansicht nach die Vorstellung einer auch nach der Scheidung fortbestehenden Kernfamilie, die in dieser Form nicht aufrechtzuerhalten sei. Elterliche Trennungen markieren immer auch einen Bruch von familialen Beziehungen (Balloff/ Walter 1991), über den Kinder nicht hinweggetäuscht werden dürften. Die soziale Gruppierung »Eltern« lasse sich ohne weiterbestehende Lebensbeziehung und besonders in Familien mit Kindern mehrerer Väter nicht beliebig fortsetzen.

Es sei wichtig, den Kontakt und Umgang des Kindes mit dem getrennt lebenden Elternteil/den Vätern zu erhalten. Nach wie vor seien aber in der Regel Mütter für die alltägliche Betreuung und Versorgung von Kindern zuständig. Auch seien kleinere Kinder besonders stark auf ihre vertrauten Bezugspersonen angewiesen (Lempp 1984), was in Sorgerechtsentscheidungen zu berücksichtigen sei (Balloff/Walter 1990).

Die Verallgemeinerung des nachehelichen gemeinsamen Sorgerechts bedeute eine starke Ausweitung väterlicher Rechtspositionen bei ohnehin bestehendem nachehelichem Machtgefälle zwischen Männern und Frauen.

Über das gemeinsame Sorgerecht werde dem früheren Ehemann, der meist von allen Alltagspflichten entlastet sei, eine hohe Einflußmöglichkeit auch auf das Leben der Frau eingeräumt, die mit dem Kind – und evtl. weiteren Kindern anderer Väter sowie erwachsenen Liebes- oder Ehepartnern – zusammenlebt (Stein-Hilbers 1992). Bei der Auswahl des Kindergartens oder der Schule, Umzügen, Schulwechseln, Freizeit-, Urlaubs- und Wochenendgestaltungen sei die Zustimmung des sorgeberechtigten Vaters einzuholen (Bahr-Jendges 1986). Zahlreiche US-amerikanische Scheidungsurteile beinhalten zur Sicherstellung des Vater-Kind-Kontaktes ein Umzugsverbot der Mutter, die das Kind versorgt (Coester 1982, 260). In Extremfällen kann dies zur absurden Berücksichtigung von Vielfach-Interessen führen: Wenn Frauen mit mehreren Kindern unterschiedlicher Väter zusammenleben – eine heute nicht mehr ungewöhnliche Lebensform – hätten gleich mehrere Männer über die gemeinsame elterliche Sorge Einflußmöglichkeiten auf ihre Lebensgestaltung. Den Mitbestimmungsrechten von Vätern ausgesetzt zu sein, bedeute für die mit den Kindern zusammenlebenden Mütter langfristig, auf Schmeicheleien, Bittgänge und Verhandlungen mit dem früheren Ehemann angewiesen zu sein (Holtrust u.a. 1987).

Das Konzept des gemeinsamen elterlichen Sorgerechts ist ohne Zweifel ein Modell, das prinzipiell die Bedürfnisse von Kindern nach Stabilität in der Beziehung zu beiden Elternteilen berücksichtigt. Es stellt aber hohe Anforderungen an die Einigungsbereitschaft und -fähigkeit getrennt lebender Eltern und bedarf anscheinend spezifischer sozioökonomischer Voraussetzungen und auch besonderer Eltern-Persönlichkeiten. Soweit Daten zu Eltern mit gemeinsamem Sorgerecht vorliegen, scheint es sich vor allem um Eltern mit einem meist schon älteren Kind zu handeln. Beide Eltern sind berufstätig, und die Mutter verfügt über eine hohe Berufsqualifikation (Magnus/Dietrich 1986; Limbach 1988; Balloff/Walter 1990). Von Eltern mit eben diesen Kriterien wurde das gemeinsame Sorgerecht auch erstritten (Limbach 1988). Ein hohes Interesse am Kind, die Übereinstimmung in Erziehungsfragen und Vorstellungen von kindlichem Wohlergehen sowie eine im Zusammenleben vorhandene möglichst egalitäre Beteiligung an der täglichen Betreuung und Versorgung des Kindes scheinen die Wahl und das Funktionieren dieser Sorgerechtsalternative zu unterstützen (Abarbanel 1979; Steinman 1981). Es handelt sich also um Eltern mit niedrigem Streitpotential oder auch: mit einem hohen Grad ökonomischer Unabhängigkeit und sozialer Ebenbürtigkeit sowie gering ausgeprägter hierarchisierter Arbeitsteilung. Von diesen Beziehungskonstellationen lassen sich im Konfliktfall andere Lösungsmuster erwarten als von jenen, die auf Unterordnung und ökonomisch-sozialer Ungleichheit beruhen. Schwedische Erfahrungen mit gemeinsamem Sorgerecht getrennter oder geschiedener Eltern verweisen in die gleiche Richtung.

Es scheint sich bei den Eltern mit gemeinsamem Sorgerecht um eine Art Modellgruppe zu handeln, deren positive Erfahrungen sich nicht ohne weiteres für alle Eltern verallgemeinern lassen (Stein-Hilbers 1992). Das vor- und nacheheliche Einkommens- und Machtgefälle zwischen Frauen und Männern, das Leben an der Armutsgrenze und die Bewältigung von Mängellagen begünstigen Gefühle des Zu-kurz-Gekommenseins und der Übervorteilung. Spezifische Konflikte und Konfliktbewältigungen scheinen damit vorprogrammiert, zusätzlich zu jenen Verletzungen, die bei Trennungen und Scheidungen ohnehin bewältigt werden müssen. Auf dieser Grundlage wird eine kindbezogene Kooperation und gemeinsame Interessenabstimmung nur schwer möglich. Zu sehr haben vor allem Frauen dann das Gefühl, daß sie die Pflichten für Kinder alleine übernehmen müssen, während Rechte geteilt werden und damit dem früheren Ehemann eine große Einflußmöglichkeit auf die eigene Lebensgestaltung eingeräumt wird.

Die hohen Anforderungen, die Eltern auf sich zukommen sehen, wenn sie nach der Scheidung ein gemeinsames Sorgerecht ausüben wollen, haben dazu geführt, daß in der BRD nur wenige Eltern dieses Sorgerecht beantragen und auch anempfohlen bekommen (Limbach 1988). Folglich sind vielfach befürchtete Konflikte um das gemeinsame Sorgerecht geschiedener Eltern weitgehend ausgeblieben. Diese Sorgerechtsalternative scheint – wie bereits im 1982 ergangenen Urteil des Bundesverfassungsgerichts angesprochen – eher Ausnahme denn Regelfall zu bleiben. Dies kann aber nicht als Argument gegen das gemeinsame Sorgerecht angeführt werden. Für Eltern, die hoch motiviert sind, auch nach einer Scheidung gemeinsam für ihre Kinder zu sorgen, stellt sie anscheinend eine gute und angemessene Rechtsform dar.

Als besonders positiv muß bei dieser Sorgerechts-Alternative der langandauernde Kontakt zwischen Kind und getrennt lebendem Elternteil sowie die geringe Zahl von Kontaktabbrüchen zwischen ihnen gewertet werden (Wallerstein/Blakeslee 1989, 321; Balloff/Walter 1990). Dies scheint aber eine Folge der hohen Zugangsvoraussetzungen zum gemeinsamen Sorgerecht zu sein: Eltern, die diese Sorgerechtsform wählen, sind bereit, miteinander zu kooperieren, und sie haben meist nur ein oder zwei Kinder. Es handelt sich also weniger um eine Folge dieses Rechtsinstituts selber; dies bestätigen auch Furstenberg/Cherlin (1993) durch ihre Untersuchungen.

Nach ersten empirischen Erfahrungen muß vermutet werden, daß auch das gemeinsame Sorgerecht das Leid und den Kummer von Kindern über die elterliche Trennung nur wenig verringern kann. Weder das gemeinsame noch das alternative Sorgerecht scheinen in der Lage, die Befindlichkeitsstörungen von Kindern (und Eltern) nach einer Trennung zu reduzieren (Balloff/Walter 1991, 93). »Wie die Kinder mit der Situation fertig werden, hat weniger mit einer bestimmten Form der gemeinsamen Sorge zu tun als damit, wie man sich in beiden Elternhäusern um das Kind kümmert, wie die Eltern kooperieren, welche Konflikte zwischen ihnen bestehen und mit welchen Situationen sich das Kind jeweils noch außerhalb der ›Elternhäuser‹ auseinandersetzen muß.« (Wallerstein/Blakeslee 1989, 316) »Da die meisten Kinder nach der Scheidung bei ihren Müttern leben, ist die geistige Gesundheit der Mutter und die Qualität ihrer elterlichen Fürsorge der wichtigste langfristige Faktor für die psychische Entwicklung und das Wohlbefinden des Kindes.« (ebd., 352)

Es konnte bisher nicht bestätigt werden, daß ein gemeinsames Sorgerecht die Konflikte der Eltern vermindert (Balloff/Walter 1990, 450; Wallerstein/Blakeslee 1989, 306; Furstenberg/Cherlin 1993). Eine bereits vorhandene Kooperationsbereitschaft der Eltern wird durch dieses Modell anscheinend bestärkt, vorhandene Konflikte werden aber nicht verringert.

Auch negative Auswirkungen dieser Sorgerechtsform werden benannt: Die damit oft verbundenen Umgebungswechsel und immer wiederkehrende Trennungen scheinen vor allem für kleinere Kinder schwer zu verarbeiten (Steinman 1981). Mit steigender Kontakthäufigkeit der Kinder zum getrennt lebenden Elternteil wachsen Wiederversöhnungswünsche und -phantasien, die auch als Trauerreaktionen interpretierbar sind. Die betroffenen Kinder scheinen kaum in der Lage, sich mit einer Trennung der Eltern abzufinden, und investieren viel Zeit in ihre irrealen Wünsche (Balloff/Walter 1990).

Wallerstein/Blakeslee beurteilen aufgrund ihrer eigenen Beobachtungen die geteilte Sorge geschiedener Eltern eher skeptisch (ebenso: Steinman 1981 und 1985). »Wir kamen zu dem Ergebnis, daß kleine Kinder durch die gemeinschaftliche elterliche Sorge nicht unbedingt vor den schädlichen Folgen einer Scheidung bewahrt werden. Es spricht auch nichts dafür, daß eine gut funktionierende gemeinsame elterliche Sorge besser für die Kinder ist als die gut funktionierende Sorge eines einzelnen Elternteils. Das gilt vor allem dann, wenn der Elternteil, der nicht das Sorgerecht hat, weiterhin am Leben des Kindes teilnimmt.« (Wallerstein/Blakeslee 1989, 318) Nach Balloff/Walter (1990) ist das gemeinsame Sorgerecht insgesamt keine einfache oder leicht zu praktizierende Sorgerechtsform. Diese Autoren halten aber das gemeinsame Sorgerecht für eine gleichwertige Alternative neben der alleinigen Sorge eines Elternteils.

Entschieden wenden sie sich dagegen, das gemeinsame Sorgerecht zum juristischen oder psychologischen Regelfall nach einer Scheidung hochzustilisieren: »Aufgrund der vorliegenden Untersuchungen aus dem Ausland und unserer Erhebung ergibt sich unseres Erachtens nicht die Notwendigkeit, die Gemeinsame Sorge nunmehr zum juristischen und/oder zum psychologischen Regelfall zu erklären. Vielmehr kann die gemeinsame Sorge eine sinnvolle Ergänzung und Alternative zur alleinige Sorge darstellen: Vorausgesetzt, die Eltern sind bereit und tatsächlich in der Lage, erfolgreich miteinander am Wohle des Kindes orientiert zu kooperieren und die häufig langandauernde strittige Paarebene von der Elternebene zu trennen«. (Balloff/Walter 1991, 94) Für das Gelingen dieser Sorgerechtsform betrachten sie Freiwilligkeit als unabdingbare Voraussetzung.

Nach Ansicht dieser Autoren ist dennoch danach zu fragen, ob bei einer Scheidung unbedingt das Gericht über das Sorgerecht entscheiden muß, oder ob es ausreicht, daß Familiengerichte erst auf Antrag eines/r Beteiligten tätig werden und ohne daß dies gesondert begründet werden muß. Dieses Antragsverfahren wird als fakultative Sorgerechtsregelung bezeichnet; es entließe die Regelung des Sorgerechts aus der staatlichen Offizialkontrolle. Faktisch würde dies zu einer Ausweitung des gemeinsamen Sorgerechts nach einer Scheidung führen. Bedenken gegen diese Lösung hat Coester (1991) benannt.

Auch Goldstein, Freud und Solnit (1980) meinen, jede staatlich verordnete Sorgerechtsentscheidung sei mit Schäden für das Kind verbunden. Sie forderten, daß

1. Gerichte erst auf Antrag von Eltern tätig werden, und
2. in Sorgerechtsstreitfällen Gerichte ausschließlich einem Elternteil das Sorgerecht übertragen sollten.

Kriterien einer Entscheidung sollten sein:

a) die faktische psychologische Elternschaft,
b) der Wunsch dieses Elternteils, das Sorgerecht zu erhalten, und
c) der Ausschluß aller weniger schädlichen Alternativen.

Eine andere Lösung könnte auch darin bestehen, eine Entscheidung lediglich über den zukünftigen Wohnort und damit auch den Lebensmittelpunkt eines Kindes herbeizuführen. So unterscheiden viele US-amerikanische Staaten zwischen der »joint legal custody« als Mitspracherecht in Grundsatzfragen von Ökonomie, Ausbildung usw., und »joint physical custody« als Zuständigkeit für Alltagsfragen in Pflege und Erziehung eines Kindes. Eine solche Aufspaltung in tatsächliche und rechtliche Sorge wird nach Coester (1983, 308) in der BRD allgemein abgelehnt.

Wege aus dem Scheidungsdilemma?

Bislang ist nur wenig empirisches Wissen darüber vorhanden, ob Trennungen und Scheidungen zwangsläufig mit heftigen Konflikten verbunden sein müssen, selbst dann, wenn grobe materielle und soziale Ungleichheiten zwischen Eltern bereinigt sind.

Wie Frauen, Männer und Kinder eine Trennung oder Scheidung psychisch bewältigen, hat auch mit kulturell dominanten Wertungen dieses Ereignisses zu tun. Wenn die intakte Kernfamilie als Zentrum aller Glückserfahrungen ideologisiert wird und so auch psychisch in Individuen repräsentiert bleibt, muß Scheidung als das Trauma im Leben Erwachsener erscheinen – mit entsprechenden Auswirkungen für Kinder. Wenn hingegen Scheidungen zum fast schon »normalen« biographischen Ereignis werden, verlieren sie möglicherweise ihre überragende Bedeutsamkeit in sozialer und individueller Hinsicht. Sie gelten nicht länger als »Makel« und Kriterium für eine Bewertung von Lebensmustern oder Verhaltensweisen. Dies setzt allerdings auch »eine Veränderung der normativen Konzepte intimer Beziehungen« (Schleiffer 1986, 26) voraus: Liebesbeziehungen müßte eine geringere Bedeutung für das Leben der Liebenden zukommen.

Für Roussel (1980) hängt die Art, wie Paare auseinandergehen, eng mit dem historisch gewachsenen und noch nachwirkenden Ehemodell zusammen. Ein idealtypisches Verständnis von Ehe als »Institution«, als »Bündnis« oder als »Verschmelzung« führt zwangsläufig zu starken Trennungskonflikten und damit verbundenen Belastungen für Kinder. Lediglich in seinem vierten Modell einer »Partnerschaftsehe« verliert die Trennung ihre dramatischen und traumatisierenden Wirkungen.

Mit wachsender beruflich-sozialer Gleichstellung zwischen den Geschlechtern und vor allem mit der gerechteren Verteilung familialer Arbeiten könnten partnerschaftsorientierte Konzepte des Zusammenlebens künftig zunehmen. Vermutlich hätten dann wenigstens für Erwachsene Trennungen nicht mehr die gleiche dramatische Wirkung.

Denkbar wäre zudem, daß das jetzt erkennbare Leiden der Kinder vor allem mit den schlimmen Begleitumständen von Trennungen zu tun hat, der Wut und den Konflikten der Eltern, Milieu- und Schulwechseln, materiellen Einschränkungen, dem Verlust von Freunden und Schulkameraden. Es könnte sein, daß Kinder zukünftig Trennungen ihrer Eltern zunehmend als »normal« erleben, als zwar schwierige und mit Konflikten und Ängsten verbundene Zeit, nicht aber als das alles determinierende soziale Ereignis ihres Lebens (Furstenberg/Cherlin 1993). Wallerstein/Blakeslee (1989) bestreiten diese Annahme und glauben, daß Scheidungstraumata für Kinder eher intensiver werden. Unter der Voraussetzung, daß sich Bindungen eines Kindes an beide Elternteile zunehmend intensivieren, erscheint ihre Annahme plausibel.

Auch für Erwachsene zeichnen sich konfliktfreie Trennungen bislang nicht ab: Nach wie vor und trotz wachsender Alltäglichkeit von Trennungen und Scheidungen versperren sich Gefühle der Berechenbarkeit und vertraglichen Codierung.

Sorge- und umgangsrechtliche Privilegierung der biologischen gegenüber faktischen Eltern

Im deutschen Recht der Eltern-Kind-Beziehung steht – mit Ausnahme von Adoptionsfällen – nicht-biologischen Elternpersonen grundsätzlich keine Beteiligung an der elterlichen Sorge zu. Im wesentlichen betrifft dies Stief- und Pflegekinder.

Stiefeltern sind, auch wenn sie tatsächlich für ein Kind sorgen, rechtlich nicht an der elterlichen Sorge beteiligt, im Falle der Trennung kann ihnen die elterliche Sorge nicht übertragen werden. Auch die rechtliche Zuständigkeit von Pflegeeltern für Pflegekinder scheint nach wie vor unzureichend geregelt (Schwenzer 1992, 18).

Viele ausländische Rechtsordnungen hingegen regeln die Beteiligung von Stief- und Pflegeeltern an der elterlichen Verantwortung oder sie übertragen ihnen sogar vollständig die elterliche Sorge (Schwenzer 1992, m.w.N.).

Die bundesdeutschen rechtspolitischen Diskussionen sehen erst ansatzweise eine Erweiterung von Sorge- und Umgangsrechten für nicht-natürliche Eltern vor (Schwenzer 1992, m.w.N.). Ein Umgangsrecht für Stief- und Pflegeeltern, Großeltern und andere nahe Angehörige wurde in den Beratungen zum Sorgerechtsgesetz ausdrücklich verworfen (BT-Drucks. 8/2788, 54). Es wurde als nicht vereinbar mit dem verfassungsmäßig garantierten Elternrecht betrachtet.

Die Diskussionen um die Erweiterung der Sorge- und Umgangsrechte konzentrieren sich bislang fast ausschließlich auf biologische Väter. In besonderer Weise wird hieran deutlich, daß nicht die Interessen des Kindes, sondern vor allem die der Eltern zur Debatte stehen. Stünde tatsächlich das Kindeswohl im Zentrum dieser Überlegungen, schiene es in vielen Fällen vordringlich, die gewachsenen Beziehungen zwischen Kindern und ihren faktischen Vätern (Stiefvätern, langjährigen Lebenspartnern ihrer Mütter u.ä.) rechtlich zu schützen und nicht so sehr die Blutselternschaft: »Für das Kind muß es völlig unverständlich bleiben, wenn der Vater, gleichgültig ob es sich dabei um den leiblichen, unehelichen, verheirateten oder auch nur um den Stiefvater handelt, nach der Trennung zu ihm keinen Kontakt mehr haben darf.« (Balloff/Walter 1990, 171) Die letztgenannten Autoren plädieren deshalb nachdrücklich dafür, real gelebte und sozial verbindliche Lebenssituationen rechtlich zu definieren und in der Neufassung des Rechts der elterlichen Sorge zu berücksichtigen (ebd., 188). Auch Schwenzer (1992) fordert in ihren Empfehlungen für den 92. Deutschen Juristentag eine Neufassung von Sorge- und Umgangsrechten ausdrücklich unter dem Aspekt des Schutzes gewachsener Eltern-Kind-Beziehungen vor dem Hintergrund der realen Lebenssituation eines Kindes.

Die Neubewertung der genetischen Eltern-Kind-Beziehung

In den Auseinandersetzungen um die Gestaltung von Eltern-Kind-Beziehungen sind Tendenzen erkennbar, das biologische Abstammungsverhältnis neu zu bewerten und seine hohe Bedeutung argumentativ zu verfestigen.

Obwohl – vielleicht auch gerade weil – für den Zusammenhalt einer Familie Blutsverwandtschaft eine immer geringere Rolle spielt, wird die biologische Abstammung als besonders bedeutsam und alle anderen Formen von Eltern-Kind-Beziehungen überlagernd hervorgehoben. In den sich umstrukturierenden Familienkonstellationen erscheint die Biologie gleichsam als Ordnungsfaktor mit Bestandskraft. Aus ihr werden spezifische Ansprüche abgeleitet, die Kinder und Eltern aneinander stellen können. Dem Kind ebenso wie seinen Eltern wird zunehmend ein fundamentales Interesse an der psychosozialen Ausgestaltung einer durch das genetische Abstammungsverhältnis begründeten Eltern-Kind-Beziehung zugesprochen.

Unterstützt wird diese Sichtweise durch Entwicklungen der Reproduktionsmedizin und Gentechnologie, die die bisher gültigen Normierungen von Elternschaft und Kindsein in Frage stellen und umfangreiche rechtspolitische und gesetzgeberische Diskussionen in Gang gesetzt haben. Die technischen Entwicklungen der Reproduktionsmedizin haben Möglichkeiten verstärkt, die bislang als Einheit wahrgenommenen genetischen, biologischen, rechtlichen und psychosozialen Momente des Eltern-Kind-Verhältnisses bewußt voneinander abzuspalten. Insbesondere das als bedrohlich und in seinen ethischen Konsequenzen als unabschätzbar wahrgenommene Phänomen der sogenannten Leih- oder Auftragsmutterschaft hat Kriterien einer eindeutigen Eltern-Kind-Zuordnung und damit auch die Anknüpfung an Elternrechte und -pflichten notwendig werden lassen. Fortschritte in der Genomanalyse haben die Aufmerksamkeit gegenüber der genetischen Ausstattung eines Menschen sensibilisiert. Vor diesem Hintergrund wird gegenwärtig dem Recht auf Kenntnis der genetischen Abstammung wieder eine höhere Wertigkeit für die Identitätsfindung eines Menschen zuerkannt.

Verwandtschaftsbeziehungen und Elternrechte im Kontext der Reproduktionsmedizin

Die Entwicklungen der Reproduktionsmedizin haben Fragen der Eltern-Kind-Zuordnung – und damit auch Fragen eines Rechtes am Embryo bzw. am geborenen Kind – extrem zugespitzt. Die vor allem in der Tierzucht entwickelten und nunmehr bei Menschen angewandten Fortpflanzungstechniken sind insgesamt geeignet, die reale und symbolische Bedeutung von Eltern-Kind-Beziehungen zu verändern.

Methoden der künstlichen Befruchtung von Eizellen im Körper einer Frau sind seit langem bekannt und werden als medizinische Behandlungsmethode seit mehreren Jahrzehnten angewendet. Mit der Weiterentwicklung von Techniken der extrakorporalen Fertilisation und des Embryonentransfers wurde in den siebziger Jahren der Zusammenhang von Zeugung, Schwangerschaft und Geburt in noch stärkerem Maße anonymisiert und von persönlich erfahrener Sexualität abgetrennt. Im Kontext dieser Entwicklungen spalten sich genetische, biologische, rechtliche und psychosoziale Eltern-Kind-Beziehungen zunehmend voneinander ab.

Künstliche Insemination und In-vitro-Fertilisation können mit dem Samen des Mannes erfolgen, der der Frau bekannt bzw. mit ihr verheiratet ist und die soziale Vaterrolle übernimmt (homologe Insemination). Sie sind aber auch mit dem Samen eines anonymen Spenders möglich (heterologe Insemination). Inseminationen mit dem konservierten Samen verstorbener Spender werden inzwischen praktiziert (Britting 1989). In vielen Staaten wurden Samenbanken eingerichtet, die Spendersamen auch nach Kriterien von Hautfarbe, Geschlecht, intellektueller oder athletischer Fähigkeiten anbieten (Rhodes 1989, 221). Ebenso wie Samenzellen können Eizellen oder Embryonen konserviert und später weiter verwendet werden.

Die Eizelle einer Frau kann mit einer Samenzelle außerhalb ihres Körpers befruchtet und in die Gebärmutter derselben Frau eingepflanzt werden (in-vitro-fertilisation und Embryonentransfer). Realisiert werden seit einigen Jahren Vorgehensweisen, bei denen die Eizelle einer Frau im Körper einer zweiten Frau fertilisiert und auf natürlichem Wege befruchtet wird oder bei denen die in der Retorte befruchtete Keimzelle einer Frau in die Gebärmutter einer zweiten Frau implantiert wird. Michelow u.a. (1988, zit. nach Gross/Honer 1990) berichten über den Fall einer südafrikanischen Mutter, der eine befruchtete Eizelle ihrer Tochter implantiert und die damit zur leiblichen Mutter und Großmutter ihrer Enkelin wurde. Genetische und biologische Mutterschaft qua Schwangerschaft/Geburt trennen sich in diesen Fällen voneinander. Die gebärende Frau wird Mutter eines genetisch nicht von ihr abstammenden Kindes, eine biologische Zuordnung wird nur durch Schwangerschaft und Geburt erkennbar. In Kombination mit den unterschiedlichen Konstellationen von Eizellenspenderin und Samenspendern (bekannt – unbekannt, genetisch eigen – fremd) verwischen sich damit die bisher vertrauten Kriterien einer Eltern-Kind-Zuordnung.

Die Aufspaltung von genetischer und psychosozialer Elternschaft – bei Männern in der Realität ohnehin des öfteren vorhanden – wird nunmehr auch für Frauen selbstverständlicher. So könnte ein Kind, das von einer Frau geboren wurde, von der es genetisch nicht abstammt, drei Mütter besitzen: die Eizellen-Spenderin, die gebärende Frau und eine Frau, die dieses Kind adoptieren will. Bei Männern kommen der Samenspender und der soziale Vater als Elternpersonen in Frage. Der Zusammenhang von genetischer Abstammung, Schwangerschaft und psychosozialer Elternschaft nach Geburt des Kindes wird an Absprachen von Eizellenspenderin/Samenspender, austragender Frau und potentiellen psychosozialen Müttern/Vätern gebunden, wobei diese zum Teil identisch sein können.

Mit der Anwendung von Techniken der extrakorporalen Befruchtung wird eine zunehmende Auflösung der Einheit von schwangerer Frau und Fötus forciert, wie sie durch Entwicklungen in pränataler Diagnostik und Therapie schon vorher eingeleitet wurde (v.d. Daele 1988). Der »Fötus als Subjekt« wird eigenständig sichtbar und zunehmend zum Adressaten medizinischer Eingriffe (ebd.). Damit wird die qualitative Kontrolle der Menschenproduktion und die biologische Optimierung von Kindern ermöglicht und gefördert (Wrede 1989, 173).

Die Ektogenese – die Zeugung und Entwicklung lebensfähiger Menschen in der Retorte, in künstlichen oder auch tierischen Gebärmüttern – könnte in Zukunft Schwangerschaft und Geburt als Bestandteil einer sich entwickelnden Eltern-Kind-Beziehung ausschalten und die »Produktion« von Kindern unabhängig vom Körper einer Frau ermöglichen.

Alle Verfahren der künstlichen Befruchtung außerhalb des Mutterleibes ermöglichen Veränderungen der genetischen Substanz einer befruchteten Keimzelle. Dies betrifft den Austausch einzelner Gene, die Bildung neuer Kombinationen genetischen Materials, verschiedenste experimentelle Verfahrensweisen zur Verdoppelung identischer Lebewesen (Klonen), zur Kreuzung unterschiedlicher Arten u.a.m. Mit tierischen Zellen gelang es bereits, Zellkerne befruchteter Keimzellen so zu verschmelzen, daß den sich entwickelnden Tieren genetisch mehrere Elterntiere zuzuordnen sind.

Formen gespaltener Mutterschaft: Leih-, Auftrags- und Ersatzmutterschaft

Im Kontext der Reproduktionsmedizin geriet eine neuartige Form von Eltern-Kind-Beziehung in den Blickpunkt des öffentlichen Interesses: die sogenannte Auftrags-, Ersatz- oder Leihmutterschaft durch assistierte Zeugung. Ihr liegt als Sachverhalt zugrunde, daß ein Paar oder auch eine einzelne Frau sich ein Kind wünscht und die Frau kein eigenes Kind empfangen, austragen oder gebären kann. Diese reproduktiven Funktionen werden – unentgeltlich oder gegen Bezahlung – von einer zweiten Frau übernommen, das daraus entstehende Kind wird von den sogenannten Wunscheltern bzw. der Wunschmutter adoptiert und als eigenes Kind aufgezogen.

In den meisten Fällen unterzieht sich die sogenannte Leihmutter einer heterologen Insemination mit dem Samen eines Mannes, der später das

Kind zusammen mit seiner Ehefrau adoptiert. Der genetische Vater des Kindes ist dann auch sein sozialer Vater. Die soziale Mutter hingegen ist nicht in jedem Fall genetisch mit dem Kind verwandt; in der Reproduktionsmedizin sind weitere Formen gespaltener Mutterschaft technisch möglich geworden:

- Die Eizelle einer Frau kann in den Körper einer zweiten Frau gebracht und fertilisiert werden
- Die Eizelle einer Frau kann im Körper der genetischen Mutter befruchtet und ausgespült oder in vitro befruchtet und dann in den Körper einer zweiten Frau implantiert werden, die das Kind austrägt und es anschließend an die genetischen Eltern abgibt. In diesen Fällen wird in der Literatur manchmal der Begriff »Ammenmutterschaft« gewählt (Deutsch 1987).

Im Zusammenhang mit den wachsenden Möglichkeiten der Trennung von Sexualität, Zeugung und Produktion eines Kindes haben sich in vielen Ländern, z. B. in den USA, kommerzielle Agenturen etabliert, die sogenannte Leih- oder Auftragsmütter anwerben und alle medizinischen, finanziellen und rechtlichen Angelegenheiten zwischen ihnen und den sogenannten Wunscheltern kontrollieren (Harding 1986, Arditti 1987, Rhodes 1989). In der Praxis hat sich dabei eingespielt, einen Kontakt zwischen der Frau, die das Kind austrägt, und dem Paar mit Kinderwunsch herzustellen und vorweg einen Vertrag über Art des medizinischen Eingriffs, der Bezahlung, der Kontrolle von Behandlung und Lebensführung während der Schwangerschaft und der späteren Abgabe des Kindes abzuschließen (Hess-Diebäkker 1989, m.w.N.).

Wahrscheinlich kommt die Auftrags-, Ersatz- oder Leihmutterschaft weder im Ausland noch in der Bundesrepublik Deutschland häufig vor. Gleichwohl ist sie von grundsätzlicher Bedeutung für die rechtlich-soziale Ausgestaltung von Eltern-Kind-Beziehungen und auch von Geschlechterbeziehungen. Dieses Phänomen war deshalb international von starker öffentlicher Aufmerksamkeit und gesetzgeberischen Aktivitäten begleitet. Zahlreiche Regierungen beauftragten spezielle Kommissionen mit der Klärung der damit verbundenen rechtlichen und sozialen Probleme; in der BRD war dies die sogenannte »Benda-Kommission« (BMFT 1985), in Großbritannien die sogenannte »Warnock-Kommission« (DHSS 1984).

In der Bundesrepublik Deutschland stieß die sogenannte Leih-, Ersatz oder Auftragsmutterschaft auf nahezu einhellige Ablehnung, weit über politische, religiöse oder andere Parteilichkeiten hinweg. Die Gefahren einer Umwertung bisher gültiger Normierungen von Elternschaft, Schwangerschaft und Geburt wurden betont (Hess-Diebäcker 1989). »Die vorsätzliche Ablösung der sozialen von der biologischen Elternschaft mache das Kind ›biologisch ortlos‹ und damit abhängig von gesellschaftlichen Anerkennungen, die gewissermaßen willkürlich erfolgen könnten, da sie nicht mehr an das Faktum der Abstammung gebunden sind.« (Braun/Mieth/Steigleder 1987, 206) Eine der sogenannten Leihmutterschaft inhärente Parallele zur Adoption sei als unzulässiges Denkmodell abzulehnen, weil Kinder nicht wissentlich zum Zweck der Adoption erzeugt würden. »Auch wenn, ähnlich wie bei der Adoption, Zuwendung und Liebe nicht an die leiblichen bzw. genetischen Eltern oder ein Elternteil gebunden sind, bedeutet die bewußte und geplante Aufspaltung von Befruchtung, Geburt und Aufwachsen eines Kindes ein Höchstmaß von emotionaler, sozialer und vor allem rechtlicher Unsicherheit für das Kind, das nicht zu verantworten ist.« (Frauen und Arbeit 2, 1988, 3)

Die Ablehnung der Leihmutterschaft erfolgte im wesentlichen vor dem Hintergrund der bezahlten, vertraglich fixierten, vorsätzlichen Trennung von biologischer und psychosozialer Mutterschaft. Die hier vorgebrachten Argumente lassen sich folgendermaßen zusammenfassen:

- Die Kommerzialisierung der menschlichen Fortpflanzung wurde als unvereinbar mit der Würde des Kindes betrachtet. Das Kind werde im Auftrag und gegen Bezahlung gleichsam wie eine Handelsware produziert (Deutsch 1987). Die mit diesem Warencharakter verbundenen Vertragsformen und Handelsmechanismen implizierten auch die Ablieferung eines »einwandfreien« Produkts ohne kosmetische Mängel oder Behinderungen (v.d.Daele 1988).
- Damit verbunden werden dic Eltern-Kind-Zuordnung, die bislang an die Abstammung gebunden war, und die Anknüpfung an Elternrechte und -pflichten disponibel. Die bezahlenden Eltern können nicht verpflichtet werden, das Kind tatsächlich der Leihmutter abzunehmen, ebenso wie – zumindest in den meisten europäischen Rechtsordnungen – alle vertraglichen Verpflichtungen der Auftragsmutter rechtlich gegenstandslos sind.

  Andererseits wurde die Gefahr gesehen, daß das Kind zum Gegenstand eines Konflikts zwischen seinen genetischen Eltern werden könnte (BMFT 1985, 23, DHSS 1984). Nahezu alle Medien berichteten 1981 über den Fall des in Kentucky gezeugten »Baby X«: Eine Frau war gegen Bezahlung mit dem Samen des Ehemannes einer sterilen Frau inseminiert worden und hatte sich zunächst bereit erklärt, das Kind anschließend an das Ehepaar abzugeben. Sie widerrief nach der Geburt des Kindes ihre Zustimmung zur Adoption. In mehreren Sorgerechtsprozessen wurde dem Ehepaar das Sorgerecht für das Kind zuerkannt.

- Die Kommerzialisierung des weiblichen Körpers wurde als unvereinbar mit der Würde der Frau betrachtet. Leitfigur der politischen Auseinandersetzung war dabei die ökonomisch unterprivilegierte, ausbeutbare, in ihrer Lebensführung total kontrollierte Frau, die einem relativ wohlhabenden Paar mit Kinderwunsch gegenübersteht.
  In der feministischen Auseinandersetzung wurde die Nähe zu Verkehrsformen der Prostitution betont, Leihmutterschaft wurde als »Zucht-Modell« der Prostitution bezeichnet (Arditti u.a. 1985). Während jedoch im Bereich der Prostitution eine Instrumentalisierung des eigenen Körpers inzwischen toleriert und die Selbstorganisation betroffener Frauen von kritischer Solidarität begleitet wird, erstreckte sich die Ablehnung der kommerzialisierten Gebärfähigkeit auch auf die Leihmütter selber (Kontos 1986). Durch die Kommerzialisierung der menschlichen Fortpflanzung werde die Reproduktionsautonomie der Frau zugunsten einer noch stärkeren Kontrolle ihrer reproduktiven Fähigkeiten eingeschränkt (Hess-Diebäcker 1989, Wrede 1989).
- Die emotionalen Risiken der betroffenen Frauen und Kinder wurden als unabschätzbar bewertet. Durch Schwangerschaft und Geburt entstehe eine enge biologische und vor allem eine emotionale Beziehung zwischen einer Frau und dem geborenen Kind, die schwer zu durchbrechen sei (DHSS 1984). »Eine Vereinbarung über eine Ersatzmutterschaft ... läßt außer acht, daß die Entwicklung im Mutterleib ein wichtiger Teil der Persönlichkeitsentwicklung des Kindes ist und daß der biologischen wie der psychischen Beziehung zwischen der Schwangeren und dem Kind für diese Entwicklung besondere Bedeutung zukommt. Diese besonders geartete Beziehung, die durch die natürliche Verbindung des ungeborenen Lebens mit dem der Mutter begründet wird, würde beeinträchtigt, wenn die Schwangerschaft als eine Art Dienstleistung übernommen würde. Die für die Entwicklung des Kindes wesentliche enge persönliche Beziehung zwischen der Schwangeren und dem Kind könnte unter diesen Umständen kaum zustande kommen.« (BMFT 1985, 23)

Im Gegensatz zu anderen Ländern (Corea 1985, Arditti 1987, Rhodes 1989) konnte in der BRD eine umfangreiche Kommerzialisierung der weiblichen Gebärfähigkeit und der bezahlten Auftragsproduktion von Kindern unterbunden werden. Der Versuch, 1987 in Frankfurt und später auch in anderen Städten eine erste Leihmutteragentur zu eröffnen, mußte aufgegeben werden.

In der Bundesrepublik sind inzwischen alle Formen von Ersatzmutterschaft durch assistierte Zeugung mit Strafe bedroht, Ersatzmutterschaft auf dem Wege natürlicher Zeugung ist dagegen nicht strafbar. Das seit dem 1. 1. 1991 geltende Embryonenschutzgesetz (ESchG) der BRD stellt die Übertragung einer fremden unbefruchteten Eizelle auf eine Frau unter Strafe (§I, Nr. 1), ebenso die Befruchtung einer Eizelle, um den Embryo auf eine Frau zu übertragen. Eizellenübertragung und die Durchführung einer Embryonenspende sind verboten. Die Ersatzmutter selber und die Wunscheltern bleiben straffrei, bestraft wird der/die assistierende Arzt/Ärztin.

Die Vermittlung von Ersatzmüttern und die öffentliche Suche oder das Anbieten von Ersatzmüttern werden seit 1989 durch das Adoptionsvermittlungsgesetz unter Strafe gestellt. Die verschiedentlich vorgetragenen Überlegungen, ähnlich wie z. B. in Großbritannien zu verfahren und unentgeltliche Auftrags- oder Ersatzmutterschaft zwischen Verwandten nicht unter Strafe zu stellen und damit gleichsam als innerfamiliale Hilfeleistung sozial zu akzeptieren, werden durch das Adoptionsvermittlungsgesetz nicht gebilligt.

Auftrags- und Leihvaterschaft: heterologe Insemination

In auffälligem Gegensatz dazu wird die heterologe Insemination mit dem Samen eines unbekannten Mannes in nahezu allen Industrieländern, auch in der Bundesrepublik Deutschland, praktiziert und rechtlich toleriert. Sie erfolgt dann, wenn ein Mann keine eigenen Kinder zeugen kann und seine Ehefrau und er sich ein Kind wünschen, ein außerehelicher Geschlechtsverkehr der Frau aber von beiden abgelehnt wird. Die heterologe Insemination wird vor allem mit dem Argument befürwortet, einem kinderlosen Ehepaar werde damit der Kinderwunsch erfüllt, ohne die Paarbeziehung zu gefährden (BMFT 1985, 12 f).

In der Regel wird dem Spender völlige Anonymität zugesichert. Oftmals werden Samenmixturen mehrerer unbekannter Spender verwendet, die eine Feststellung der genetischen Abstammung des Kindes unmöglich machen. Die Person des biologischen Vaters wird damit im Prozeß der Entwicklung eines Menschen nur noch auf die Ablieferung genetischen Materials reduziert.

Während zu Beginn der gezielten medizinischen Anwendung von Techniken künstlicher Insemination (vor ca. 30 Jahren) die heterologe Insemination – damals die Befruchtung mit dem Samen eines nicht mit der Frau verheirateten Mannes – allgemein abgelehnt und als Verstoß gegen die Menschenwürde (Giesen 1962) deklariert wurde, relativierte sich in den Folgejahren diese Position. Der Deutsche Ärztetag hielt 1959 die homologe Insemination unter Vorbehalten für zulässig, lehnte aber die heterologe Insemination als unsittlich und standeswidrig ab. 1970 wurde hingegen die einverständliche heterologe Insemination bei Ehepaaren für berufsständisch zulässig, gleichwohl als nicht empfehlenswert erklärt.

Zahlreiche Publikationen der achtziger Jahre beziehen sich – unter den Aspekten des Rechtes auf Kenntnis der genetischen Abstammung, der Erhältlichkeit von Samenspenden, der Anfechtungsmöglichkeiten eines Schein-Vaters, des Kindeswohls und der Erhaltung des Familienfriedens – auf die Zulässigkeit der heterologen Insemination (Schumacher 1987, m.w.N.). Zunehmend wird dabei die Anonymität des Samenspenders problematisiert und das Recht des Kindes auf Kenntnis der genetischen Abstammung hervorgehoben (Seibert 1986, m.w.N.). Dem wird entgegengehalten, daß das Recht auf Kenntnis der genetischen Abstammung auch bei natürlich gezeugten Kindern nur schwer durchzusetzen sei und – dies vor allem – daß bei einer Registrierung der betroffenen Männer Samenspenden nur noch schwer erhältlich seien. Dabei wird auf die Erfahrungen in Schweden verwiesen, das als einziges Industrieland seit 1984 die Dokumentation der Personalien des Samenspenders und ein Einsichtsrecht des volljährigen Kindes vorschreibt. Seitdem sind heterologe Inseminationen in Schweden sehr selten geworden.

Der Europarat beschäftigte sich 1979 und 1986 mit der heterologen Insemination. In seinem Entwurf vom 5. 3. 1979 sah er die absolute Anonymität des Samenspenders als zwingend an. In seinem Entwurf vom 5. 3. 1986 empfahl er den Mitgliedsländern, die Anonymität des Samenspenders zu wahren, gleichzeitig sollte für Kinder von einem bestimmten Alter an ein Recht auf Kenntnis der eigenen Abstammung gewährleistet werden.

Der 56. Deutsche Juristentag hielt 1986 die heterologe Insemination für vereinbar mit der Menschenwürde des Kindes. Die »Benda-Kommission«

(BMFT 1985) empfahl aber, den ärztlichen Einrichtungen zu gebieten, die Personalien des Samenspenders zu dokumentieren und die entsprechende Aufzeichnung auf Anforderung dem Kinde nach Vollendung seines 16. Lebensjahres zur Einsichtnahme vorzulegen (17). Eine solche Registrierungspflicht wurde in der Bundesrepublik Deutschland bisher rechtlich nicht verankert.

Für einige ausländische Rechtsordnungen wird derzeit die Dokumentation von Angaben über Samenspender diskutiert (Frank 1988, 118). Der österreichische Entwurf eines Fortpflanzungsmedizin-Gesetzes sieht eine Dokumentationspflicht vor und ein Recht des volljährigen Kindes auf Einsicht in die ärztliche Dokumentation.

Eispende

Bereits praktiziert wird die sogenannte Eispende einer Frau für eine andere Frau. Sie geschieht, indem die Eizelle einer Frau in vitro befruchtet und der Embryo in den Körper einer anderen Frau – der späteren sozialen Mutter des Kindes – übertragen wird oder indem die Eizelle einer Frau im Körper einer anderen Frau befruchtet wird. Die Eispende wird generell mit der heterologen Insemination verglichen, wenngleich sie noch mit größeren medizinischen Risiken behaftet und mit anderen psychologischen Bedingungen verbunden ist.

Die »Benda-Kommission« (BMFT 1985, 18) diskutierte die unterschiedlichen medizinischen und psychologischen Voraussetzungen von Ei- und Samenspende, empfahl aber eine rechtlich gleiche Behandlung. Betont wurde auch hier das Recht des Kindes auf Kenntnis der genetischen Abstammung.

Künstliche Zeugung und Ehelichkeit

Besondere Aufmerksamkeit erfuhr die künstliche Zeugung bei unverheirateten Frauen, insbesondere dann, wenn sie nicht mit dem genetischen Vater des Kindes zusammenleben möchten. Überwiegend wird die Auffassung vertreten, medizinische Zeugungshilfen nur innerhalb einer bestehenden Ehe zu leisten, entsprechend den Richtlinien, die 1985 von der Bundesärztekammer verabschiedet und seither praktiziert wurden. Zeugungshilfen dürften nicht dazu dienen, nichtehelichen Lebensgemeinschaften – und erst recht nicht alleinstehenden Frauen – zu einem Kind zu verhelfen (Harder 1987, m.w.N.). Begründet wird dies mit dem grundgesetzlich garantierten Schutz von Ehe und Familie (Art. 6 GG) und dem Recht des Kindes auf beide Eltern (Benda 1985); dem Kind sei das Fehlen eines sozialen Vaters nicht zuzumuten (BMFT 1985, 26).

Damit wird eine als medizinische Behandlung deklarierte Hilfeleistung an einen spezifischen sozialen Status gebunden. Praktisch beinhaltet dies einen Heiratszwang für ungewollt kinderlose Frauen. Andere AutorInnen heben deshalb das Recht der unverheirateten und alleinlebenden Frau auf freie Entfaltung der Persönlichkeit (Art. 2 I GG) hervor und damit auch das Recht auf medizinisch mögliche und vertretbare Fortpflanzungshilfen (Coester-Waltgen 1986, Harder 1986). Zudem hätten Frauen auch sonst die Möglichkeit des Sexualkontaktes mit Männern, die ihnen unbekannt sind und es auch bleiben. Dies sei durch den Gesetzgeber nicht beeinflußbar.

Straf- und Standesrecht, familienrechtliche Eltern-Kind-Zuordnungen

Die neuartigen Techniken der Reproduktionsmedizin stellen traditionelle Rechts- und Sozialbeziehungen des Eltern-Kind-Verhältnisses in Frage und haben in vielen Ländern umfangreiche Diskussionen und gesetzgeberische Initiativen ausgelöst. Dem Recht als Kodifikation von »Minimalstandards einer Sozialethik« (Coester-Waltjen 1986) kommt zum einen eine Steuerungs- und Ordnungsfunktion insofern zu, als unerwünschte und bedrohlich erscheinende Anwendungen von Reproduktionstechniken verhindert werden sollen. Mittel des Rechts sind etwa die Sanktionierung durch Straftatbestände, Schadensersatznormen oder standesrechtliche Vorschriften für medizinische und biotechnologische Berufe. Zum anderen erfordert die Auflösung des Zusammenhangs von genetischer, biologischer und sozialer Elternschaft, die Interessen des Kindes und der Eltern in rechtlichen Zuordnungskriterien zu fixieren.

Rechtspolitische Diskussionen der neuen Reproduktionstechniken erfolgten in der Bundesrepublik verstärkt seit Beginn der achtziger Jahre, Vorschläge zur Regelung der Fragen, die im Zusammenhang mit künstlichen Inseminationen und In-vitro-Fertilisationen anstehen, wurden durch die sog. »Benda-Kommission« (BMFT 1985) und den Beschlußkatalog der Zivilrechtlichen Abteilung des 56. Deutschen Juristentages (1986) unterbreitet. Der Europarat richtete 1985 einen Sachverständigenausschuß für Fortschritte in der biomedizinischen Wissenschaft (CAHBI) ein. Die Bundesärztekammer verabschiedete »Richtlinien zur Durchführung von In-vitro-Fertilisation und Embryotransfer als Behandlungsmethode der menschlichen Sterilität« (Deutsches Ärzteblatt 1985, 1691-1698) und gab ihr durch Änderung der Berufsordnung sanktionierenden Charakter.

Das Adoptionsvermittlungsgesetz stellt seit 1989 die Suche nach und die Vermittlung von sog. »Ersatzmüttern« unter Strafe. Adoptionen dürfen nur durch Jugendämter und nicht durch kommerzielle Vermittler erfolgen.

Das seit Januar 1991 in der BRD geltende Embryonenschutzgesetz (EschG) verbietet alle Formen gespaltener Mutterschaft, bei denen die austragende Frau nicht mit der Eizellen-Spenderin identisch ist. Unter Strafe gestellt wurden ferner der Gentransfer in menschliche Keimbahnzellen, die Verwendung menschlicher Embryonen ausschließlich zu Forschungszwecken, die Ektogenese, die manipulierte Geschlechtswahl, die postmortale Insemination, die Züchtung von Chimären und Hybridwesen und das Klonen genetisch identischer Menschen-Kopien. Ob und in welchem Ausmaß damit technisch machbare und im Ausland auch praktizierte Entwicklungen unterbunden werden können, bleibt ungewiß.

Nicht unter Strafe gestellt und praktiziert wird bis heute die heterologe Insemination, die Zeugung mit dem Samen anonymer Spender.

Im Hinblick auf die in dieser Untersuchung angesprochenen Fragestellungen ist von Bedeutung, wer in Fällen der Spaltung von biologischer und sozialer Elternschaft als Mutter oder Vater eines Kindes anzusehen ist. Diese Fragen werden im juristischen Schrifttum unter dem Gesichtspunkt von Elternrechten und -pflichten diskutiert, zum anderen unter dem Aspekt erörtert, ob das Kind ein Recht auf Kenntnis der genetischen Abstammung und auf eindeutige Zuordnung zu einer oder beiden Elternpersonen hat.

Coester-Waltgen, Gutachterin des 56. Deutschen Juristentages, hält im Bereich der Eltern-Kind-Zuordnung die Kriterien der Statusklarheit und Statussicherheit für besonders vordringlich: Die Zuordnungskriterien sollten möglichst auf nur eine, leicht identifizierbare Person hinweisen, eine Zuordnung sollte in jedem Fall erfolgen und auch unter Berücksichtigung möglicher Anfechtungen bestandsfest sein.

»Betrachtet man … die Umstände, die zum Phänomen Elternschaft beitragen, so kommt den Keimzellen in zunehmendem Maße als einzigem Element die Rolle der ›conditio sine qua non‹ zu: Ohne die Keimzellenverschmelzung kann kein Kind und damit keine Eltern-Kind-Beziehung entstehen. Alle anderen Elemente wie Schwangerschaft, Geburt, soziale Fürsorge sind – zumindest in nächster Zukunft – für die Begründung, wenngleich nicht für den Bestand der Eltern-Kind-Beziehung eleminierbar.« (Coester-Waltjen 1986, 85) Das Interesse des Kindes an einer Kenntnis der eigenen Abstammung würde damit gewahrt. »Auch unter dem Gesichtspunkt der Legitimation der Elternposition erscheint das genetische Element ... von besonderer Bedeutung: Die Verantwortlichkeit, die Pflichtposition der Eltern kann in erster Linie den Personen auferlegt werden, die durch die Zurverfügungstellung der eigenen Keimzellen zur Entstehung des menschlichen Lebens beigetragen haben. ... Die andere Seite der Legitimation, nämlich die Berechtigung zur Elternrolle, läßt sich ebenfalls aus diesem Kriterium ableiten. Die Keimzellen einer Person sind Teil ihrer Persönlichkeit und rücken diese Person in eine besondere Position zu dem daraus entstehenden neuen menschlichen Leben.« (ebd., 86)

Als Schwierigkeit dieser »richtigen« Eltern-Kind-Zuordnung anhand der genetischen Verbindung betrachtet Coester-Waltjen, daß man auf technische Verfahren zur Bestimmung der Mutter- und Vaterschaft angewiesen ist. »Es fehlte bei der Geburt die Zuordnung zu zumindest einem Elternteil und in der Mehrzahl der Fälle sowohl der natürlichen als auch der künstlichen Befruchtung würde sich das Feststellungsverfahren als zu kompliziert und aufwendig erweisen ...« (Ebd., 87) Coester-Waltjen befürwortet deshalb Schwangerschaft und Geburt als Kriterium einer originären Mutter-Kind-Zuordnung, das leicht erkennbar ist und im Regelfall der genetischen Verbindung entspricht. Sie fand damit die Zustimmung des 56. Deutschen Juristentages, der sich für die alleinige Mutterschaft der gebärenden Frau aussprach.

In der rechtswissenschaftlichen Literatur wird ebenfalls die Mutter-Kind-Zuordnung durch den Akt der Geburt – und nicht durch die genetische Abstammung – allgemein bejaht (Seibert 1986, Schumacher 1987, Ramm 1990). Ausländische Rechtsordnungen beinhalten überwiegend ähnliche Regelungen (Harding 1987). Dies wird auch damit begründet, daß durch Schwangerschaft und Geburt eine biologische und psychosoziale Mutter-Kind-Beziehung geschaffen wird, deren Bedeutung die genetische Abstammung überlagert. Zudem sei die Empfängerin einer Eispende in der Regel gewillt, die Elternverantwortung zu übernehmen.

Bei einer Heranreifung von Kindern in der Retorte entfiele die Geburt als Merkmal der Zuordnung und würde wahrscheinlich durch die Zuordnung zu Eizellen-Spenderin und Samenspender ersetzt.

Die rechtliche Vater-Kind-Zuordnung erfolgt auch in Fällen künstlicher Zeugung nach den Grundsätzen des Abstammungsrechtes und folgt der hier geltenden Unterscheidung nach den Kriterien der Ehelichkeit:

- Als ehelich gilt ein Kind, wenn es innerhalb von 302 Tagen nach Eheschließung, Auflösung oder Nichtigerklärung der Ehe geboren wird (§ 1593 BGB). Der Ehemann der Mutter gilt dann unabhängig von der realen genetischen Verbindung als Vater des Kindes.
- Als nichteheliches Kind gilt das von einer unverheirateten Mutter geborene Kind, als sein Vater der Mann, der unabhängig von der realen genetischen Verbindung die Vaterschaft anerkennt oder gerichtlich als Vater festgestellt wird.

Bewertung der Diskussionen um die Anwendung reproduktionsmedizinischer Techniken

Die Entwicklungen der Reproduktionsmedizin haben bislang gültige, explizit benannte und unausgesprochene Normierungen des Eltern-Kind-Verhältnisses in Frage gestellt. Sie waren von einem allgemeinen Erschrecken über nunmehr mögliche Formen der Menschenzüchtung begleitet. Dies hat eine Auseinandersetzung über ethische und rechtlich definierte Grenzen technisch möglicher Prozesse herbeigeführt.

Derzeit scheint kaum vorstellbar, daß in Zukunft so weitgehende Eingriffe in die menschliche Genstruktur toleriert werden, daß Eltern-Kind-Zuordnungen davon praktisch betroffen wären. Eltern-Kind-Beziehungen auf der Grundlage von transvaginaler Insemination und extrakorporaler Zeugung bleiben dennoch problembeladen.

Es ist zu begrüßen, daß mit den Gesetzesinitiativen der Bundesrepublik Deutschland versucht wurde, eine Kommerzialisierung der weiblichen Gebärfähigkeit und die Degradierung von Kindern zu einer Art Handelsware zu unterbinden. Weil die Leih- oder Auftragsmutterschaft aber in vielen Ländern praktiziert wird, ist durchaus zu vermuten, daß eine Gewöhnung an damit verbundene Formen der Trennung von genetischer und psychosozialer Elternschaft eintritt. Begünstigt wird dies zudem durch die künstliche Insemination und die in-vitro-Fertilisation mit Embryonentransfer, die auch in der Bundesrepublik praktiziert und sozial akzeptiert werden. »Gedankliche Voraussetzung für vertragliche Regelungen von Leihmutterschaft, wie sie in den USA praktiziert werden, ist die Negation einer Einheit von Schwangerer und Fötus, die Vorstellung vom Fötus als eigenständigem ›Patienten‹ und von der biologischen Mutter als medizinischem und sozialem Risiko.« (Hess-Diebäcker 1989, 187)

Ein Motiv für die Anwendung von Fortpflanzungstechniken beim Menschen ist die ungewollte Kinderlosigkeit. Sie kann aus vielerlei Gründen als Problem empfunden werden, und schon immer wurde hier nach Lösungen gesucht. Bereits das Alte Testament berichtet, daß Sklavinnen und Mägde als Ersatzfrauen und austragende Mütter benutzt und ihre Kinder anschließend von einer anderen Frau als eigene betrachtet und aufgezogen wurden (Genesis, 16,1; 1. Mose 30, 1-3).

Die Adoption eines Kindes stellte in der Vergangenheit die klassische und sozial akzeptierte Lösung für ungewollt kinderlose Paare dar. Aus unterschiedlichen Gründen werden heute weniger Kinder zur Adoption freigegeben, etwa wegen verbesserter Methoden der Empfängnisverhütung, Möglichkeiten eines Schwangerschaftsabbruchs und sozialer Akzeptanz Alleinerziehender. Um jedes dieser Kinder bemühen sich in der Bundesrepublik derzeit mehrere hundert adoptionswillige Eltern.

Viele nunmehr praktizierte Lösungsversuche ungewollter Kinderlosigkeit, etwa die Adoption eines Kindes aus der Dritten Welt, sind mit starken ethischen und sozialen Problemen behaftet. Die technischen Möglichkeiten der Fortpflanzungsmedizin lassen andere Möglichkeiten zur Bewältigung der ungewollten Kinderlosigkeit zugänglich werden. Dies erschwert eine rechtliche Sanktionierung.

Im Kontext der Diskussionen um Entwicklungen der Reproduktionsmedizin und insbesondere der sogenannten Leihmutterschaft werden – im Gegensatz zu bisherigen Entwicklungen des Familienrechts – Elemente des »natürlichen« Eltern-Kind-Verhältnisses wieder stark betont. In besonderer Weise gilt dies für die »Natur« des Mutter-Kind-Verhältnisses. Zu Recht wird gesehen, daß Schwangerschaft und Geburt für die Frau ebenso wie für das Kind eine besondere Art der biologischen und auch der psychosozialen Beziehung begründen, die in dieser Weise für das Vater-Kind-Verhältnis niemals existieren wird. Sie kann auch nicht durch technische Einrichtungen oder tierische Gebärmütter ersetzt werden und sollte nicht zur Disposition stehen. Die sozial und rechtlich unterschiedliche Bewertung von Eizellen- und Samenspende zeigt aber darüber hinaus, daß gespaltene Mutterschaft und gespaltene Vaterschaft unterschiedlich bewertet werden. Das Auseinanderfallen von genetischer und psychosozialer Vaterschaft scheint

Kindern eher zumutbar zu sein als ein Auseinanderfallen von genetischer und sozialer Mutterschaft. Der genetischen Verbindung von Mutter und Kind wird eine andere Qualität zuerkannt als der genetischen Beziehung zwischen Vater und Kind. Dies kann auch als Versuch interpretiert werden, »Mutterliebe« als eine quasi-natürliche Form der Mutter-Kind-Beziehung neu zu betonen und das Recht des Kindes auf seine Mutter hervorzuheben.

Die Widersprüche, die das Verhältnis von Frauen zum eigenen Körper, zu noch ungeborenen Kindern, zu biologischen und sozialen Vätern und zur Verrechtlichung bzw. -Kommerzialisierung der weiblichen Gebärfähigkeit betreffen, erscheinen derzeit nicht lösbar.

In gewisser Weise hat das Phänomen Leih- oder Auftragsmutterschaft instrumentelle Funktionen der weiblichen Gebärfähigkeit zugespitzt hervortreten lassen, die tendenziell dem Geschlechter- und auch dem Eltern-Kind-Verhältnis eigen sind. Wert und sozialer Status von Frauen waren immer auch über ihre Gebärfähigkeit bestimmt. Deren Kontrolle durch Jungfräulichkeits- und Keuschheitsgebote sowie den Zugang zu Empfängnisverhütung und Geburtenreduktion kennzeichnet patriarchale Gesellschaften ebenso wie die Verfügungsmacht, das Nutzungsrecht und die Befehlsgewalt von Männern über die eigenen Kinder (Schmerl 1989).

Im Kontext der Reproduktionsmedizin tritt die wachsende Kontrolle und Verrechtlichung des Kinderwunsches deutlich zutage (Kontos 1986). Dem »natürlichen« und damit der Notwendigkeit einer Begründung enthobene Kinderwunsch steht die assistierte und damit zu begründende Zeugung gegenüber. Insbesondere der Ärzteschaft – den medizinischen Experten – wird die Berechtigung zuerkannt, zwischen einem legitimen und illegitimen Kinderwunsch zu unterscheiden und entsprechende Kontrollmechanismen einzuschalten, wie etwa die eheliche Bindung eines Paares. »Im Kern schaffen die neuen Techniken die technischen Voraussetzungen für eine Vergesellschaftung der menschlichen Fortpflanzung. Was bisher den indivuellen Entscheidungen von Frauen bzw. dem Verständigungsprozeß innerhalb von Paaren überlassen war und nur durch ökonomischen Druck sowie allgemeine Normierungen und gesetzliche Rahmenbestimmungen reguliert wurde ... wird nun direkten gesellschaftlichen Zugriffen zugänglich.« (Kontos 1986, 18)

Wissenschaftliche Analysen der genetischen Ausstattung

Daß morphologische und physiologische Merkmale von Menschen genetischen Einflüssen unterliegen, ist fest im Alltagswissen von Menschen verankert und durch wissenschaftliche Ergebnisse vielfach bestätigt. Die Determiniertheit menschlichen Verhaltens durch genetische Ausstattung und soziokulturelle Einflüsse ist darüber hinaus zentraler Forschungsgegenstand der Humanwissenschaften, insbesondere der Psychologie, und initiiert seit Jahrzehnten eine ausgedehnte Anlage/Umwelt-Debatte über den engeren wissenschaftlichen Kontext hinaus (Lewontin u.a. 1988, m.w.N.). Zentrale Themenschwerpunkte dieser Debatte waren etwa die Intelligenzentwicklung und die Vererbung spezifischer Verhaltensdispositionen oder auch psychotischer Störungen.

Die engen Wechselbeziehungen zwischen der Entwicklung einer sozialen Ordnung und wissenschaftlichen Theorien treten im Kontext dieser Anlage/Umwelt-Debatte besonders deutlich hervor. Ihre wissenschaftsgeschichtliche und sozialpolitische Bedeutung lag vor allem in der normativen Interpretation individueller Entwicklungsmöglichkeiten von Menschen und der sie begleitenden politischen Strategien. »Der biologische Determinismus (Biologismus) war immer ein wirkungsvolles Mittel, manifeste Ungleichheiten in bezug auf Status, Besitz und Macht … zu erklären und ›Universalien‹ des menschlichen Verhaltens als natürliche Merkmale dieser Gesellschaften zu definieren.« (Lewontin u.a. 1988, 4) Jensens (1969) und Eysencks (1975) Thesen der rassisch bedingten Intelligenzunterschiede erfuhren weltweite Aufmerksamkeit und wurden auch politisch instrumentell verwertet.

Wenn hingegen in der wissenschaftlichen Auseinandersetzung die Formbarkeit menschlichen Verhaltens durch soziale und kulturelle Kräfte betont wird, zieht dies andere politische Schlußfolgerungen nach sich. Entwicklungspsychologische Forschungsarbeiten der siebziger und achtziger Jahre mit sozialem und politischem Impetus führten Unterschiede der Intelligenzentwicklung und der Teilhabe an beruflichen, sozialen, politischen Chancen auf sozioökonomische und nicht auf genetische Faktoren zurück. Sie mündeten ein in politische Interventionsprogramme zur Verbesserung von Bildung, Erziehung und anderen infrastrukturellen Maßnahmen.

Vergleicht man heutige Theorien über das Wechselverhältnis von genetischer Disposition und deren Modifikation durch Umwelteinflüsse mit Aussagen der letzten Jahrzehnte, so läßt sich sicherlich feststellen, daß jetzt die genetische Determiniertheit des Individuums neu betont wird. Mit der Entdeckung der menschlichen Genstruktur und Weiterentwicklungen der Genomanalyse – eines derzeit international intensiv verfolgten Forschungsprogramms – wird der genetischen Ausstattung des Menschen aufs neue besondere Aufmerksamkeit zuteil.

Die Entdeckung und Heilung genetisch bedingter Krankheiten stellt eine starke Legitimationsgrundlage für die Erforschung der menschlichen Genstruktur dar. Befördert werden – etwa im Kontext der vorgeburtlichen Diagnostik – aber auch Vorstellungen der genetischen und physiologischen Optimierung des zukünftigen Kindes und der »Zuchtwahl« von Menschen im Hinblick auf spezifische soziale, intellektuelle oder physiologische Anforderungen.

An Bedeutung gewinnt auch der Gedanke, individuelle Verhaltensweisen des Kindes seien, ebenso wie die seiner Eltern, biologisch determiniert. So könnten etwa Eltern ihren Kinderwunsch in Zukunft stärker auf das (Nicht-)Vorhandensein spezifischer genetischer Merkmale abstimmen und Kindern könnte in Zukunft ein Anspruch auf eine angemessene genetische Ausstattung zuerkannt werden.

Wenn die Genetik eine größere Bedeutung für die Subjektkonstitution und Ontogenese von Individuen erhält, betrifft dies auch die Bewertung von Eltern-Kind-Beziehungen. »Wo das biologische Abstammungsverhältnis in den Mittelpunkt rückt, spielt regelmäßig neben dem Kindeswohl das Recht der leiblichen Eltern eine Rolle.« (Coester 1983, 354) Mit der Idee, Individualität und Persönlichkeitsentwicklung seien genetisch begründet, wird die biologische Verbindung zwischen leiblichen Eltern und Kindern im Verhältnis zu den Einflüssen sozialer Interaktionen und Institutionen immer wichtiger. Die biologische Herkunft eines Kindes und deren rechtliche Bewertung sind deshalb zunehmend Gegenstand familienrechtlicher Auseinandersetzungen.

Das Recht auf Kenntnis der genetischen Abstammung

Das Recht des Kindes auf Kenntnis seiner genetischen Abstammung wird in der juristischen Literatur als Grundrecht und absolutes Privatrecht (im Sinne des § 823 I BGB) angesehen (Schuhmacher 1987, 319, m.w.N.). Problematisch ist in der Lebenspraxis die Durchsetzung dieses Rechtes dann, wenn genetische Abstammung und tatsächliche Lebensverhältnisse auseinanderfallen. Dies trifft z. B. dann zu, wenn die nicht verheiratete Mutter den Vater ihres Kindes nicht kennt oder nicht benennt, wenn ein Kind außerehelich gezeugt wurde, bei adoptierten Kindern oder auch bei der heterologen Insemination mit dem Samen eines unbekannten Spenders.

Die Frage, ob die Mutter eines nichtehelichen Kindes diesem gegenüber verpflichtet sei, die Person des biologischen Vaters zu benennen, wurde nach dem Inkrafttreten des BGB kaum erörtert und wenn, dann unter vermögensrechtlichen Aspekten (Giesen 1989, 365, m.w.N.). Sie wurde überwiegend verneint. Es galt insoweit, was Artikel 340 des Code civil früher angeordnet hatte: La recherche de la paternité est interdite.

Erste Ansätze zu einer »genetischen Klärung« unternahm die Rechtsprechung während des Nationalsozialismus. Angesichts der Bedeutung der Abstammung für die Rassenlehre, »weil rassen- und bevölkerungspolitische Belange des Volkes sie erfordern« (RGZ 160, 293/296), wurde die Klage zur Feststellung der Vaterschaft 1937 für zulässig und nach 1945 wieder für unzulässig erklärt.

Die rechtsdogmatische Ausformulierung des allgemeinen Persönlichkeitsrechts auf der Basis der Artikel 1 und 2 GG führte in den fünfziger Jahren zu dem Ergebnis, hier sei auch das Recht auf Kenntnis der eigenen Abstammung verankert (Giesen 1989, m.w.N.), der Bedeutung für die Entfaltung von Individualität zuerkannt wurde. Ausschlaggebend waren zudem unterhaltsrechtliche Fragen und das Gleichstellungsgebot für nichteheliche Kinder. Das Nichtehelichengesetz des Jahres 1969 erklärte die Zuordnung des nichtehelichen Kindes zu seinem Vater zur öffentlichen Aufgabe und verankerte damit eine Vaterschaftsfeststellungspflicht.

Für einen Anspruch des Kindes gegen die Mutter auf Benennung des genetischen Vaters wurde jedoch überwiegend keine (einfachrechtliche) Rechtsgrundlage gesehen (Koch 1990, m.w.N.), denn auch das Recht der Mutter auf Wahrung ihrer Intimsphäre galt als schutzwürdig. Jedoch blieb das Verhalten der Mutter nicht sanktionsfrei. So wurde angenommen, ihr Verschweigen rechtfertige die Beibehaltung der Amtspflegschaft nach § 1707 (Soergel-Gaul vor § 1600a Rz. 2, m.w.N. aus der Rechtsprechung). Zudem wurde ihr Anspruch auf Sozialhilfe unter Umständen bestritten, da sie vorsätzlich eine Einnahme ausschlage.

Die Widersprüche bei der Durchsetzung eines Rechts auf Kenntnis der genetischen Abstammung werden auch im Bereich der Ehelichkeitsanfechtung und -erklärung sichtbar. Ist die Mutter des Kindes verheiratet und wurde das Kind nicht mit dem Ehemann der Mutter gezeugt, so ist nach

Bürgerlichem Recht die Ehe der Eltern – und nicht die biologische Vaterschaft – Grundlage einer abstammungsrechtlichen Zuordnung des Kindes. Damit sollten auch tatsächliche Lebens- und Sozialisationsbedingungen eines Kindes geschützt werden. Die Anfechtung der Ehelichkeit des Kindes stand bis 1961 nur dem Ehemann zu. Bis heute hat die Mutter kein Recht darauf, die Ehelichkeit anzufechten. Auch das Kind selbst konnte nur in sehr eingeschränkten Fällen gegen sie Einspruch erheben (§ 1596 Abs.1).

Dem genetischen Vater werden keinerlei Rechte oder Anwartschaften auf das Kind eingeräumt. Sofern der nicht-biologische Vater zur Übernahme der psychosozialen Vaterschaft bereit war, wurde – unter dem Gedanken der Priorität von Eheschutz und Kindeswohl – die biologische Vater-Kind-Beziehung für unwichtig gehalten.

Parallel dazu trat im Familienrecht bis in die achtziger Jahre hinein der absolute Vorrang biologischer Elternschaft hinter tatsächlich bestehende soziale Eltern-Kind-Beziehungen zurück (Koch 1990, m.w.N.). Im Pflegekinderwesen wurden Rechte natürlicher Eltern unter dem Aspekt tatsächlich entstandener Beziehungen des Pflegekindes eingeschränkt. Um die ungestörte Entwicklung des adoptierten Kindes zu gewährleisten, wurden alle Rechte seiner natürlichen Eltern den Adoptionseltern übertragen und damit genetische Verwandtschaftsverhältnisse rechtlich ausgelöscht. Allerdings hat das adoptierte Kind nach Vollendung seines 16. Lebensjahres ein Recht auf Einsicht in den Geburtseintrag und damit auch die namentliche Kenntnis seiner genetischen Eltern. Im Scheidungsrecht wurde den tatsächlichen Bindungen und den realen Lebensverhältnissen eines Kindes immer stärkere Bedeutung gegenüber biologisch begründeten Elternrechten eingeräumt.

Neuere Rechtsentwicklungen deuten darauf hin, daß die bislang im Familienrecht erkennbare Relativierung der »Blutselternschaft« wieder in Frage gestellt wird. Dies geschieht in erster Linie nicht, um die Rechte der Eltern bzw. des Vaters zu stärken, sondern unter dem Blickwinkel eines kindlichen Anspruches auf Kenntnis seiner genetischen Abstammung. Dieser Gesichtspunkt wird vor allem im Kontext neuer Reproduktionstechniken stärker hervorgehoben.

Ende der siebziger, Anfang der achtziger Jahre setzte im juristischen Schrifttum eine breite Diskussion über die rechtlichen Konsequenzen neuer Reproduktionstechniken ein.

Vor diesem Hintergrund erklärt es sich, daß ein zunächst nur als normaler Fehlläufer eingeschätztes Urteil des Amtsgerichts Passau eine umfassende Revision des biologisch-sozialen Eltern-Kind-Verhältnisses veranlaßte (FamRZ 1987, 1309; bestätigt durch LG Passau, FamRZ 1988, 210; als verfassungsgemäß angesehen im Beschluß des Bverfg v. 18.1.88, FamRZ 1989, 147). Das Amtsgericht Passau hatte, entgegen der bislang herrschenden Rechtsauffassung, den Auskunftsanspruch des Kindes gegen seine Mutter bejaht. Der Schutz des allgemeinen Persönlichkeitsrechts eines Kindes fordere, daß sein durch die Verfassung verbürgtes Recht auf Kenntnis der Abstammung mit dem Mittel eines Offenbarungsanspruchs gegen die Mutter effektiviert werde. Später erschienene Schriften teilen in ihrer Mehrheit nun diese These, wobei die AutorInnen die Problematik in der Regel im Zusammenhang mit den Folgen der künstlichen Befruchtung erörtern.

Das Bundesverfassungsgericht entschied daraufhin in zwei vielbeachteten Urteilen, daß jeder Mensch ein Recht auf Kenntnis seiner genetischen Abstammung hat:

- In einem Beschluß vom 18.1.1988 wurde dem nichtehelich gezeugten Kind einer verheirateten Frau der Anspruch darauf zuerkannt, von seiner Mutter den Namen seines genetischen Vaters zu erfahren (Bverfg NJW 1989, 891).
- In einer Entscheidung vom 31.1.1989 wurden die bislang bestehenden engen Grenzen für eine Ehelichkeitsanfechtung durch das Kind für verfassungswidrig erklärt.

Beide Entscheidungen werden als Wende und Paradigmenwechsel des Abstammungsrechts gewertet (Smid 1990, Koch 1990) und initiierten eine bis heute anhaltende, intensive Diskussion um das Recht des Kindes auf Kenntnis seiner genetischen Abstammung.

In zahlreichen Publikationen wird dieses Recht betont, und bei einer Abwägung des Rechts auf Wahrung der mütterlichen Intimsphäre sowie der Erhaltung tatsächlicher psychosozialer Eltern-Kind-Beziehungen und auch des sog. »Familienfriedens« für höherrangig erklärt. Soweit im Hinblick auf das Kind die Aussagen konkretisiert werden, lauten sie in der Regel, das Wissen sei »für die Identitätsfindung und damit für die Persönlichkeitsentwicklung von erheblicher Bedeutung« (exemplarisch: Benda-Kommission, BMFT 1985, 24). Andere beziehen sich auf philosophische Äußerungen zum Leben, etwa auf Jaspers (Gernhuber 1973, 236, der eine Apologie der genetischen Elternschaft vornimmt). Eine Auseinandersetzung mit sozialwissenschaftlicher Forschung findet nur selten statt. Wo sie erfolgt, wird der Auskunftsanspruch eher bestritten (Frank 1988; Hassenstein 1988; Smid 1990; Koch 1990). So verweist Frank (1988, 120) auf eine von Feigelmann und Silvermann (1986) publizierte Auswertung amerikanischer Studien, aus denen hervorgeht, daß das Interesse von adoptierten Kindern an Kenntnis ihrer leiblichen Eltern weit überschätzt wird und nur rund 2% von ihnen tatsächlich den Versuch unternähmen, ihre leiblichen Eltern ausfindig zu machen. Ähnliche Zahlen berichtet auch Harding (1987) für Großbritannien. Tatsächlich muß wahrscheinlich danach unterschieden werden, in welchem Alter die Kenntnis der genetischen Abstammung von Bedeutung sein kann. Für jüngere Kinder scheint insbesondere durch die Adoptionsforschung gut belegt, daß die entscheidenden Voraussetzungen einer Identitätsfindung in der Kindheit durch das Zusammenleben mit den faktischen Eltern geschaffen werden (Zenz 1992) und diese auch weiterhin von höchster Bedeutung für ein Kind bleiben. Andererseits läßt sich aus empirischen Untersuchungen (Hoffmann-Riem 1984, Plogstedt 1991) und Erfahrungen von Jugendämtern belegen, daß Kinder, die adoptiert wurden oder ihre leiblichen Väter nicht kennen, als Jugendliche des öfteren ein Bedürfnis nach Kenntnis ihrer leiblichen Eltern artikulieren. In Zeiten einer bei Kindern und Jugendlichen allgemein zu beobachtenden Phase der Abgrenzung gegenüber bestehenden familiären Bindungen kann auch der Wunsch nach einer neuen Identität durch Besinnung auf die eigenen genetischen Ursprünge entstehen (der sich dann in der Praxis häufig als illusionär oder enttäuschend erweist).

Das Bundesverfassungsgericht nimmt Bezug auf die Menschenwürde und das Persönlichkeitsrecht des Kindes und begründet seine Entscheidungen mit der Aussage, die Kenntnis der blutmäßigen Abstammung sei ein konstitutiver Faktor für die Entfaltung der Individualität und nehme eine Schlüsselstellung für die Identitätsbildung ein. Koch (1990, 573) kritisiert diese Begründung (und die Entscheidungen des Bundesverfassungsgerichts) als Rückschritt gegenüber im Familienrecht diskutierten Einsichten. Die Bedeutung, die dem »Blut« und der »genetischen Herkunft« eingeräumt werde, erinnere an Wertungen voraufklärerischer Zeit. »Die biologische Abkunft, die nicht mehr, wie ehemals, Basis der öffentlichen und privaten Rechtsstellung des Individuums ist, wird unter psychologischen Vorzeichen neu entdeckt als Faktor der geistig-seelischen Entwicklung des Menschen. In der demokratischen und für psychische Prozesse sensibel gewordenen Gesellschaft soll die blutmäßige Abstammung nun zwar nicht mehr den gesellschaftlichen Wert des Menschen bestimmen, wohl aber als wesentlicher Bestandteil seiner Lebensgeschichte dessen inneren Selbstwert« (ebd.).

Die Diskussion um die Entscheidungen des Bundesverfassungsgerichts wird zentral bestimmt durch das Persönlichkeitsverständnis und die Menschenbildkonzeptionen der jeweiligen AutorInnen. So halten etwa Ramm (1990, 1595) und Smid (1990, 224) schon die gedankliche Verbindung von verfassungsrechtlich geschützter Persönlichkeit mit der Genstruktur ihrer Träger für außerordentlich zweifelhaft. »Solche ›biologistischen‹ Begründungen von Menschenwürde und allgemeinem Persönlichkeitsrecht bedeuten eine einseitige Verallgemeinerung biologischer Betrachtungsweisen des Menschen und deren unzulässige Übertragungen in den Bereich des Rechts« (Smid 1990, 224).

Lewontin u.a. (1988) betonen, daß alle Organismen in jedem Entwicklungsstadium einzigartige Produkte der Interaktion zwischen Genen und Umwelt darstellen und beständigen historischen Veränderungen in ihren jeweiligen Umwelten unterworfen sind. Es sei unzulässig, Erblichkeit und Unveränderlichkeit gleichzusetzen (ebd., 94). Alle Aussagen über die genetische Grundlage sozialer Eigenschaften eines Menschen seien bislang als spekulativ einzuschätzen (ebd., 206). Zudem sei »das Argument, die Persönlichkeitsentwicklung eines Kindes könnte gehemmt werden, wenn es seinen Vater nicht kennt, ... kaum nachzuvollziehen, wenn man bedenkt, daß die Rechtsordnung an anderer Stelle, nämlich bei der Inkognitoadoption, die Herstellung einer solchen Situation mit guten Gründen zuläßt.« (Deichfuß 1988, 113)

Widersprüchlich bleibt in der bisherigen Rechtsentwicklung, daß zwar die Mutter verpflichtet wird, dem Kind seinen biologischen Vater zu nennen, andererseits die heterologe Insemination mit dem Samen eines unbekannten Mannes weiterhin toleriert wird.

Bei der Diskussion um die Offenlegung der genetischen Vaterschaft ist im Augenblick nicht erkennbar, ob sie letztlich einer Stärkung der Vaterposition dienen soll, da in allen Beiträgen nur das Kindesrecht im Zentrum der Argumentation steht. Faktisch könnten aber die weitergeführten Rechtsannahmen dazu verwendet werden, ein neues Vaterrecht daraus abzuleiten. Denn dem Recht auf Kenntis muß, eigentlich notwendig, das Recht auf Kennenlernen und damit das auf Umgang folgen.

Vom Recht auf Umgang mit dem genetischen Vater ist es dann nur ein kleiner Schritt zu einem vollen Umgangsanspruch des Vaters – da er nicht zum bloßen Objekt der Beziehung werden darf. Damit ist aber auch der Weg bereitet zu einer anteiligen Personensorge des Vaters.

4

Rückblick, Zusammenschau und politische Konsequenzen

Eltern-Kind-Beziehungen haben eine *biologische Grundlage:* Den Zeugungsakt einer Frau und eines Mannes, die Verschmelzung zweier Keimzellen, die Entwicklung eines Kindes im Körper der Frau, den Akt der Geburt und die Ernährung des Kindes durch die stillende Mutter.

Auf die biologischen Vorgänge bauen *soziale Ausgestaltungen* von Eltern-Kind-Beziehungen und auch des Geschlechterverhältnisses auf: Rechte und Pflichten, spezifische Arbeitsteilungen, kindliche und elterliche Erfahrungs- und Handlungsmöglichkeiten, eine individuelle und kollektive Gefühlsgeschichte, Frauen, Männern und Kindern als wesenhaft zugeschriebene Bedürfnisse und Verhaltensdispositionen.

Weil Kinder meistens mit ihren Eltern oder zumindest einem Elternteil zusammenleben, erscheinen die sozialen Ausgestaltungen des Eltern-Kind-Verhältnisses überdeckt durch ihre »natürliche« Fundierung. Der zusammenlebenden Verwandtschaftsfamilie wird insbesondere in westlichen Kulturkreisen eine gleichsam naturhaft vorgegebene Priorität gegenüber anderen Lebensformen zuerkannt. Biologische Eltern-Kind-Beziehungen sind in hohem Maße symbolisch besetzt und mit imaginären Zuschreibungen verbunden.

Fast immer sorgen die biologischen Eltern – konkret meistens ihre Mütter – für leibliche Kinder. Gleichwohl sind auch Gesellschaften bekannt, in denen Kinder eher durch Verwandte, Kollektive oder andere Elternpersonen versorgt werden. Ethnologische ebenso wie sozialhistorische Untersuchungen relativieren den scheinbar naturhaft vorgegebenen Charakter, der Eltern-Kind-Beziehungen in westlichen Industriegesellschaften zugeschrieben wird. In vielen Kulturen ist nicht Zeugung und Geburt, sondern das tatsächliche Aufziehen von Kindern Kriterium von Verwandtschaft (Müller 1979). Vaterschaft in matrilinearen Gesellschaften Schwarz-Afrikas weist nur entfernt Analogien zu Vater-Kind-Beziehungen in islamischen Kulturen auf. Eine spezifische Praxis des Zusammenlebens mit Kindern scheint in unterschiedlichen Kulturen und Gesellschaften mit durchaus unterschiedlichen emotionalen Beziehungen verbunden zu sein (Medick/Sabean 1984).

Margret Mead konstatiert aber in den meisten Gesellschaften eine enge Zuordnung von (Klein-)Kindern zu ihren Müttern. »Die mütterliche Ernährungsbindung an ihr Kind ist offensichtlich so tief in tatsächlichen biologischen Bedingungen von Empfängnis und Schwangerschaft, Geburt und Stillen verwurzelt, daß nur recht komplizierte Einrichtungen sie ganz zerreißen können.« (1958, 149)

In westlichen Industriegesellschaften ist die soziale und rechtliche Ausdifferenzierung von Eltern-Kind-Beziehungen eng verknüpft mit der Entstehung der bürgerlichen Familie.

Parallel zur Entwicklung einer kapitalistischen Produktionsweise verlor die bis dahin vorherrschende familiale Produktions- und Wirtschaftsgemeinschaft und die frühe Integration von Kindern in die Arbeitsverhältnisse des Hauses an Bedeutung. Erwerbsarbeit wurde in außerhäusliche Produktionsstätten verlagert, Subsistenz- und Warenproduktion trennten sich voneinander. Die außerhäusliche Produktion wurde zur Domäne des Mannes. Zunehmend wurden Frauen von der unmittelbar produktiven Arbeit freigestellt. Ihnen wurde die Sorge für Haus, Kinder und Ehemann als Arbeitsbereich zugewiesen, der Typus der »Hausfrau« entwickelte sich. Parallel zur Entwicklung einer neuen geschlechtlichen Arbeitsteilung wurde diese durch Vorstellungen vom »natürlichen« Wesen der Frau und dem »natürlichen« Wesen des Mannes abgesichert. Aus der biologischen Fähigkeit der Frau zur Mutterschaft wurde ihre soziale Zuständigkeit für die Betreuung und Versorgung der Kinder abgeleitet. Dementsprechend verlangte die »Natur« des Kindes die Zuwendung und Fürsorge vor allem durch seine Mutter (Schütze 1986). Zunehmend verband sich mit der Umstrukturierung von Familie auch deren spezifische Gefühlsqualität: die Intimisierung und Emotionalisierung von Familienbeziehungen (Schulz 1983).

Die soziale Stellung von Frauen und Kindern bestimmte sich über die Person des Ehemannes und Vaters. Alle anderen Lebensweisen – Ehelosigkeit, Verwitwung, nichteheliche Mutterschaft, Scheidung – wurden als Abweichung vom dominanten Modell der bürgerlichen Familie begriffen.

Eine eigenständige Existenzsicherung war Frauen und erst recht Müttern kaum möglich.

Verbesserte Bildung und Ausbildung, sozialstaatliche Unterstützung und die Möglichkeit bewußter Geburtenplanung machten in den vergangenen Jahrzehnten für Frauen – auch für Mütter – eine eigenständige Lebensführung denkbar und praktikabel. In sozialer und auch in rechtlicher Hinsicht haben sich ihre Abhängigkeiten vom Ehemann verringert.

Als Modell prägt aber die bürgerliche Familie bis heute die Vorstellungen und Glückserwartungen von Männern und Frauen und alle Annahmen darüber, welche Bedingungen Kinder für ihr Wohlergehen brauchen. Das Zusammenleben in einer Familie wird auch gegenwärtig von den meisten erwachsenen Menschen angestrebt.

Für das Leben ihrer Eltern haben Kinder große Bedeutung. Diese verändert sich in Abhängigkeit von ökonomischen Bedingungen und in unterschiedlichen historischen und kulturellen Kontexten. In patriarchalen Gesellschaften sind Wert und sozialer Status von Frauen primär über ihre Gebärfähigkeit bestimmt, besonders dann, wenn Kinder als Arbeitskräfte gebraucht werden, als Erben, Namensträger oder zur Alterssicherung ihrer Eltern, und auch dort, wo sie als Ausdruck männlicher Potenz und Zeugungsfähigkeit gelten. Das absolute Recht auf den Körper, die Verfügung über die Gebärfähigkeit und die Sexualität der Frauen sowie vor allem über die gemeinsamen Kinder kennzeichnen bis heute patriarchal strukturierte Kulturen (Maher 1984). Die Anerkennung von Frauen und Kindern als eigenständige Rechtspersönlichkeiten ist auch in Europa ein historisch junges Phänomen.

In modernen Industriegesellschaften haben Kinder ihre ökonomische Bedeutung für Eltern verloren. Dafür ist ihre emotionale Bedeutung immens gestiegen. Kinder sind heute überwiegend gewünschte Kinder und verbunden mit der Hoffnung auf überdauernde und enge affektive Bindungen. Kinder geben dem Leben ihrer Eltern Sinn, sie vermitteln ihnen das Gefühl, gebraucht zu werden. Die damit verbundenen Belastungen werden bewußt in Kauf genommen. Dies geschieht im Kontext eines als »Liebe« kodierten normativen Verhaltensmusters der Eltern-Kind-Beziehung. Gleichzeitig wird die Individualität des Kindes immer stärker wahrgenommen.

In vielen entwickelten Industriegesellschaften lockert sich heute die biologische Fundierung der zusammenlebenden Kleinfamilie. Zwar wachsen nach wie vor die meisten Kinder in einer »Familie« auf. Diese ist aber nicht mehr notwendigerweise die zeitlich überdauernde, aus beiden Eltern und von ihnen abstammenden Kindern bestehende Verwandtschaftsfamilie. Andere Familienformen haben die traditionelle Kleinfamilie ergänzt: Ein-Eltern-Familien, Stieffamilien oder die sogenannten »Mosaikfamilien«, in denen Kinder unterschiedlicher Eltern zusammenleben. Viele Kinder erleben im Verlauf ihrer Kindheit mehrere Lebensweisen und Familienformen.

Damit koppeln sich die reale Sorge für ein Kind und emotionale Bindungen aus dem alltäglichen Zusammenleben ab von biologisch begründeten Eltern-Kind-Beziehungen, die nicht auf einer gemeinsamen Lebenspraxis beruhen. Dies wirft die Frage nach dem Verhältnis von Blutsverwandtschaft, psychologischen Bindungen, der Sorge für ein Kind und den daran jeweils anknüpfenden Rechten und Pflichten erneut auf: Welche Momente des Eltern-Kind-Verhältnisses prägen die öffentlich vorherrschenden Bilder von Elternschaft und Kindheit und die entsprechende Ausgestaltung des Rechtes der Eltern-Kind-Beziehung?

Obwohl sich die familialen Lebensformen verändern und ausdifferenzieren, bleibt bislang die enge Mutter-Kind-Zuordnung relativ ungebrochen erhalten.

Frauen können heute weitgehend autonom entscheiden, ob sie ein Kind haben wollen, wann sie es haben wollen und in welcher Weise sie es aufziehen. In bestimmtem Umfang beinhaltet dies auch ein Entscheidungsmonopol darüber, ob sich eine Vater-Kind-Beziehung überhaupt ausbilden kann und in welcher Weise dies geschieht. Fast alle empirischen Erhebungen bestätigen, daß Mütter Hauptbetreuungspersonen für Kinder und für deren Wohlergehen konkret zuständig sind. Frauen wird die Sorge für Kinder als spezifisch weibliche Arbeit zugeschrieben. Dementsprechend haben sich geschlechtsspezifisch hierarchisierte Strukturen der Erwerbsarbeit ausgebildet. Wenn Frauen kleine Kinder zu versorgen haben, sind sie entweder gar nicht erwerbstätig oder in sogenannten familienangepaßten Berufspositionen beschäftigt.

Wenn sich die Eltern eines Kindes trennen, leben zumindest jüngere Kinder nahezu ausschließlich mit ihren Müttern zusammen. Erst Jugendliche leben vermehrt auch bei ihren Vätern. Biologische Vaterschaft und ein familialer Alltag mit eigenen Kindern koppeln sich voneinander ab.

Dem widerspricht, daß sich insbesondere in den letzten Jahrzehnten das Vater-Kind-Verhältnis intimisiert und emotionalisiert hat. Die als Individualisierungsprozeß beschreibbare Ausdifferenzierung von Bedürfnissen weckt bei Männern den Wunsch nach konkreten Erfahrungen eines Lebens mit Kindern (Schulz 1983). Die meisten Väter sind heute an Geburtsvorbereitung und Geburt beteiligt. Sie engagieren sich in der Betreuung von Säuglingen und im Spiel mit Klein- und Schulkindern, sofern ihre Berufstätigkeit dies erlaubt. Sie werden zu höchst bedeutsamen Bezugspersonen für ihre Kinder.

Diese Väter haben nach einer elterlichen Trennung in rechtlicher und sozialer Hinsicht große Schwierigkeiten, den intensiven Kontakt zu Kindern aufrechtzuerhalten und betonen, auch im Interesse ihrer Kinder, die Notwendigkeit der Veränderung von Sorge- und Umgangsrechten. Auch die Trennungsängste von Kindern werden heute sensibler wahrgenommen und gewachsene affektive Bindungen an beide Eltern als schützenswert betrachtet. Darüber hinaus wird der Kindeswohl-Gedanke zunehmend als Recht des Kindes auf beide Eltern interpretiert. Dementsprechend wird die Annahme, Frauen hätten durch Schwangerschaft und Geburt primäre Zuordnungsansprüche auf Kinder, in Frage gestellt. Die rechtliche und soziale Privilegierung der Mutter-Kind-Zuordnung wird also zur Disposition gestellt.

Die Umstrukturierung familialer Lebensformen ist begleitet von einem öffentlichen Diskurs, in dem es um den Ausgleich der Interessen von Kindern und Eltern geht und um die Neugestaltung entsprechender rechtlich-sozialer Rahmenbedingungen. Ein zentraler Argumentationsstrang läßt sich – ungeachtet des objektiven Wahrheitsgehaltes – folgendermaßen skizzieren:

1. *Väter sind heute »neue Väter«.* Ihr Verhältnis zu Kindern ist geprägt von Zärtlichkeit und Fürsorge. Sie nehmen von Beginn an aktiv am Leben ihrer Kinder teil und sind an deren physischer und emotionaler Versorgung und Betreuung beteiligt. Die daraus entstehenden Bindungen stellen im Trennungsfall die rechtliche Privilegierung von Frauen als Hauptbetreuungspersonen ihrer Kinder in Frage.
2. *Kinder brauchen ihre (biologischen) Väter* von Geburt an und insbesondere auch nach einer Trennung ihrer Eltern. Kinder haben ein Recht darauf, beide Eltern zu kennen und von beiden betreut zu werden. Die Lebenssituation von Kindern, die zeitweise oder dauernd ohne Vater aufwachsen müssen, ist defizitär. Nach einer Trennung der Eltern sind fortbestehende Kontakte zum Vater von zentraler Bedeutung für die weitere Entwicklung des Kindes.
3. *Die Vater-Kind-Beziehung ist essentiell emotional und damit interessenfrei.* Sie konkretisiert sich auch unabhängig von der tatsächlichen Sorge für

ein Kind und hat – neben der genetischen Verbindung – in erster Linie mit der emotionalen Qualität dieser Beziehung, weniger mit ihren quantitativen Aspekten zu tun.

4. *Das Kind ist ein autonomes Rechtssubjekt mit eigenen Ansprüchen und Bedürfnissen, die gegen seine Eltern, speziell gegen Mütter, zu verteidigen und zu schützen sind.* Die Frage, ob ein Kind geboren wird und wie es aufwächst, sollte nicht mehr allein durch die Mutter, sondern ebenso durch den Vater entschieden werden. Das Kindeswohl kann inhaltlich eher durch wissenschaftliche Experten als durch die mit dem Kind zusammenlebenden Mütter beschrieben werden.
5. *Weil eine hohe Koinzidenz väterlicher und kindlicher Interessen besteht, können Kinder am besten durch die Erweiterung von Sorge- und Umgangsrechten für Väter unterstützt werden.* Vor allem das Rechtsinstitut der gemeinsamen elterlichen Sorge trägt zur Befriedung sich trennender Eltern und damit zur Vermeidung von Kontaktabbrüchen zwischen Kind und Vater nach einer elterlichen Trennung bei. Wenn Frauen im Fall der Trennung den Vater gar nicht oder nicht zur Hälfte an der elterlichen Sorge – im Rechtssinne, nicht im Sinne einer Übernahme der tatsächlichen Sorge – beteiligen, gefährden sie das Kindeswohl. Die ungleiche Verteilung der realen Sorge für ein Kind und die für Männer und Frauen unterschiedlichen ökonomischen und sozialen Folgen eines Lebens mit Kindern erscheinen demgegenüber nachrangig.

Die Verschmelzung von Interessen, Ideen und Institutionen wird in einem so beschriebenen Argumentationsgang besonders deutlich. Das Interesse von Vätern an der emotionalen Beziehung zu ihren leiblichen Kindern ist bezogen auf die wissenschaftlich begründete Idee, daß Kinder beide Eltern brauchen. Das für Kinder beschriebene Bedürfnis nach stabilen persönlichen Beziehungen ist verbunden mit der Vorstellung, diese durch rechtlich-institutionelle Rahmenbedingungen garantieren zu können. Von veränderten rechtlichen Vorgaben werden handlungsleitende Wirkungen auf das Verhalten getrennt lebender Eltern gegenüber ihren Kindern erwartet. Die durch Abstammung und Gefühl bestimmte Vater-Kind-Beziehung muß rechtlich in Schutz genommen werden gegenüber der durch die tatsächliche Sorge bestimmten Mutter-Kind-Beziehung und der damit entstandenen Definitionsmacht von Frauen.

Es gilt heute als selbstverständlich, daß auch dem Eltern-Kind-Verhältnis regelungsfähige und regelungsbedürftige Beziehungen, also Rechtsbeziehungen, zugrundeliegen. Je nach Art der kulturellen Tradierung und rechtlichen Verfassung können dabei der Mutter oder dem Vater eines Kindes mehr Rechte und/oder stärkere Verpflichtungen gegenüber dem Kind zuerkannt werden.

Im rechtshistorischen Rückblick scheint die Zurückdrängung väterlicher Verfügungsgewalt und die immer stärkere Wahrnehmung von Frauen und Kindern als eigenständige Rechtspersönlichkeiten die Verfassung von Eltern-Kind-Beziehungen zu charakterisieren. Die Konzentration auf Individualität und Rechtsansprüche des Kindes kennzeichnet besonders die Rechtsentwicklung des letzten Jahrzehnts. Entsprechend einer »modernen« Perspektive werden das Kind und die für Kinder konstatierten Bedürfnisse in den Mittelpunkt rechtlicher Neuordnungen gestellt.

Was aber Ansprüche und Rechte von Kindern sind, läßt sich nur in Teilbereichen, losgelöst von den Bedingungen ihrer Eltern beschreiben. Jede Definition kindlicher Rechte und Ansprüche hat Einfluß auf das Leben der Eltern, die für deren Realisierung sorgen müssen. Konkret betrifft dies meistens die für Kinder tatsächlich sorgenden Mütter. Über die Formulierung kindlicher Ansprüche wird deshalb immer auch das Geschlechterverhältnis formiert.

Heute geltende Erziehungsvorstellungen sind darauf ausgerichtet, *Kinder als Subjekte ihres eigenen Lebens* zu respektieren. Sie werden als Individuen mit eigenständigen Vorlieben, Bedürfnissen, Wünschen und Rechten wahrgenommen. Innerhalb ihrer familialen, sozioökonomischen und kulturellen Umwelten soll ihnen die Entfaltung ihrer persönlichen, intellektuellen und kreativen Fähigkeiten garantiert werden. Es gilt als selbstverständlich, daß Kinder beschützt und geliebt werden müssen und daß die Verläßlichkeit persönlicher Beziehungen zu mindestens einem Menschen eine wichtige Grundlage für ihre psychosoziale Entwicklung darstellt.

Elterliches Verhalten gegenüber Kindern wird in starkem Maße durch die kulturell vorherrschenden Bilder über den richtigen Umgang mit ihnen beeinflußt. Eltern »wissen«, wie man am besten mit Kindern umgeht und versuchen im Rahmen ihrer Möglichkeiten, diese Vorstellungen zu realisieren. Trotz aller individuellen Unterschiede lassen sich deshalb immer auch globale Entwicklungslinien des pädagogischen und familialen Umgangs mit Kindern empirisch nachweisen.

Gleichzeitig sind Kinder auch Objekte elterlicher Liebesbedürfnisse. Eltern, die Kinder haben, verbinden damit auch persönliche Interessen. Sie möchten ihrem Leben Sinn und Aufgabe geben; sie betrachten Kinder als Erfüllung einer Paarbeziehung; sie möchten direkt an der Entwicklung eines anderen Menschen beteiligt sein und an den Freuden und Belastungen eines Lebens mit Kindern teilhaben; ihre Glückserwartungen sind an ein familiales Leben mit Kindern geknüpft. In diesem Sinne funktionalisieren alle Eltern ihre Kinder. In besonderem Maße sind es die biologisch »eigenen« Kinder, auf die sich Erwartungen dieser Art konzentrieren.

Vor diesem Hintergrund wird es in Konfliktfällen oftmals schwierig, die für Kinder konstatierten oder ihnen zugeschriebenen Bedürfnisse losgelöst von den Interessen ihrer Eltern zu beschreiben. Definitionen kindlicher Ansprüche sind immer auch bestimmt von den Interessen derjenigen, die für ein Kind sorgen wollen oder müssen und damit auch ihre eigenen Interessen zu realisieren versuchen.

Die Konzentration auf das Kind und die beinahe magische Beschwörung seiner Ansprüche verstellt zudem den Blick dafür, daß Kinder ein wesentlicher Faktor in den Machtbalancierungen ihrer Eltern sind (Smart 1989). Dies betrifft nicht nur die Macht in ökonomischer, physischer, intellektueller, emotionaler Hinsicht, die Eltern faktisch über ihre Kinder ausüben. Auch die Beziehung der Eltern zueinander, ihr Status im familialen System und im Verhältnis zu anderen, ihre sozialen und emotionalen Gratifikationen und Handlungsmöglichkeiten werden durch Kinder geprägt.

Über rechtliche Kodifikationen werden Machtbeziehungen dieser Art festgeschrieben. Der Kampf von Vätern für die Erweiterung von Sorge- und Umgangsrechten hat nicht nur mit den Bedürfnissen von Kindern, sondern auch mit der Durchsetzung eigener Interessen zu tun. Wie sehr die Neuformulierung elterlicher Rechtspositionen die Machtbalancen von Frauen und Männern bestimmt, wird in den Aktivitäten und Publikationen väterlicher Interessenvertretungen immer wieder deutlich und explizit dort angesprochen, wo es z. B. um die »Brechung des mütterlichen Vetorechts« (Stöcker 1992) oder den »Ausgleich zwischen Statusdenken, Matriarchat und Staatsintervention« (Böhm 1992) und letztlich um die Korrektur von familienrechtlichen Festschreibungen geht, die als Mutterrechte wahrgenommen werden.

Die historisch und kulturell vorherrschenden Vorstellungen von Elternschaft und Kindheit prägen die Form, in der das Kind oder seine Eltern in den Vordergrund gerückt werden. Der Wille der Eltern, für das Kind zu sorgen und sein Leben (mit-)zu gestalten, läßt sich auch als Recht des Kindes auf Erziehung beschreiben. Ebenso können elterliche Ansprüche auf ein Kind auch als Recht des Kindes auf seine Eltern dargestellt und damit in einer Epoche der Emanzipation des Kindes effektiviert werden.

In der Bundesrepublik werden kindesfremde Interessen bei sorge- und umgangsrechtlichen Entscheidungen für grundsätzlich unbeachtlich gehalten (Coester 1983, 205). Der Begriff »Wohl des Kindes« wurde in diesem Jahrhundert in die Rechtssprache des BGB eingeführt und gilt als auschließliche Richtschnur für Eingriffe in die elterliche Sorge, für Entscheidungen und Verfahrensweisen. Er erklärt Elterninteressen für unbeachtlich bzw. bewertet sie nur von der Situation des Kindes her. Gleichwohl kommt den Elterninteressen, mehr oder weniger verdeckt, in Gesetzgebung und in der Lebenspraxis hohe Bedeutung zu. Vor allem die Interessen jüngerer Kinder sind immer aufs engste mit denen ihrer Eltern verbunden.

Das Kindeswohl als Generalklausel des Rechtes der Eltern-Kind-Beziehung ist grundsätzlich ausfüllungsbedürftig. Diese Generalklausel ist zudem offen gegenüber sich historisch und situativ wandelnden Auffassungen über Rechte und Bedürfnisse des Kindes. Was aber Rechte und Bedürfnisse des Kindes sind, wird in öffentlichen und privaten Diskursen und nicht zuletzt durch WissenschaftlerInnen argumentativ definiert und verfestigt.

In der Konsequenz ging dies in gesetzgeberische Perspektiven ein, die als Errungenschaften für Kinder betrachtet werden müssen, z. B. die Zurückdrängung biologisch begründeter Verfügungsmacht von Eltern und die Anerkennung der psychosozialen Elternschaft für Adoptiv- und Pflegekinder. Für Kinder, die mit beiden leiblichen Eltern zusammengelebt und enge affektive Bindungen entwickelt haben, wird heute der Schutz dieser gewachsenen Beziehungen als wichtig erachtet. Generell läßt sich in den letzten Jahren sowohl im psychologisch-juristischen Schrifttum als auch in konkreten sozialpolitischen Initiativen die Tendenz beobachten, getrennte Eltern auf ihre fortbestehende Verantwortung für Kinder und ihre weiter bestehende Elternschaft hinzuweisen und sie darin psychologisch zu unterstützen.

Auch gegenwärtige rechtspolitische Diskussionen um die Neuformulierung des Kindschaftsrechts (Schwenzer 1992, Zenz 1992) berufen sich auf sozialwissenschaftliche Erkenntnisse über kindliche Bedürfnisse und Ansprüche. Zunehmend wird in ihnen das Bemühen erkennbar, die tatsächliche Lebenssituation eines Kindes und seine daraus resultierenden psychosozialen Beziehungen in den Mittelpunkt rechtlicher Überlegungen zu stellen. Dies schließt einerseits die rechtliche Gleichstellung von (ehelich und nichtehelich geborenen) Kindern unabhängig vom Personenstatus ihrer Eltern ein und orientiert sich andererseits an der gelebten Eltern-Kind-Beziehung, der faktischen Sorge für ein Kind und den daraus resultierenden psychosozialen Bindungen.

Unter diesem Blickwinkel müßten Sorgerechte – und damit auch die Möglichkeit starker Einflußnahme auf das Leben eines Kindes – weniger an biologische Verwandtschaft geknüpft sein als vielmehr an die tatsächliche Sorge für das Kind und das Vorhandensein einer kontinuierlichen, psychosozialen Eltern-Kind-Beziehung. Elternschaft wäre dann nicht in erster Linie biologisch begründet, sondern erarbeitete Mutterschaft und erarbeitete Vaterschaft (Stein-Hilbers 1989). Dies würde eine rechtliche Anerkennung und die Verrechtlichung tatsächlich gelebter und sozial verbindlicher Eltern-Kind-Beziehungen bedeuten, wie sie etwa von Balloff/Walter (1990, 188) gefordert wird.

Rechtspolitische Überlegungen dieser Art sind in der Bundesrepublik erst in Ansätzen erkennbar. Derzeitige Diskussionen scheinen eher darauf abzuzielen, die rechtliche Stellung vor allem des leiblichen Vaters im Verhältnis zum Kind zu verbessern.

Das grundsätzliche Primat des Kindeswohl-Gedankens steht heute außer Frage. Mit dem Kindeswohl wurde ein Begriff von hoher moralischer Integrität in die Rechtssprache eingeführt mit »programmatischem Charakter«, »appellierender Kraft«, »in ihr wirkender Humanisierungstendenz« und »integrierender Kraft selbst dort noch, wo sich die Wege jener scheiden, die zwar dem Wohle des Kindes dienen wollen, nur eben nicht auf die gleiche Art« (Gernhuber 1973, 230). Gernhuber bedauert aber auch den Verfall des Interessen-Begriffs zugunsten des Kindeswohls: Der Interessen-Begriff impliziere den Ausgleich mit Interessen anderer, das Wohl des Kindes gestatte dagegen keine vergleichbaren Assoziationen.

Mit dem Primat des Kindeswohl-Gedankens verbindet sich deshalb eine manchmal unangenehme Begleiterscheinung: In den themenbezogenen rechtswissenschaftlichen Diskussionen über Sorge- und Umgangsrechte werden Interessen von Müttern und Vätern an Kindern und am Zusammensein mit ihnen oft nicht mehr explizit als solche benannt, sondern werden als ausschließlich dem Wohl des Kindes dienend präsentiert. Das Kindeswohl gilt als Garant der Legitimität eigener Ansichten. Die ebenfalls legitimen Interessen, Ansprüche, Erwartungen und Liebesbedürfnisse der Mütter und Väter bleiben verdeckt.

Widersprüche und Vereinbarkeiten biologischer und psychosozialer Eltern-Kind-Beziehungen

Der öffentliche Diskurs um die rechtlich-soziale Neugestaltung von Eltern-Kind-Beziehungen wird durch Argumentationsmuster bestimmt, die sich immer wieder auf einige zentrale Bestimmungsmomente des Eltern-Kind-Verhältnisses beziehen:

- auf Elternrechte und -pflichten, die an die biologische Abstammung anknüpfen bzw. auf die daraus resultierenden Ansprüche des Kindes an seine Eltern;
- auf die psychosozialen Beziehungen zwischen Eltern und Kindern und das in diesem Kontext zu interpretierende Kindeswohl im Falle einer elterlichen Trennung;
- auf die tatsächliche Lebenssituation des Kindes sowie seiner (leiblichen und nicht-leiblichen) Eltern und Geschwister und die Übernahme der realen Sorge für ein Kind.

Elternrechte und -pflichten sowie Ansprüche des Kindes an seine Eltern knüpfen in westlichen Rechtssystemen an die biologische Verwandtschaft an. Wenn diese Verbindung auch rechtlich anerkannt ist, kann sie schwerlich in Frage gestellt werden, selbst dann, wenn sich die Lebenssituation des Kindes von ihr losgelöst ausgestaltet.

Ihre psychologischen Bindungen an andere Menschen und ihre Sicherheit in der produktiven Bewältigung ihrer Umwelt entwickeln Kinder jedoch unabhängig von genetischen Eltern-Kind-Beziehungen. Für sie sind psychosoziale Elternfunktionen bedeutsam: aufmerksame Zuwendung, Schutz, Ermutigung, die materielle und emotionale Sorge für sie, gemeinsame Erfahrungen und die Verläßlichkeit einer persönlichen Beziehung. Abwesende, inaktive Erwachsene können kaum als Elternperson für ein Kind betrachtet werden, wie auch immer ihre biologische oder rechtliche Beziehung ausgestaltet sein mag. Das von Goldstein u.a. (1974) formulierte Konzept der faktischen Elternschaft hat diesen Sachverhalt begrifflich fixiert.

Die Mehrzahl aller Kinder lebt in den ersten Lebensjahren mit beiden leiblichen Eltern zusammen. Fast immer ist dies heute mit engen emotionalen Bindungen an sie, an Geschwister und andere nahe Bezugspersonen verknüpft.

Bedingt durch elterliche Trennungen oder andere familiale Umbrüche erleben viele Kinder Formen einer Eltern-Kind-Beziehung, die nicht (mehr) an ein alltägliches Zusammenleben mit beiden Eltern gebunden ist. Dies gilt für Kinder geschiedener oder verwitweter Eltern, für viele Kinder nicht verheirateter Eltern, für Kinder in Stieffamilien und auch für Kinder, die adoptiert wurden oder in Pflegefamilien oder bei Verwandten aufwachsen.

Gefühle und Identitätsentwicklung dieser Kinder werden vor allem durch die Erfahrungen der ersten Lebensjahre und ihre reale Lebenssituation geprägt. Kinder, die von klein auf bei Adoptiveltern, mit nur einem Elternteil oder in einer Stieffamilie aufwachsen, können hier alle für sie förderlichen Entwicklungsbedingungen in jenem Maße vorfinden, wie dies auch für »komplette« Verwandtschaftsfamilien gilt. Ihnen braucht kein Bedürfnis nach genetisch eigenen Eltern(-teilen) unterstellt werden, nur weil diese selber den Wunsch nach Kontakt und Umgang verspüren. Gleichwohl kann der Wunsch nach Kenntnis der leiblichen Eltern in bestimmten Entwicklungsphasen bedeutsam werden. Das Recht und die Möglichkeit dazu sollte Kindern dann garantiert sein.

Wenn sie mit beiden leiblichen Eltern zusammengelebt und enge Bindungen an sie entwickelt haben, ist in den meisten Fällen für Kinder die Trennung von einem Elternteil, im Extremfall auch beiden, schwer zu verkraften. Wie sie diese Trennung bewältigen, hängt wesentlich von den damit verbundenen Konflikten, Lebensumstellungen, dem Alter der Kinder, den weiterhin bestehenden Kontakten und dem Verhalten der beteiligten Erwachsenen ab. Fast immer bleiben vor allem für ältere Kinder die von ihnen getrennt lebenden Eltern höchst bedeutsam, selbst dann, wenn andere Erwachsene zu sozialen Eltern für sie werden. Sofern nicht schwerwiegende Gründe dagegen sprechen, sollte deshalb der Gedanke, Kindern ein »Recht auf Erhalt ihrer Elternbeziehung« (Jopt 1989) zu garantieren, unterstützt werden. Dies läßt sich nur zusammen mit den beteiligten Eltern verwirklichen. Durchaus ungeklärt erscheint, ob das Elternrecht egalitär ausgestaltet werden muß, etwa im Sinne des gemeinsamen Sorgerechtes, oder ob es als Recht auf persönlichen Umgang des Kindes mit dem von ihm getrennt lebenden Elternteil zu verstehen ist.

Wie sich nach einer Trennung Eltern-Kind-Beziehungen tatsächlich ausgestalten, scheint durch viele Faktoren beeinflußt: der Art der vorher bestehenden Eltern-Kind-Verbindung, den sozialen, räumlichen und rechtlichen Voraussetzungen eines fortbestehenden Kontaktes und vor allem auch der Kooperationsbereitschaft und -fähigkeit der beteiligten Erwachsenen.

Grundsätzlich sind Kinder fähig, sich in qualitativ unterschiedlicher Weise unterschiedlichen Menschen zuzuwenden und sich auch emotional an sie zu binden. Wenn auf seiten der Erwachsenen die entsprechende Bereitschaft, Offenheit und Sensibilität dafür vorhanden ist, können Kinder »multiple Elternschaften« (Furstenberg 1988) gut bewältigen. Sie entwikkeln dann unterschiedliche, auch unterschiedlich konfliktreiche Beziehungen zu verschiedenen Elternpersonen und gestalten sie entsprechend ihren eigenen Möglichkeiten und Bedürfnissen aus. Wenn die Interessen der Eltern auch nach familialen Umbrüchen und der Umgestaltung von Lebensformen vernünftig auszugleichen sind, kann dies im Prinzip für Kinder breiten Spielraum für die Ausgestaltung ihrer persönlichen Beziehungen eröffnen.

Die »Befriedung« der Erwachsenen stellt demnach ein herausragendes Ziel sozialpolitischer Bemühungen um die Bewältigung von Trennungs- und Scheidungsproblemen dar. Diese »Befriedung« kann nicht nur durch psychologische Beratungs- und Therapieansätze und ebensowenig alleine durch die Veränderung rechtlicher Rahmenbedingungen angestrebt werden. Ebenso müssen geschlechtsspezifische Ungleichheiten abgebaut und die für Männer und Frauen ungleichen sozialen und ökonomischen Folgen eines Lebens mit Kindern beseitigt werden, vor allem nach einer Trennung oder Scheidung (Furstenberg/Cherlin 1993).

Als Idealfall lassen sich Formen multipler Eltern-Kind-Beziehungen beschreiben, in denen unterschiedliche Ansprüche und Erwartungen von Kindern und Erwachsenen aufeinander abgestimmt erscheinen. Dies setzt auf seiten der Erwachsenen die Fähigkeit voraus, Zuständigkeiten, Verantwortlichkeiten und Zeitplanungen miteinander abzusprechen und Kindern ausdifferenzierte Handlungsmöglichkeiten zur autonomen Gestaltung ihrer Beziehungen zuzugestehen.

Tatsächlich kommen diese Ideal-Formen getrennter Eltern-Kind-Beziehungen in der Praxis vor. Es würde sich lohnen, die persönlichen und sozioökonomischen Voraussetzungen solcher Eltern und Kinder empirisch zu beschreiben und zu analysieren, um daraus Schlußfolgerungen abzuleiten, wie Kinder Trennungs- und Scheidungskrisen besser bewältigen können.

Für die meisten Eltern und Kinder gestaltet sich eine Trennung weniger ideal, und es ist schwierig, Kindes- und Elterninteressen abzustimmen.

Trennungen und Scheidungen sind nach wie vor mit langanhaltenden Konflikten verbunden, die einer räumlichen Trennung und dem formellen Akt der Scheidung vorausgehen und sie auch überdauern. Die Einfühlsamkeit von Eltern in Bedürfnisse ihrer Kinder scheint in dieser Zeit herabgesetzt. Kinder sind in Konflikte der Eltern einbezogen und werden in ihnen instrumentalisiert. Beratungs- und Therapieangebote erreichen nur einen Teil der betroffenen Eltern und sind nicht immer geeignet, existentielle Konflikte zwischen ihnen abzumildern. Hoffnungen darauf, daß Trennungen zunehmend zu einem normalen, relativ konfliktfreien Ereignis werden, bestätigen sich bislang nicht.

Anders als für zusammenlebende Familien existieren für getrennte Eltern-Kind-Beziehungen keine handlungsleitenden Verhaltens- und Gefühlsmodelle, diese müssen vielmehr individuell erarbeitet werden. In vielen Trennungs- und Scheidungsfällen wird es nötig, richterliche Vorgaben für die Gestaltung von Kontakten zu akzeptieren, weil die Eltern sich nicht einigen können. Das Heimischwerden in neuen Lebensformen ist für Eltern und Kinder mit Brüchen und Widersprüchen verbunden. Dies schließt auch ein, daß Kindes- und Elterninteressen ebenso wie Kindes- und Elternrechte in Widerspruch geraten und mit mehr oder minder heftigen Streitigkeiten und Verlusterfahrungen verbunden sein können.

Nach einer Trennung lockert sich in vielen Fällen die Verbindung zwischen den Kindern und dem getrennt lebenden Elternteil. Manchmal bricht sie auch völlig ab. Hinzu kommt, daß die reale Sorge für Kinder auch bei getrennten Eltern ungleich verteilt ist. Fast immer obliegt sie, zumindest bei kleineren Kindern, den Müttern, während Besuche beim Vater meistens als Freizeitprogramm ausgestaltet und auf Wochenenden und den Urlaub beschränkt sind. In Verbindung dazu treten bei getrennt lebenden Müttern und Vätern deutliche ökonomisch-soziale Unterschiede in der Lebensgestaltung auf.

Wieviel Familie braucht ein Kind?

Die Akzeptanz und das Bemühen um den Erhalt von Eltern-Kind-Beziehungen trotz Trennung der Eltern sind Ausdruck einer insgesamt gestiegenen Aufmerksamkeit gegenüber Kindern und einer stärkeren Berücksichtigung ihrer Interessen. Gleichzeitig sind sie jedoch auch im Kontext einer nach wie vor bestehenden Idealisierung der »kompletten« Verwandtschaftsfamilie aus Vater, Mutter und Kind(ern) zu interpretieren.

Kindern werden in ihrem Leben des öfteren Trennungen zugemutet, die für sie mit Trauer und Schmerzen verbunden sind: von BetreuerInnen, Kinderfrauen, Großeltern, Nachbarskindern, SchulfreundInnen u.a.m. Da diesen Trennungen die ideologische Überhöhung des Eltern-Kind-Verhältnisses fehlt, werden sie zwar z. T. liebevoll zu kompensieren versucht und einfühlsam ausgestaltet. Im allgemeinen werden sie aber nicht als schwerwiegend und einem Kind durchaus zumutbar betrachtet. Daß die Trennung von einem Vater oder auch einer Mutter als solch starker Einschnitt in der kindlichen Biographie gilt, ist nicht nur mit der realen Bedeutung von Eltern für Kinder zu erklären, sondern auch damit, daß dieser Beziehung emotionale Qualitäten zugeschrieben werden, die beinahe mystisch wirken.

Es scheint, als ob selbst im Trennungsfall der Eltern und selbst dann noch, wenn Kinder gar nicht oder kaum mit ihren leiblichen Vätern zusammengelebt haben, alle für Kinder zuträglichen Sozialisationsbedingungen weiterhin der genetisch spezifizierten Verwandtschaftsfamilie zugesprochen werden.

In einer Zeit, in der die realen Lebensverhältnisse von Familien die biologische Codierung der Vater-Mutter-Kind-Familie in Frage stellen und durch andere, individuell gewählte Familienformen ersetzen, dienen die Kindern zugesprochenen Bedürfnisse auch als Bastion zur Rettung der »intakten« Verwandtschafts-Familie.

Parallel zur Hervorhebung der Wichtigkeit »vollständiger« Familienbeziehungen werden Ein-Eltern-Familien und auch Stieffamilien nach wie vor als potentiell schädigend und defizitär für Kinder diskreditiert (Swientek 1984, Nieslony 1989). Eine solche Sichtweise hat insbesondere in der BRD Tradition (Gutschmidt 1986) und geht bis heute in wissenschaftliche Analysen kindlicher Sozialisationsbedingungen ein. Die Ausrichtung der UntersucherInnen auf ein positiv bewertetes bürgerliches Familienmodell belastet(e) die Auswahl der Untersuchungsfragen, Erhebungsmethoden, die Auswertung und Gewichtung der erzielten Ergebnisse mit blinden Flekken und ideologischen Verzerrungen. Als Ursache kindlicher Verhaltensauffälligkeiten werden nicht soziale Randständigkeit, Armut, Stigmatisierungen und Isolation Alleinerziehender (Frauen) beklagt und auszugleichen versucht. Stattdessen galten durchweg die Unehelichkeit der Kinder, die Abwesenheit des Vaters, die Herkunft aus einer unvollständigen oder einer Scheidungsfamilie als Ursache von Anpassungsproblemen, Schulschwierigkeiten und Jugendkriminalität (Würtemberger 1968, m.w.N., König 1969, m.w.N., Fthenakis 1985, m.w.N.).

In den letzten Jahren haben besonders die gut ausgebildeten, alleinerziehenden Frauen der gehobenen Mittelschicht demonstriert, daß ein Zusammenleben mit Kindern für alle Teile zufriedenstellend und anregend sein kann und in keiner Hinsicht unzureichend ist, wenn man Mütter nicht isoliert und ihnen nicht Bildung und materielle Ressourcen abschneidet (Schmerl 1989). Auch das Negativ-Bild der bösen Stiefmutter, des bedauernswerten Stiefkindes und der unzureichenden Stieffamilie, das die Märchen und gängigen Alltagsvorstellungen beherrscht, trifft auf die heute vielfach entstehenden neuen Familienkonstellationen nicht mehr zu (Friedl/Maier-Aichen 1991).

In diesem Zusammenhang ist auch die neuerliche Betonung des biologischen Abstammungsverhältnisses für Eltern-Kind-Beziehungen kritisch zu beobachten. Sie wird nachvollziehbar vor dem Hintergrund von Entwicklungen der Reproduktionsmedizin, die als bedrohlich und in ihren ethischen Konsequenzen unabschätzbar wahrgenommen werden, weil sie die Gefahr beinhalten, Kinder zu biologisch und sozial ortlosen, auf dem Markt frei verfügbaren Lebewesen werden zu lassen. Sie ist aber auch Mittel zur Verfestigung »natürlicher« Familienbande, unabhängig von sozialen Sachverhalten. In einer Phase, in der verwandtschaftliche Bindungen destabilisiert und Institutionen in Frage gestellt werden, die über Jahrhunderte den sozialen Standort und die Gefühle von Menschen bestimmt haben, soll damit im Wirrwarr der neuen Familienkonstellationen ein Ordnungsfaktor mit Bestandskraft fixiert werden. Dies kann auch als Rückschritt hinter Erkenntnisse über die Bedeutung faktischer, psychosozialer Eltern-Kind-Beziehungen bewertet werden.

Geschlechterbeziehungen im zukünftigen Kindschaftsrecht

Das Kindschaftsrecht der BRD wird derzeit neu formuliert. Eine interdisziplinäre Arbeitsgruppe, die von der Bundesjustizministerin eingesetzt wurde, befaßt sich mit den Vorarbeiten zu einer umfassenden Reform des Kindschaftsrechts. Zentrale Themenschwerpunkte sind dabei die Angleichung der Rechtsstellung ehelich und nichtehelich geborener Kinder und die Veränderung von Sorge- und Umgangsrechten nicht verheirateter und miteinander verheirateter Eltern.

Entsprechende Empfehlungen wurden von der familienrechtlichen Abteilung des 59. Deutschen Juristentages (1992) diskutiert und verabschiedet. Familienrechtliche Publikationen konzentrieren sich derzeit auf Themenstellungen im Kontext einer Neuformulierung des Kindschaftsrechts (Böhm 1992, Dethloff 1992). Der Deutsche Juristinnenbund (1992) hat einen Entwurf zur Regelung des Kindschaftsrechts vorgelegt.

Eine »moderne«, weithin für notwendig gehaltene Rechtsreform hat sich zum Ziel gesetzt, rechtliche Ungleichheiten zwischen ehelich und nichtehelich geborenen Kindern abzubauen. Darüber hinaus unterliegen ihr zwei weitere Leitgedanken:

1. *Die Konzentration auf die Perspektive des Kindes und die Zurückdrängung elternrechtlicher Positionen.*
2. *Das Kindschaftsrecht wird »geschlechtsneutralisiert«,* die rechtliche Privilegierung der Mutter im Verhältnis zum Kind wird unter der Prämisse des Kindeswohl-Gedankens abgebaut (Smart/Sevenhuisen 1989). Damit wird das Geschlechterverhältnis normativ interpretiert, mit dem neuen Kindschaftsrecht wird ein »Ausgleich zwischen Statusdenken, Matriarchat und Staatsintervention« (Böhm 1992, 337) angestrebt.

Faktisch wird die Rechtsstellung des nichtehelichen Vaters ebenso wie die des geschiedenen ehelichen Vaters gestärkt.

Sichtbar wird dies in rechtlichen Veränderungen, die bereits jetzt relativ übereinstimmend befürwortet werden: Nicht miteinander verheirateten Eltern soll auf gemeinsamen Antrag hin in Zukunft die gemeinsame elterliche Sorge zustehen. Auf Antrag des Vaters oder der Mutter soll auch dem Vater alleine die elterliche Sorge übertragen werden können.

In Zukunft sollen nicht verheiratete Frauen nicht mehr allein über die Freigabe eines Kindes zur Adoption entscheiden können, notwendig ist vielmehr auch die Zustimmung des genetischen Vaters.

Das Bemühen um die Angleichung der Rechtsstellung ehelicher und nichtehelicher Kinder schließt theoretisch eine Angleichung der unterhaltsrechtlichen Fragen ein. Vorgeschlagen wird deshalb zum Teil auch für nichtehelich geborene Kinder die Zahlung eines Betreuungsunterhalts an die Mutter (Böhm 1992, 336). Dieser Vorschlag gilt aber als umstritten, ein entsprechender Antrag wurde von der familienrechtlichen Abteilung des 59. Deutschen Juristentages zurückgewiesen.

Relativ breite Zustimmung findet derzeit die Anregung, bei Trennung oder Scheidung das gemeinsame Sorgerecht beider Eltern beizubehalten, sofern nicht ein Elternteil das alleinige Sorgerecht beantragt. Die davon erhoffte »Befriedungswirkung« (Coester 1991) auf die Konflikte sich trennender Eltern ist faktisch vor allem als Befriedung der Väter zu begreifen, die jedoch Konflikte der Mutter erhöhen könnte, die mit den Kindern zusammenlebt.

Das genetische Abstammungsverhältnis wird als so bedeutsam betrachtet, daß es dem Kind, aber auch den genetischen Eltern (z. B. dem anonymen Samenspender), zukünftig ermöglicht werden soll, die Abstammung feststellen zu lassen. Wenn in Übereinstimmung mit der Mutter die Vaterschaft durch einen sogenannten »Scheinvater« anerkannt und im Alltag gelebt wird, soll in Zukunft trotzdem der genetische Vater die Möglichkeit erhalten, seine Vaterschaft feststellen zu lassen.

Als Strukturprinzip einer Verrechtlichung von Geschlechterbeziehungen im Verhältnis zu Kindern schält sich heraus, daß eine Veränderung der realen Sorge für Kinder nicht angestrebt wird. Sie wird den Frauen verbleiben und ihnen weiterhin als eher »private« Arbeit zugeschrieben. Wohl aber sind starke Tendenzen erkennbar, affektive Beziehungsangebote und -wünsche des leiblichen Vaters und daraus resultierende Eltern-Kind-Bindungen mit Sorgerechten zu verbinden. Die Forderung, sich Vaterschaft – auch im Rechtssinne – zu »erarbeiten« (Stein-Hilbers 1989), setzt sich rechtlich nicht durch. Ignoriert wird damit, daß sich Frauen und Männer als getrennt lebende Eltern in einer grundsätzlich unterschiedlichen Situation befinden. Die Arbeit von Frauen für Kinder wird »unsichtbar« und als rechtlich belanglos erklärt. Biologie und Gefühl, weniger die Verpflichtung zur Übernahme der realen Sorge für ein Kind, bestimmen somit die Form, in der sich heute das Eltern-Kind-Verhältnis präsentiert und in der es vermutlich auch rechtlich kodiert wird.

Literatur

Abarbanel, Alice (1979): Shared Parenting After Separation and Divorce. A Study of Joint Custody, in: *Am. J. Orthopsychiatry* 49, S. 320-329.

Abbott, Franklin (Hg.) (1987): *New Men, New Minds. Braking Male Tradition,* Freedom. Calif.

Adorno, Theodor W. (1956): Familie, in, ders. (Hg.), *Soziologische Exkurse,* Frankfurt.

Albury, Rebecca (1985): Wem gehört der Embryo, in: Arditti, R. u.a. (Hg.), *Retortenmütter. Frauen in den Labors der Menschenzüchter,* Reinbek, S. 45-57.

Alexy, Robert (1983): *Theorie der juristischen Argumentation. Die Theorie des rationalen Diskurses als Theorie der juristischen Begründung,* Frankfurt.

Araji, Sharon/Finkelhor, David (1986): *A Sourcebook on Child Sexual Abuse,* Beverly Hills.

Arditti, Rita (1987): The Surrogacy Business, in: *Social Policy* 18, S. 42-46.

Ariès, Philippe (1975): *Geschichte der Kindheit,* München.

Arnold, Klaus (1980): *Kind und Gesellschaft in Mittelalter und Renaissance. Beiträge und Texte zur Geschichte der Kindheit,* Paderborn.

Arntzen, Friedrich (1980): *Elterliche Sorge und persönlicher Umgang mit Kindern aus gerichtspsychologischer Sicht,* München.

August, Eugene R. (1985): *Men's Studies: A Selected & Annotated Interdisciplinary Bibliography,* Littleton.

Autorinnengemeinschaft: *Erklärungsmuster zur geschlechtsspezifischen Strukturierung des Arbeitsmarktes,* Arbeitspapier 1990-1 aus dem Arbeitskreis sozialwiss. Arbeitsmarktforschung (SAMF).

Badinter, Elisabeth (1985): *Die Mutterliebe. Geschichte eines Gefühls vom 17. Jahrhundert bis heute,* München.

Bahr-Jendges, Jutta (1983): Gemeinsames Sorgerecht nach Trennung und Scheidung, in: *Streit* 1, S. 15-19.

Bahr-Jendges, Jutta (1986): Männlichkeit und Moderne. Die scheinbare Gleichheit, in: Conrad, J./Konnertz, U., *Weiblichkeit in der Moderne. Ansätze feministischer Vernunftkritik,* Tübingen, S. 160-189.

Bahr-Jendges, Jutta (1987): Elterliche Sorge und Umgangsrecht gemäß §§ 1705, 1711 BGB, Art 6 GG und Art. 8,1 und 2, 12 MRK, in: *Streit*, 5, S. 16.

Bahr-Jendges, Jutta (1988): Dorn im Auge der Väter: Das Privileg. Mütter außerhalb der Ehe, in: *Frauen und Schule*, S. 28-29.

Balloff, Rainer/Eginhard, Walter (1990): Gemeinsame elterliche Sorge als Regelfall? Einige theoretische und empirische Grundannahmen, in: *FamRZ* 37, 5, S. 445-454.

Balloff, Rainer/Walter, Eginhard (1990): *Alleinerziehung und gemeinsame elterliche Sorge nach Trennung und Scheidung*, Berlin (Psychol.Inst.d.FU.).

Balloff, Rainer/Walter, Eginhard (1991): Reaktionen der Kinder auf die Scheidung der Eltern bei alleiniger oder gemeinsamer elterlicher Sorge, in: *Psychol. Erz. Unterr. 38*, S. 81-95.

Balloff, Rainer (1991): Lebensgemeinschaften nicht verheirateter Eltern mit Kindern – Bestandsaufnahme, Perspektiven und Grenzen aus juristischer und psychologischer Sicht, in: *ZfJ 78*, 4, S. 189-201.

Baurmann, Michael (1982): *Sexualität, Gewalt und psychische Folgen*, Wiesbaden (BKA-Forschungsreihe, Bd. 15).

Beck, Ulrich (1986): *Risikogesellschaft. Auf dem Weg in eine andere Moderne*, Frankfurt.

Beck, Ulrich (1987): Die Zukunft der Familie, in: *Psychologie heute* 11, S. 44-49.

Beck, Ulrich/Beck-Gernsheim, Elisabeth (1990): *Das ganz normale Chaos der Liebe*, Frankfurt.

Beck-Gernsheim, Elisabeth (1988): *Die Kinderfrage. Frauen zwischen Kinderwunsch und Unabhängigkeit*, München.

Beck-Gernsheim, Elisabeth (1984): *Vom Geburtenrückgang zur Neuen Mütterlichkeit. Über private und politische Interessen am Kind*, Frankfurt.

Becker-Schmidt, Regina/Brandes-Erlhoff u.a. (1982): *Nicht wir haben die Minuten, die Minuten haben uns*, Bonn.

Becker-Schmidt, Regina/Knapp, Gudrun-Axeli (1987): *Geschlechtertrennung – Geschlechterdifferenz. Suchbewegungen sozialen Lernens*, Bonn.

Beer, Ursula (Hg.) (1987): *Klasse Geschlecht. Feministische Gesellschaftsanalyse und Wissenschaftskritik*, Bielefeld.

Beer, Ursula (1990): *Geschlecht, Struktur, Geschichte. Soziale Konstituierung des Geschlechterverhältnisses*, Frankfurt/New York.

Beer, Ursula (1984): *Theorien geschlechtlicher Arbeitsteilung*, Frankfurt/New York.

Beitzke, Günther (1983): *Familienrecht*, München.

Benda, Ernst (1985): Humangenetik und Recht – eine Zwischenbilanz, in: *NJW* 38, S. 1730-1734.

Berger-Schmitt, Regina (1986): Inner-familiale Arbeitsteilung und ihre Determinanten, in: Glatzer, W./Berger-Schmitt, R. (Hg.), *Haushaltsproduktion und Netzwerkhilfe. Die alltäglichen Leistungen der Familien und Haushalte*, Frankfurt, S. 105-140.

Bertram, Hans/Borrmann-Müller, Renate (1988): Individualisierung und Pluralisierung familialer Lebensformen, in: *Aus Politik und Zeitgeschichte. Beilage zur Wochenzeitung »Das Parlament«*, S. 14-23.

Beuys, Barbara (1988): *Familienleben in Deutschland. Neue Bilder aus der dunklen Vergangenheit*, Reinbek.

Bielenski, Harald/Strümpel, Burkhard (1989): *Eingeschränkte Erwerbsarbeit bei Frauen und Männern und teilzeitarbeitende Männer und Hausmänner*, Berlin.

Bienwald, Werner (1985): Zur Beteiligung des Mannes bei der Entscheidung über den straffreien Schwangerschaftsabbruch seiner Ehefrau, in: *FamRZ* 32, S. 1096-1102.

Biller, Henry B. (1974): *Paternal Deprivation: Family, School, Sexuality, and Society*, Washington.

Biller, Henry B. (1981): The Father and Sex Role Development, in: Lamb, M. (Hg.): *The Role of the Father in Child Development*, S. 319-358.

BMFT (Hg.) (1985): In vitro-Fertilisation, Genomanalyse und Gentherapie: *Bericht der gemeinsamen Arbeitsgruppe des Bundesministers für Forschung und Technologie und des Bundesministers der Justiz*, München.

BMJFFG (1986): *Vierter Familienbericht*, Bonn.

BMJFG (1985): *Nichteheliche Lebensgemeinschaften*, Stuttgart.

Bock, Gisela/Duden, Barbara (1977): Arbeit aus Liebe – Liebe als Arbeit, in: *Frauen und Wissenschaft*, Beiträge zur 1. Sommeruniversität für Frauen, Berlin.

Böhm, Reglindis (1992): Gedanken zu einer Neuregelung des Kindschaftsrechts, in: *ZRP* 25, S. 334-337.

Boemke, Burkhard (1991): Reform des Ehenamensrechts und Auswirkungen auf die Familie, in: *FuR* 2, S. 181-198.

Bolte, Karl M. (1983): Subjektorientierte Soziologie – Plädoyer für eine Forschungsperspektive, in: Bolte, K. M./Treutner, E.(Hg.): *Subjektorientierte Arbeits- und Berufssoziologie*, Frankfurt, S. 12-36.

Bonorden, Heinz (Hg.) (1985): *Was ist los mit den Männern? Stichworte zu einem neuen Selbstverständnis*, München.

Born, Claudia/Krüger, Helga u.a. (1985): *Berufstätige Mütter. Zwischen Arbeitsplatz und Kinderkrippe. Untersuchungen zur Situation in der Tagesbetreuung von Kindern zwischen null und drei Jahren*, Universität Bremen.

Bourdieu, Pierre (1976): *Entwurf einer Theorie der Praxis*, Frankfurt.

Bovenschen, Silvia (1979): *Die imaginierte Weiblichkeit. Exemplarische Untersuchungen zu kulturgeschichtlichen und literarischen Präsentationsformen des Weiblichen*, Frankfurt.

Bowlby, John (1975): *Bindung. Eine Analyse der Mutter-Kind-Beziehung*, München.

Boyd, Susan B. (1989): From Gender Specifity to Gender Neutrality? Ideologies in Canadian Child Custody Law, in: Smart, C./ Sevenhuisen, S. (Hg.): *Child Custody and the Politics of Gender*, S. 126-157.

Braun, Volkmar/Mieth,Diethmar/Steigleder, Klaus (1987): *Ethische und rechtliche Folgen der Gentechnologie und Reproduktionsmedizin*, München.

Brigitte/DJI (1988): *Brigitte-Untersuchung 88: Kind? Beruf? Oder beides?*, Hamburg.

Britting, Eva (1989): *Die postmortale Insemination als Problem des Zivilrechts*, Frankfurt.

Brod, Harry (Hg.) (1987): *The Making of Masculinities: The New Men's Studies*, Boston.

Bronfenbrenner, Urie (1981): *Die Ökologie der menschlichen Entwicklung*, Stuttgart.

Bronfenbrenner, Urie (1958): Socialisation and Social Class through Time and Space, in: Maccoby, E.E. u.a. (Hg.): *Readings in Social Psychology*, New York, S. 400-425.

Brzoska, Georg/Hafner, Gerhard/ Schäfer, Eberhard (1990): *Aktive Vaterschaft und Elternurlaub*, Berlin.

Brzoska, Georg/Hafner, Gerhard (o.J.): *Möglichkeiten und Perspektiven der Veränderung der Männer, insbesondere der Väter-Forschung, Diskussionen und Projekte in den Vereinigten Staaaten von Amerika, Schweden und den Niederlanden*, Literaturstudie im Auftrag des BMJFFG.

Brötel, Achim (1991): Das alleinige Sorgerecht der Mutter für ihr nichteheliches Kind – ein grundrechtswidriges Dogma? in: *NJW* 49, S. 3119-3124.

Brümmer, Gisela (1988): *Die Entwicklung des elterlichen Sorge- und Erziehungsrechts in der DDR*, Köln.

Brunner, Otto (1978): Vom »ganzen Haus« zur »Familie«, in: Rosenbaum, H. (Hg.): Seminar: *Familie und Gesellschaftsstruktur*, Frankfurt, S. 83-127.

Burkart, Günter/Fietze, Beate/Kohli, Martin (1989): *Liebe, Ehe, Elternschaft. Eine qualitative Untersuchung über den Bedeutungswandel von Paarbeziehungen und seine demographischen Konsequenzen*, Wiesbaden.

Bus, Annette (1988): Vater ist der Beste. Eigentumsverhältnisse in der Reproduktionsindustrie, in: *Das Argument* 172, 30, S. 833-838.

Busch, Gabriele/Hess-Diebäcker, Doris/Stein-Hilbers, Marlene (1994): *Den Männern die Hälfte der Familie, den Frauen mehr Chancen im Beruf*, Weinheim.

Caesar-Wolf, Beatrice/Eidmann, Dorothee/Willenbacher, Barbara (1983): Die gerichtliche Ehelösung nach dem neuen Scheidungsrecht. Normstruktur und Verfahrenspraxis, in: *Zeitschr.f. Rechtssoziologie* 2, S. 206-246.

Caesar-Wolf, Beatrice/Eidmann, Dorothee (1985): Gleichberechtigungsmodelle im neuen Scheidungsfolgenrecht und deren Umsetzung in die familiengerichtliche Praxis, in: *Zeitschr.f. Rechtssoziologie* 6, S. 163-189.

Caesar-Wolf, Beatrice (1987): Die anwaltliche Scheidungsberatung als stellvertretende Konsensrestitution. Eine exemplarische Fallrekonstruktion, in: *Zeitschr.f. Rechtssoziologie* 8, S. 167-192.

Capron, Alexander M. (1984): The New Reproductive Possibility: Seeking a Moral Basis for Concerted Action in a Pluralistic Society, in: *Law, Medicine and Health Care* 12, S. 192-198.

Cath, Stanley H./Gurwitt, Alan R./Ross, John M. (1982): *Father and Child: Developmental and Clinical Perspectives*, Boston.

Charmas, Jane-F. (1981): Practice Trends in Divorce Related Child Custody, in: *J.of Divorce* 4, S. 57-67.

Cherlin, Andrew J./Furstenberg, Frank F. u. a. (1991): Longitudinal Studies of Effects of Divorce on Children in Great Britain and the United States, in: *Science* 251, S. 1386-1389.

Chesler, Phyllis (1982): *Über Männer*, Reinbek.

Chesler, Phyllis (1986): *Mothers on Trial. The Battle for Children and Custody*, New York.

Chodorow, Nancy (1985): *Das Erbe der Mutter. Psychoanalyse und Soziologie der Geschlechter*, München.

Coester, Michael (1982): Gemeinsames Sorgerecht nach Scheidung? Verfassungsrechtliche Überlegungen und internationale Erfahrungen, in: *EuGRZ*, S. 256-264.

Coester, Michael (1983): *Das Kindeswohl als Rechtsbegriff: die richterliche Entscheidung über die elterliche Sorge beim Zerfall der Familiengemeinschaft*, Frankfurt.

Coester, Michael (1986): Das Kindeswohl als Rechtsbegriff, in: *Sechster Deutscher Familiengerichtstag Brühl 1985*, Bielefeld, S. 35-51.

Coester, Michael (1991): Die Bedeutung des Kinder- und Jugendhilfegesetzes (KJHG) für das Familienrecht, in: *FamRZ* 38, S. 253-263.

Coester, Michael (1991): Neue Aspekte zur gemeinsamen elterlichen Sorge nach Trennung oder Scheidung, in: *FuR* 2, S. 70-74.
Coester, Michael (1992): Reform des Kindschaftsrechts, *JZ* 47, S. 809-816.
Coester-Waltgen, Dagmar (1985): Der Schwangerschaftsabbruch und die Rolle des künftigen Vaters, in: *NJW* 38, S. 2175-2177.
Coester-Waltjen, Dagmar (1986): *Künstliche Befruchtung beim Menschen – Zulässigkeit und zivilrechtliche Folgen*, Gutachten B für den 56. Deutschen Juristentag, Ziv. Abt.
Coester-Waltgen, Dagmar (1987): Leihmütter – Leihväter – Rechtliche und rechtspolitische Aspekte, in: Huffmann u.a. (Hg.): *Frauen in Wissenschaft und Politik*, Düsseldorf, S. 131-140.
Coester-Waltjen, Dagmar (1989): Humangenetik, Biotechnik und Familienrecht, in: Ev. Akademie Hofgeismar (Hg.): *Gentechnologie. Chancen und Risiken*, München, S. 39-51.
Coester-Waltjen, Dagmar (1989): Zum Recht des Kindes auf Kenntnis der eigenen Abstammung, in: *JurA* 10, S. 520-523.
Coester-Waltjen, Dagmar (1992): Künstliche Fortpflanzung und Zivilrecht, in: *FamRZ* 39, S. 369-373.
Conze, W. (Hg.) (1976): *Sozialgeschichte der Familie in der Neuzeit Europas*, Stuttgart.

Daele, Wolfgang van den (1988): *Mensch nach Maß? Ethische Probleme der Genmanipulation und Gentherapie*, München.
Daele, Wolfgang van den (1987): Die Moralisierung der menschlichen Natur und Naturbezüge in gesellschaftlichen Institutionen, in: *Kritische Vierteljahresschrift für Gesetzgebung und Rechtswissenschaft* 2, S. 351-366.
Daele, Wolfgang van den (1988): Der Fötus als Subjekt und die Autonomie der Frau. Wissenschaftlich-technische Optionen und soziale Kontrollen in der Schwangerschaft, in: *Kritische Justiz* 21, S. 16-31.
Day, Randal D./Hook, Daniel (1987): A Short History of Divorce: Jumping the Boom – And Back Again, in: *J. of Divorce* 10, S. 57-72.
Deichfuß, Hermann (1988): Recht des Kindes auf Kenntnis seiner blutmäßigen Abstammung, in: *NJW 41*, S. 113-117.
deMause, Lloyd (1977): *Hört ihr die Kinder weinen?*, Frankfurt.
Deinniger, D. (1989): Sozialhilfeempfänger 1987, in: *Wirtschaft und Statistik* 8, S. 537-548.
Derleder, Peter (1987): Verfassungsentwicklung und Familienwandel, in: *Jahrbuch für Rechtssoziologie und Rechtstheorie* Bd. 12, Opladen, S. 162-181.
Deutsch, Erwin (1987): Rechtliche Gesichtspunkte der künstlichen Insemination und extrakorporalen Befruchtung, in: Dietrich-Reichart, Elke (Hg.): *Insemination, In-vitro-fertilisation*, Percha, S. 251-283.
Deutscher Juristinnenbund (1992): Entwurf zur Reform des Kindschaftsrechts, in: *FuR* 3, Beilage.
Deutsches Jugendinstitut (Hg.) (1988): *Wie geht's der Familie? Ein Handbuch zur Situation der Familien heute*, München.
Devereux, Georges (1976): *Angst und Methode in den Verhaltenswissenschaften*, Frankfurt.
DHSS (1984): *Report of the Committee of Inquiry into Human Fertilisation and Embryology*, Cmnd. 9314.

Dickmeis, Franz (1988): Zur Rechtsstellung Alleinerziehender und ihrer Kinder, in: *Jugendwohl* 69, S. 503-514.

Dickmeis, Franz (1989): Die gemeinsame elterliche Sorge – ein engagiertes Plädoyer, in: *ZfJ* 76, S. 57-60.

Dieckmann, Albrecht (1978): Betrachtungen zum Recht der elterlichen Sorge – vornehmlich für Kinder aus gescheiterter Ehe, in: *AcP* 178, S. 298-336.

Diederichsen, Uwe (1992): *Referat der familienrechtlichen Abteilung des 59. Deutschen Juristentages, Manuskript,* Hannover.

Dietze, Lutz (1989): Elternrecht – Kindesrecht, in: Melzer, W./Sünker, H. (Hg.): *Wohl und Wehe der Kinder,* S. 102-120.

Donzelot, Jacques (1988): *Die Ordnung der Familie,* Frankfurt.

Dornbusch, Sanford M./Strober, Myra H. (1988): *Feminism, Children and the New Families,* New York.

Landesregierung von NRW (1990): *Dritter Familienbericht,* Düsseldorf.

Dunde, Siegfried Rudolf (Hg.) (1986): *Neue Väterlichkeit. Von Möglichkeiten und Unmöglichkeiten des Mannes,* Gütersloh.

Durkheim, Emile (1981): *Die elementaren Formen des religiösen Lebens,* Frankfurt.

Duss von Werdt, Josef (1980): Der Familienmensch. Identität und Familie, in: ders./ Walter-Enderlin, R. (Hg.): *Der Familienmensch,* Stuttgart, S. 17-28.

Duss von Werdt, Josef (1984): Überlegungen zur gemeinsamen Typologie von Ehe, Scheidung und Elternschaft, in: *ZfJ* 71, S. 17-22.

Eggers, Christian (Hg.) (1984): *Bindungen und Besitzdenken beim Kleinkind,* München.

Ehrenreich, Barbara (1983): *Die Herzen der Männer,* Reinbek.

Ell, Ernst (1982): Wie ist das mit der »Hauptbezugsperson«? in: *Zbl JugR* 69, S. 76-82.

Emery, Ruth E./Hetherington, Eileen M./Dilalla, Lisabeth F. (1984): Divorce, Children and Social Policy, in: Siegel, A.E./Stevenson, H.W. (Hg.): *Child Development and Social Policy,* Chicago, S. 189-266.

Engelmann, Theodor (1926), in: Staudinger, J.v.: *Kommentar zum BGB,* IV Band, 2. Tel, 9. Aufl., München/Berlin.

Erler, Gisela Anna (1985): *Frauenzimmer. Für eine Politik des Unterschiedes,* Berlin.

Erler, Gisela Anna (1986): Die Barbarei der Bitterkeit. Polemik gegen die Rückkehr des väterlichen Sorgerechts, in: *Freibeuter,* Nr. 29, Berlin, S. 58-70.

Eysenck, Hans-Jürgen (1975): *Vererbung, Intelligenz und Erziehung,* Stuttgart.

Faludi, Susan (1991): *Backlash. The Undeclared War Against Women, Doubleday N.Y.,* deutsch (1993): *Die Männer schlagen zuruck,* Reinbek.

Fein, Robert A. (1978): Research on Fathering: Social Policy and an Emergent Perspective, in: *J. of Social Issues* 34, S. 72-91.

Fend, Helmut (1983): *Sozialgeschichte des Aufwachsens: Bedingungen des Aufwachsens und Jugendgestalten im zwanzigsten Jahrhundert,* Frankfurt.

Fields, Suzanne (1983): *Like Father, Like Daughter: How Father Shapes the Woman His Daughter Becomes,* Boston.

Filene, Peter G. (1986): *Him/Her/Self: Sex Roles in Modern America,* Baltimore.

Filipp, Sigrun-Heide (1981): *Kritische Lebensereignisse,* München.

Findl, Inga/Laburda, Angelika/Münz, Rainer (1985): Frauenalltag und familiäre

Arbeitsteilung, in: Münz, R. (Hg.): *Leben mit Kindern. Wunsch und Wirklichkeit*, Wien.

Fleisch, Hans (1988): *Die verfassungsrechtliche Stellung des leiblichen Vaters*, Baden-Baden.

Flügge, Sibylla (1983): Von väterlicher Gewalt und elterlicher Sorge. Eine Gesetzesdokumentation 1900-1982, in: *Streit* 1, S. 20-24.

Fölling-Albers, Maria (1989): Veränderte Kindheit – Herausforderungen für die Schule, in: Melzer, W./Sünker, H. (Hg.): *Wohl und Wehe der* Kinder, S. 62-76.

Ford, David/Hearn, Jeff (1988): *Studying Men and Masculinity*, Univ. of Bradford.

Frank, Rainer (1988): Recht auf Kenntnis der genetischen Abstammung? in: *FamRZ* 35, S. 113-120.

Franks, Maurice R. (1983): *Winning Custody*, Englewood Cliffs.

Frauenreport '90 (1990), Berlin.

Friedl, Ingrid/ Maier-Aichen, Regine (1991): *Leben in Stieffamilien*, Weinheim und München.

Fthenakis, Wassilios E. (1982): *Gemeinsame elterliche Sorge nach der Scheidung. Möglichkeiten und Grenzen eines Ansatzes.* Gutachten, erstattet am 8.6.1982 vor dem Bundesverfassungsgericht, Manuskript, München.

Fthenakis, Wassilios E. (1983): Kindeswohl – gesetzlicher Anspruch und Wirklichkeit, in: *Brühler Schriften zum Familienrecht*, Bd 3, Bielefeld S. 33-66.

Fthenakis, Wassilios E. (1985): Väter. Bd. 1: *Zur Psychologie der Vater-Kind-Beziehung. Bd. 2: Zur Vater-Kind-Beziehung in verschiedenen Familienstrukturen*, München.

Fthenakis, Wassilios E. (1985): Zum Stellenwert der Bindungen des Kindes als sorgerechtsrelevantes Kriterium gemäß § 1671 BGB, in: *FamRZ* 32, S. 662-672.

Fthenakis, Wassilios E. (1988): Rezension von Horst Luthin: Gemeinsames Sorgerecht nach der Scheidung, in: *FamRZ* 35, S. 578-582.

Fthenakis, Wassilios, E. (Hg.) (1991): *Mehr Zeit für Kinder. Auch nach Trennung und Scheidung*, München.

Fthenakis, Wassilios E./Walbiner, Waltraud (1989): Eine Familie in der Sorgerechtsregelung, in: Fabricius-Brand, M. (Hg.): *Wenn aus Ehen Akten werden – Scheidungsprotokolle*, Frankfurt.

Furstenberg, Frank F./Morgan, Philipp S./ Allison, Paul D. (1987): Paternal Participation and Children's Well-Being After Marital Dissolution, in: *Am. Sociological Review* 52, S. 695-701.

Furstenberg, Frank F. (1987): Fortsetzungsehen, in: *Soziale Welt* 38, S. 29-40.

Furstenberg, Frank F. (1988): Die Entstehung des Verhaltensmusters »sukzessive Ehen«, in: Lüscher, K. u.a. (Hg.), a.a.O., S. 73-83.

Furstenberg, Frank/Cherlin, Andrew (1993): *Geteilte Familien*, Stuttgart.

Gaier, Otto R. (1987): *Der Riß geht durch die Kinder: Trennung, Scheidung und wie man Kindern helfen kann*, München.

Gerhard, Ute/Limbach, Jutta (Hg.) (1988): *Rechtsalltag von Frauen*, Frankfurt.

Gerhard, Ute (1978): *Verhältnisse und Verhinderungen. Frauenarbeit, Familie und Rechte der Frauen im 19. Jahrhundert*, Frankfurt.

Gerhardt, Uta/Schütze, Yvonne (1988): *Frauensituation*, Frankfurt.

Gernhuber, Joachim (1973): Kindeswohl und Elternwille, in: *FamRZ* 20, S. 229-244.

Gernhuber, Joachim (1980): *Lehrbuch des Familienrechts*, München.
Gerspach, Manfred/Hafeneger, Benno (Hg.) (1982): *Das Väterbuch*, Frankfurt.
Geschlechtsrollen im Wandel. Partnerschaft und Aufgabenteilung in der Familie, Schriftenreihe des BMJFFG, Band 235, Stuttgart.
Gesundheitsreport Nordrhein-Westfalen (1990), Düsseldorf.
Giesecke, Hermann (1987): *Die Zweitfamilie. Leben mit Stiefkindern und Stiefvätern*, Stuttgart.
Giesen, Dieter (1989): Genetische Abstammung und Recht, in: *JZ* 8, S. 364-377.
Glatzer, Wolfgang/Herget, Hermann (1984): Ehe, Familie und Haushalt, in: Zapf, Wolfgang (Hg.): *Lebensqualität in der Bundesrepublik. Objektive Lebensbedingungen und subjektives Wohlbefinden*, Frankfurt.
Glantschnig, Helga (1988): Geliebte Mutter, meine Frau. Zum Weiblichkeitsideal Rousseaus und seinen Folgen, in: Pauritsch, Gertrude u.a. (Hg.): *Kinder Machen. Strategien der Kontrolle weiblicher Fruchtbarkeit*, Wien, S. 160-170.
Gleich, Arnim von (1985): Gentechnik und Feminismus, in: *Kommune* 3, S. 51-54.
Glick, Paul Ch. (1984): Marriage, Divorce and Living Arrangements, in: *J. of Family Issues* 5, S. 7-26.
Goeppinger, Horst (1967): *Probleme des Rechtsverhältnisses zwischen Eltern und Kindern*, Frankfurt.
Goldstein, Joseph/Freud, Anna/Solnit, Albert J. (1982): *Diesseits des Kindeswohls*, Frankfurt.
Goldstein, Joseph/Freud, Anna/Solnit, Albert J. (1991): *Jenseits des Kindeswohls*, Frankfurt.
Goldstein, Joseph/Freud, Anna/Solnit, Albert J. (1988): *Das Wohl des Kindes. Grenzen professionellen Handelns*, Frankfurt.
Goody, Esther (1973): *Contexts of kinship. An Essay on the Family Sociology of the Gonja of Nothern Ghana*, Cambridge.
Goody, Esther (1984): Eltern-Strategien Kalkül oder Gefühl? Pflegekindschaftsbräuche westafrikanischer Familien, in: Medick, H./Sabean, D. (Hg.), a.a.O., S. 360-378.
Goody, Jack (1986): *Die Entwicklung von Ehe und Familie in Europa*, Berlin.
Gottschall, Karin (1989): Frauen auf dem bundesrepublikanischen Arbeitsmarkt: Integrationsprozesse mit Widersprüchen und Grenzen, in: Müller, U./Schmidt-Waldherr, H. (Hg.), a.a.O., S. 11-41.
Gronseth, Erik (1975): Work-Sharing Families: Adaptions of Pioneering Families with Husband and Wife in Part-time-employment, in: *Acta Sociologica* 18, 1-2, S. 202-221.
Gross, Peter/Honer, Anne (1990): Multiple Elternschaften, in: *Soziale Welt* 41, S. 97-116.
Grossberg, Michael (1983): Who gets the Child? Custody, Guardianship and the Rise of a Judicial patriarchy in 19th century America, in: *Fem. Studies* 9, S. 235-256.
Grossmann, Klaus/Grossmann, Karin (1986): Phylogenetische und ontogenetische Aspekte der Entwicklung der Eltern-Kind-Bindung und der kindlichen Sachkompetenz, in: *Zeitschr. f. Entwicklungspsychol.*, S. 287-315.
Grundmann, Matthias (1990): Warum Männer keine Väter werden, in: *Zeitschr. f. Sozialisationsforschung und Erziehungssoziologie* 10, S. 33-52.
Gruppe Politik-Informationen am IIMV/Arbeitsmarktpolitik (1982): *Maßnahmen zugunsten einer besseren Vereinbarkeit von Familie und Beruf. Erfahrungen aus der DDR, Frankreich, Großbritannien und Schweden sowie Empfehlungen für die BRD*, IIM/IM P 81-27, Wissenschaftszentrum Berlin.

Gudat, Ulrich/Rummel, Carsten (1988): Die Bedeutung der Sozialwissenschaften für das Recht der Pflegekindschaft – jenseits der faktischen Elternschaft, in: *RdJ* 36, S. 140-58.

Gutmann, Herbert G. (1984): Verwandtschaftliche Bindungen unter Afro-Amerikanern vor und nach der Sklaven-Befreiung in Nord-Amerika, in: Medick, H./Sabean, D. (Hg.), a.a.O., S. 321-359.

Gutschmidt, Gunhild (1986): *Kind und Beruf: Alltag alleinerziehender Mütter*, Weinheim.

Haas, Linda (1980): Role-Sharing-Couples: A Study of Egalitarian Marriages, in: *Family Relations* 9, S. 289-296.

Habermas, Jürgen (1988): *Theorie des kommunikativen Handelns.* 2 Bände, Frankfurt.

Hagemann-White, Carol (1982): Zur Problematik des Begriffs »weibliche Sozialisation« -Überlegungen zu einer Theorie der Sozialpsychologie der Geschlechter, in: Sektion Frauenforschung in den Sozialwissenschaften, Bamberg, *Beiträge am 21. Soziologentag,* S. 137-155.

Hagemann-White, Carol (1985): *Sozialisation: Weiblich-männlich?* Opladen.

Hagemann-White, Carol (1988): Wir werden nicht zweigeschlechtlich geboren, in: Hagemann-White, C./ Rerrich,M. (Hg.): *FrauenMännerBilder*, Bielefeld, S. 224-235.

Hanson, Shirley/Bozett, Frederich (Hg.) (1985): *Dimensions of Fatherhood,* London.

Harder, Manfred (1986): Wer sind Vater und Mutter? Familienrechtliche Probleme der Fortpflanzungsmedizin, in: *JuS* 26, S. 503-511.

Harding, Lorraine M. (1987): The Debate on Surrogate Motherhood: The Current Situation, Some Arguments and Issues; Questions Facing Law and Policy, in: *The Journal of Social Welfare Law,* S. 37-63.

Hassenstein, Bruno (1988): Der Wert der Kenntnis der eigenen Abstammung, in: *FamRZ*, S. 120-123.

Hausen, Karin (1976/1978): Die Polarisierung der Geschlechtscharaktere. Eine Spiegelung der Dissoziation von Erwerbs- und Familienleben, in: Conze, W.: *Sozialgeschichte der Familie in der Neuzeit Europas,* Stuttgart, S. 363-393, S. 161-194.

Hausen, Karin (1984): Mütter, Söhne und der Markt der Symbole und Waren, in: Medick, H./Sabean, D. (Hg.), a.a.O., S. 473-523.

Hearn, Jeff (1987): *The Gender of Oppression. Men, Masculinity and the Critique of Marxism,* Brighton.

Heekerens, Hans-Peter (1987): Das erhöhte Risiko der Scheidung. Zur intergenerationalen Scheidungs-Tradierung, in: *ZfS* 16, S. 190-203.

Heekerens, Hans-Peter (1988): *Die zweite Ehe. Wiederheirat nach der Scheidung und Verwitwung,* Weinheim.

Hess-Diebäcker, Doris (1989): Leihmutterschaft und die Autonomie der Frau, in: IFF (Hg.), a.a.O., S. 181-188.

Hess-Diebäcker, Doris/Stein-Hilbers, Marlene (26.8.1986): Neue Väter, neue Rechte?, in: *TAZ.*

Hess-Diebäcker, Doris/Stein-Hilbers, Marlene (1989): Partnerschaftsideologien und das Modell der geteilten Elternschaft, in: IFF (Hg.), a.a.O., S. 127-138.

Hess-Diebäcker, Doris/Stein-Hilbers, Marlene (1989): Das neue Leitbild der innerfamilialen »Partnerschaft« in Kinderbetreuung und Haushalt, in: Müller, U./ Schmidt-

Waldherr, H. (Hg.): *FrauenSozialKunde. Wandel und Differenzierung von Lebensformen und Bewußtsein,* Bielefeld, S. 113-131.

Hess-Diebäcker, Doris/Stein-Hilbers, Marlene (1991): Geteilte Elternschaft: Modell für die Gleichverteilung von Haus- und Erwerbsarbeit berufstätiger Eltern, in: Teichert, V.(Hg.), a.a.O., S. 119-136.

Hetherington, Mavis/Cox, Martha/ Cox, Roger (1978): The Aftermath of Divorce, in: Stevens, J.H./Matthews, M. (Hg.): Mother-Child, Father-Child Relationships, in: *National Association for the Education of Young Children,* S. 149-176.

Hetherington, Mavis (1979): Divorce. A Child's Perspective, in: *Am. Psychologist* 34.

Hetherington, Mavis E./Hagan, Margaret St. (1986): Divorced Fathers: Stress, Coping and Adjustment, in: Lamb, M. E. (Hg.), a.a.O., S. 103-134, S. 851-858.

Hingst, Ann-G. (1981): Children and Divorce: The Child's View, in: *J. of Clinical Child Psychology 10,* S. 161-164.

Hinz, Manfred (1987): Kommentar zu den §§ 1616-1741 BGB. *Münchner Kommentar zum BGB, Band 5, Familienrecht, 2. Halbband,* München.

Hochschild, Arlie Russell (1990): Das gekaufte Herz. *Zur Kommerzialisierung der Gefühle,* Frankfurt.

Hoff, Andreas (Hg.) (1987): *Vereinbarkeit von Familie und Beruf – Neue Forschungsergebnisse im Dialog zwischen Wissenschaft und Praxis,* Bd. 230 der Schriftenreihe des BMJFFG, Stuttgart.

Hoff, Andreas (1986): Die »neuen Männer«: wie sie vom Medienereignis zur Realität werden können, in: *Freibeuter* Nr. 29, Berlin., S. 73-79.

Hoffmann-Nowotny, Hans-Joachim (1988): Ehe und Familie in der modernen Gesellschaft, in: *Aus Politik und Zeitgeschichte. Beilage zur Wochenzeitung »Das Parlament«,* B 13/88.

Hoffmann-Riem, Christa (1985): *Das adoptierte Kind,* München.

Hoffmann-Riem, Christa (1989): Elternschaft ohne Verwandtschaft: Adoption, Stiefbeziehung und heterologe Insemination, in: Nave-Herz, R./Markefka, N.(Hg.), a.a.O., S. 389-411.

Hollstein, Walter (1988): *Nicht Herrscher, aber kräftig. Die Zukunft der Männer,* Hamburg.

Holtrust, Nora/Sevenhuijsen, Selma/Verbraken, Annick (1987): Alte Rechte für neue Väter und den Staat. Die Entwicklung elterlicher Gewalt in den Niederlanden, in: *Streit* 5, S. 3-16.

Holtrust, Nora (1987): Paternal Control over Reproduction, in: Knijn, Trudie/Mulder, Anne-Claire (Hg.): *Unraveling fatherhood,* Holland/USA.

Holzhauer, Heinz (1986): Gentechnik und künstliche Fortpflanzung, in: *FamRZ* 33, S. 1162-1166.

Honig, Michael-Sebastian (1986): *Verhäuslichte Gewalt,* Frankfurt.

Horna, Jamila/Lupri, Eugen (1987): Father's participation in work, family life and leisure: A Canadian experience, in: Lewis, Ch./O'Brien, M. (Hg.), a.a.O., S. 54-73.

Hurrelmann, Klaus (1988): *Sozialisation und Gesundheit. Somatische, psychische und soziale Risikofaktoren im Lebenslauf,* Weinheim.

Hurrelmann, Klaus (1989): *Anspruch auf die »Lebensphase Kindheit«. Die Rechte der Kinder auf Achtung, Würde und Subjektivität,* Referat für den Deutschen Kinderschutztag am 9. Juni 1989.

Hurrelmann, Klaus (1990): *Einführung in die Theorie der Sozialisation. Über den Zusammenhang von Sozialstruktur und Persönlichkeit,* Weinheim.

IFF (1989): Interdisziplinäre Forschungsgruppe Frauenforschung (Hg.): *La MAMMA Beiträge zur sozialen Institution Mutterschaft,* Köln.

Isaacs, Marta Beth/Leon, George H. (1986): Social Networks, Divorce and Adjustment: A Tale of Three Generations, in: *J. of Divorce* 9, S. 1-6.

Jensen, Arthur R. (1969): How Much Can We Boost IQ and Scholastic Achievement? in: *Harvard Educational Review* 39, S. 1-123.

Johansen, Erna M. (1978): *Betrogene Kinder. Eine Sozialgeschichte der Kindheit,* Frankfurt.

Jopt, Jörg-Uwe (1990): Staatliches Wächteramt und Kindeswohl, in: *ZfJ* 77, S. 285-316.

Jopt, Uwe-Jörg (1988): *Ein-Eltern-Familien. Stieffamilien und soziale Elternschaft in psychologischer Sicht.* Stellungnahme für den 3. Familienbericht der Landesregierung Nordrhein-Westfalen.

Jopt, Uwe-Jörg (1987): Nacheheliche Elternschaft und Kindeswohl – Plädoyer für das gemeinsame Sorgerecht als anzustrebenden Regelfall, in: *FamRZ* 34, S. 875-885.

Jurczyk, Karin (1987): Wer braucht hier eine Familienpolitik? Für eine Politik der Vielfalt von Lebensformen, in: Opielka, M./Ostner, I. (Hg.): *Umbau des Sozialstaats,* Essen S. 290-301.

Kaltenborn, Karl-Franz (1987): Die personalen Beziehungen des Scheidungskindes als sorgerechtsrelevantes Entscheidungskriterium, in: *FamRZ* 34, S. 990-1000.

Katkin, Daniel/Bullington, Bruce/ Levine, Murray (1974): Above and Beyond the Best Interests of the Child: An Inquiry into the Relationship between Social Science and Social Action, in: *Law and Society Review* 66, S. 669-687.

Katz, Sanford N./ Monroe L.Inker (Hg.) (1982): *Fathers, Husbands and Lovers: Legal Rights and Responsibilities,* Chicago.

Kaufman, Michael (Hg.) (1987): *Beyond Patriarchy: Essays by Men and Pleasure,* New York.

Kaufmann, Franz X. u.a. (1982): Familienentwicklung. Generatives Verhalten im familialen Kontext, in: *Zeitschrift f. Bevölkerungswiss.,* S. 523-545.

Kerckhoff, Richard R./McPhee, Jeffrey (1984): Receptivity to Child-Rights Legislation, in: *Young Children* 39, S. 58-61.

Kerpelman, Leonard (1983): *Divorce: A Guide for Men,* South Bend, Ind.

Kiefer, Louis (1982): *How to Win Custody,* New York.

Kitzinger, Sheila (1983): *Frauen als Mütter. Geburt und Mutterschaft in verschiedenen Kulturen,* München.

Klages, Helmut (1984): *Wertorientierungen im Wandel. Rückblick, Gegenwartsanalyse, Prognosen,* Frankfurt.

Knijn, Trudie/Mulder, Anne-Claire (Hg.) (1987): *Unraveling Fatherhood,* Holland/USA.

Knöpfel, Gottfried (1990): Erforderliche Änderungen im Nichtehelichenrecht, in: *ZRP* 23, S. 234-239.

Knorr-Cetina, Karin (1984): *Die Fabrikation von Erkenntnis. Zur Anthropologie der Wissenschaft,* Frankfurt.

Koch, Elisabeth (1990): Der Anspruch der Deszendenten auf Klärung der genetischen Abstammung – ein Paradigmenwechsel im Abstammungsrecht? in: *FamRZ* 37, S. 569-574.

Koch, Elisabeth (1987): Zur Sozio- und Psychogenese familialer Gefühle, in: Mohnhaupt, H. (Hg.): *Zur Geschichte des Familien- und Erbrechts,* Frankfurt, S. 305-311.

Köcher, Renate (1988): Die deutsche Familie in der Nachkriegszeit, in: *Psychosozial* 11, S. 117-126.

Koechel, Roland (1986): Die Bindungen des Kindes – doch ein sorgerechtsrelevantes Kriterium, in: *FamRZ* 33, S. 637-641.

Kohlberg, Lawrence (1974): *Zur kognitiven Entwicklung des Kindes,* Frankfurt.

Kontos, Silvia (1986): Mutterschaft als Perversion, in: *links* 18, S. 18-19.

Krabbe, Heiner (Hg.) (1992): *Scheidung ohne Richter. Neue Lösungen für Trennungskonflikte.* Reinbek.

Krantz, Susan E. (1988): Divorce and Children, in: Dornbusch S./Strober, M., a.a.O., S. 249-273.

Krappmann, Lothar (1988): Über die Verschiedenheit der Familien alleinerziehender Eltern – Ansätze zu einer Typologie, in: Lüscher, K. u.a. (Hg.), a.a.O., S. 131-142.

Krautmacher, Marianne (1991): Arbeitszeitpolitische Rahmenbedingungen familialer Lebensformen und ihre Entwicklungsperspektiven, in: Teichert, Volker (Hg.): *Zur Situation junger Familien in der BRD,* Leverkusen, S. 137-148.

Krüger, Helga u.a. (Hg.) (1987): *Privatsache Kind – Privatsache Beruf. Zur Lebenssituation von Frauen mit kleinen Kindern in unserer Gesellschaft,* Opladen.

Kuhnt, M./Speil, W. (1986): *Zeit von Kindern – Zeit für Kinder. Ein empirischer Beitrag zur Dokumentation des Betreuungsaufwandes und der Erziehungsleistung für kleine Kinder,* Hannover.

Kurz-Scherf, Ingrid (1989): Teilzeitarbeit: Individuelle Notlösung und/oder Vorbotin einer neuen Zeitordnung?, in: Müller, U./Schmidt-Waldherr, H. (Hg.), a.a.O., S. 42-73.

Lakies, Thomas (1989): Mehr Rechte für ledige Väter? in: *ZfJ* 1989, S. 162-169.

Lakies, Thomas (1990): Umgang zwischen Vater und nichtehelichem Kind, in: *ZRP* 23, S. 229-238.

Lamb, Michael E. (Hg.) (1981): *The role of the father in child development,* New York.

Lamb, Michael E./Pleck, Joseph H./Levine, James A. (1987): Effects of increased paternal involvements on fathers and mothers, in: Lewis, Ch./O'Brien, M. (Hg.), a.a.O., S. 109-125.

Lamb, Michael E. (1986): *The Father's Role. Applied Perspectives,* New York.

Landweer, Hilge (1989): *Das Märtyrerinnenmodell. Methodologische, genealogische und ideologiekritische Untersuchungen zu weiblicher Individualität und feministischen Identitätspolitiken,* Pfaffenweiler.

Langer, Ingrid (1987): Die Familie heute – in der Polarität von existentieller Zwangsgemeinschaft und Chance zur Persönlichkeitsentfaltung, in: *Jahrbuch für Rechtssoziologie und Rechtstheorie,* Opladen, S. 227-251.

Lanz-Zumstein, Moni (Hg.) (1986): *Embryonenschutzgesetz und Befruchtungstechnik,* München.

Lautmann, Rüdiger (1986): Nach der Ehe »gute Mutter« oder »Rabenmutter«, in: Ostendorf, Heribert (Hg.): *Integration von Strafrechts- und Sozialwissenschaften. Festschrift für Liselotte Pongratz,* München, S. 18-30.

Lempp, Reinhart (1984): Die Bindungen des Kindes und ihre Bedeutung für das Wohl des Kindes gemäß § 1671 BGB, in: *FamRZ* 31, S. 741-744.

Lempp, Reinhart (1986): *Familie im Umbruch,* München.

Lenz, Rudolf (1986): Ehestand, Wehestand. Süßbitter Standt? Betrachtungen zur Familie der Frühen Neuzeit, in: *Archiv für Kulturgeschichte* 68, S. 371-405.

Lewis, Charlie/O'Brien, Margaret (Hg.) (1987): *Reassessing Fatherhood. New Observations on Fathers and the Modern Family,* London.

Lewis, Robert A./ Salt, Robert E. (Hg.) (1986): *Men in Families,* Beverly Hills.

Lewontin, Richard/ Rose,Steven/ Kamin, Leon J. (1988): *Die Gene sind es nicht. Biologie, Ideologie und menschliche Natur,* München.

Lidle-Haas (1989): *Das Kind im Sorgerechtsverfahren bei der Scheidung,* Berlin.

Liegle, Ludwig (1987): *Welten der Kindheit und der Familie,* Weinheim.

Limbach, Jutta (1988): Die Entwicklung des Familienrechts seit 1949, in: Nave-Herz, R. (Hg.), a.a.O., S. 11-32.

Limbach, Jutta (1988): Die Rolle des Vaters im Wandel des Rechts, in: *Zeitschr. f. Sozialisationsforschung und Erziehungssoziologie* 8, S. 298-308.

Limbach, Jutta (1987): Ehefrau und Mutter in der jüngsten Rechtsentwicklung, in: *Informationen für die Frau,* S. 9-15.

Limbach, Jutta (1988): *Gemeinsame Sorge geschiedener Eltern,* Heidelberg.

Lucke, Doris/Berghahn, Sabine : Die Praxis des neuen Scheidungsrechts in der Bundesrepublik. Wie die Rechtsprechung im Scheidungsfall Frauen für rollenkonformes Verhalten bestraft, in: *Leviathan* 11, Heft 4, S. 537-565.

Lüderitz, Alexander (1978): Elterliche Sorge als privates Recht, *AcP* 178, S. 263-297.

Luepnitz, Deborah-Anna (1978): Children of Divorce: A Review of the Psychological Literature, in: *Law and Human Behavior* 2, S. 167-179.

Lüscher, Kurt/Schultheis, Franz/Wehrspaum, Michael (Hg.) (1988): Die *»postmoderne« Familie. Familiale Strategien und Familienpolitik in einer Übergangszeit,* Konstanz.

Lund, Mary (1987): The Non-custodial Father: Common Challenges in Parenting After Divorce, in: Lewis, Charlie/O'Brien, Margaret (Hg.), *Reassessing Fatherhood. New Observation on Fathers and the Modern Family,* London, S. 212-224.

Lupri, Eugen (1988): Fathers in Transition. The Case of Dual-Earner Families in Canada, in: *ZSE* 8, S. 281-297.

Luthin, Horst (1984): Elterliche Sorge, Umgangsbefugnis und Kindeswohl, in: *FamRZ* S. 114.

Luthin, Horst (1987): *Gemeinsames Sorgerecht nach der Scheidung,* Bielefeld.

DER SPIEGEL (1984): *Männerbewegung. Abendländische Tradition,* Nr. 16, S. 76 f..

Magnus, Ulrich/Dietrich, Silvia (1986): Gemeinsame elterliche Sorge nach Scheidung – eine Erhebung beim Familiengericht Hamburg-Mitte, in: *FamRZ* 33, S. 416-420.

Maher, Vanessa (1984): Mutterschaft und Mortalität: Zum Widerspruch der Frauenrollen in Marokko, in: Medick, H./Sabean, D. (Hg.), a.a.O., S. 143-180.

Mead, Margaret (1958): *Mann und Weib. Das Verhältnis der Geschlechter in einer sich wandelnden Welt,* Hamburg.

Medick, Hans/Sabean, David (Hg.) (1984): *Emotionen und materielle Interessen. Sozialanthropologische und historische Beiträge zur Familienforschung,* Göttingen.

Melzer, Wolfgang/Sühnker, H. (Hg.) (1989): *Wohl und Wehe der Kinder,* Weinheim/München.

Metz-Göckel, Sigrid/Müller, Ursula (1985): *Brigitte-Untersuchung 85: Der Mann,* Hamburg.

Metz-Göckel, Sigrid/Müller, Ursula (1987): *Der Mann. Die Brigitte-Studie,* Weinheim.

Metz-Göckel, Sigrid (1988): Väter und Väterlichkeit. Zur alltäglichen Beteiligung der Väter an der Erziehungsarbeit, in: *ZSE* 8, S. 264-280.

Meyer, Sibylle/Schulze, Eva (1989): *Auswirkungen des II. Weltkrieges auf Familien. Zum Wandel der Familie in Deutschland,* Berlin.

Ministerium für Arbeit, Gesundheit und Sozialordnung Baden-Württemberg (Hg.) (1983): *Die Situation der Frau in Baden-Württemberg,* Stuttgart.

Mitscherlich, Alexander (1965): *Auf dem Weg zur vaterlosen Gesellschaft,* München.

Mitterauer, Michael (1978): Problematik des Begriffs »Familie« im 17. Jahrhundert, in: Rosenbaum, H. (Hg.), a.a.O., S. 73-82.

Mohnhaupt, Heinz (Hg.) (1987): *Zur Geschichte des Familien- und des Erbrechts,* Jus Commune, Sonderheft, Frankfurt.

Möller, Carola (1982): Ungeschützte Beschäftigungsverhältnisse – verstärkte Spaltung der abhängig Arbeitenden. Konsequenzen für die Frauenforschung und die Frauenbewegung, in: *Sektion Frauenforschung in den Sozialwissenschaften: Beiträge zur Frauenforschung am 21. Deutschen Soziologentag,* Bamberg.

Money, John/Erhardt, Anke (1975): *Männlich-weiblich. Die Entstehung der Geschlechtsunterschiede,* Reinbek.

Müller, Ernst Wilhelm (1979): Der Vater in Afrika, in: Tellenbach, H. (Hg.): *Vaterbilder in Kulturen Asiens, Afrikas und Ozeaniens,* Stuttgart, S. 92-107.

Müller, Ursula/Schmidt-Waldherr, Hiltraud (Hg.) (1989): *FrauenSozialKunde. Wandel und Differenzierung von Lebensformen und Bewußtsein,* Bielefeld.

Müller, Ursula (1989): Warum gibt es keine emanzipatorische Utopie des Mutterseins? in: Schön, B. (Hg.): *Emanzipation und Mutterschaft,* Weinheim, S. 55-79.

Müller-Alten, Lutz (1989): Kinder nicht verheirateter Eltern – Skizzen für eine Neuregelung, in: *Archiv f. Wissenschaft und Praxis der sozialen Arbeit* 1989, S. 112-118.

Münch, Eva Marie von: Starre Fronten. Väter wollen Rechte, aber keine Pflichten, in: *Die ZEIT* vom 18.11.1988.

Münder, Johannes (1986): *Familien- und Jugendrecht,* Weinheim.

Münder, Johannes (1988): Die Entwicklung autonomen kindschaftsrechtlichen Denkens, in: *ZfJ* 75, S. 10-17.

Münder, Johannes (1992): Vom vorgegebenen gesetzlichen Leitbild zur autonomen Gestaltung bei nichtehelicher Kindschaft, in: *FuR* 3, S. 191-200.

Napp-Peters, Anneke (1985): *Ein-Elternteil-Familien: Soziale Randgruppe oder neues familiales Selbstverständnis,* Weinheim.

Napp-Peters, Anneke (1988): *Scheidungsfamilien. Interaktionsmuster und kindliche Entwicklung,* Frankfurt.

Nave-Herz, Rosemarie (1985): Die Bedeutung des Vaters für den Sozialisationsprozeß seiner Kinder. Eine Literaturexpertise, in: Postler, J./Schreiber, R. (Hg.): *Tra-*

ditionalismus, Verunsicherung, Veränderung. Männerrolle im Wandel, Bielefeld, S. 45-75.

Nave-Herz, Rosemarie (Hg.) (1988): *Wandel und Kontinuität der Familie in der Bundesrepublik Deutschland,* Stuttgart.

Nave-Herz, Rosemarie (1988): Zum Wandel der Vaterrolle, in: *ZSE* 8, 4/1988, S.242-245.

Nave-Herz, Rosemarie/Markefka, Manfred (1989): *Handbuch der Familien – und Jugendforschung,* Neuwied.

Neddenriep-Hanke, Friedemann (1987): *Umgangsrecht und Kindeswohl,* Stuttgart.

Neubauer, R. (1989): Divorce, Custody and Visitation: The Child's Point of View,in: *J. of Divorce* 12, S. 153-168.

Neubauer, Erika (1989): *Alleinerziehende Mütter und Väter – Eine Analyse der Gesamtsituation,* Schriftenreihe des BMJFFG, Bd. 219, Stuttgart.

Nickel, Horst/Ehlert, Ursula (1988): Neue Väter. Ergebnisse und Perspektiven der Väterforschung in der Bundesrepublik Deutschland, in: *Die Frau in unserer Zeit,* S. 2-7.

Nieslony, Frank (1989): Alleinerziehend: Zur Lebenssituation von Einelternfamilien, in: *Theorie und Praxis der sozialen Arbeit,* S. 138-145.

Norton, Arthur J./Moorman, Jeanne E. (1987): Current Trends in Marriage and Divorce Among American Women, in: *J. of Marriage and the Family* 49, S. 3-14.

Oerter, Rolf/Montada, Leo (1987): *Entwicklungspsychologie,* München.

Oerter, Rolf (1984): Die Entwicklung des Verständnisses von Besitz und Eigentum im Kindes-und Jugendalter, in: Eggers, Ch. (Hg.), a.a.O., S. 96-120.

Ortner, Sherry B./ Whitehead, Harriet (1981): *Sexual Meanings, The Cultural Construction of Gender and Sexuality,* Cambridge.

Ossenbühl, Fritz (1981): *Das elterliche Erziehungsrecht im Sinne des Grundgesetzes,* Berlin.

Palandt/Diederichsen (1991): *Bürgerliches Gesetzbuch,* 51. Aufl., München.

Papousek, Mechthild (1984): Wurzeln der kindlichen Bindung an Personen und Dinge, in: Eggers, C. (Hg.), a.a.O., S. 155-184.

Parsons, Howard, L. (1979): *Man Today: Problems, Values and Fulfillment,* Amsterdam.

Parsons, Talcott/Bales, R.F. (1956): *Family. Socialization and Interaction Process.*

Parsons, Talcott (1968): *Beiträge zur soziologischen Theorie,* Neuwied.

Parsons, Talcott (1981): *Sozialstruktur und Persönlichkeit.* Frankfurt.

Pedersen, Frank A. (1985): Research and the Father. Where Do We Go from Here?, in: Hanson, S./Bozett, F. (Hg.), a.a.O., S. 437-450.

Petschel-Gutzeit, Lore (1985): Zwangsmutterschaft – oder: Wie weit gehen die Rechte der neuen Väter?, in: *Emma,* S. 18/19.

Petzold, Matthias/Nickel, Horst (1989): Grundlagen und Konzept einer entwicklungspsychologischen Familienforschung, in: *Psychologie in Erziehung und Unterricht* 36, S. 241-257.

Pfau-Effinger, Birgit (1990): Geschlechtsspezifische Unterschiede auf dem Arbeitsmarkt: Grenzen segmentationstheoretischer Erklärung, in: Autorinnengemeinschaft, a.a.O., S. 3-21.

Planck, Ulrich (1978): Die Eigenart der Bauernfamilie und die bäuerliche Familienverfassung, in: Rosenbaum, H. (Hg.), a.a.O., S. 195-214.

Pleck, Joseph H. (1985): *Working Wives, Working Husbands,* Beverly Hills.

Plogstedt, Sibylle (1991): *Niemandstochter,* München.

Postler, Jürgen/Schreiber, Robert (Hg.) (1985): Traditionalismus, Verunsicherung, Veränderung. Männerrolle im Wandel?, in: *ifg Materialien zur Frauenforschung,* Bielefeld.

Preuss-Lausitz, Ulf u.a.(Hg.) (1983): *Kriegskinder, Konsumkinder, Krisenkinder. Zur Sozialisationsgeschichte seit dem zweiten Weltkrieg,* Weinheim.

Queisser, Hannelore/Ziebell, Lindy (1989): Lebensplanung ohne Kinder, in: IFF (Hg.), a.a.O., S. 155-170.

Quensel, Stephan (1970): Wie wird man kriminell? Verlaufsmodell einer fehlgeschlagenen Interaktion zwischen Delinquentem und Sanktionsinstanz, in: *Krit. Justiz,* S. 375-382.

Raaba, Volker (1985): *Kindeswohl im Elternkonflikt. Wege zur Konfliktlösung in der Familienkrise,* Berlin.

Radin, N. (1982): Primary Caregiving and Role Sharing Fathers, in: Lamb, M.E. (Hg.): *Nontraditional Families. Parenting and Child Development,* Hillsdale N.J., S. 173-204.

Ramm, Thilo (1989): Ehelichkeitsanfechtung und Bundesverfassungsgericht, in: *NJW,* S. 1594-1597.

Ramm, Thilo (1985): *Familienrecht, Bd. I: Recht der Ehe,* München.

Ramm, Thilo (1990): *Jugendrecht,* München.

Reinprecht, Ilse (1989): Zeugung als männliche Tat – Reflexionen zu den Schöpfungsmythen und Platons Theorie der geistigen Kreativität, in: Pauritsch, Gertrude/Frakele, Beate/List, Elisabeth (Hg.): *Kinder Machen. Strategien der Kontrolle weiblicher Fruchtbarkeit,* S. 127-137.

Rerrich, Maria S. (1988): *Balanceakt Familie. Zwischen alten Leitbildern und neuen Lebensformen,* Freiburg.

Rerrich, Maria S. (1983): Veränderte Elternschaft. Entwicklungen in der familialen Arbeit mit Kindern seit 1950, in: *Soziale Welt* 34, S. 420-449.

Rhode, Deborah (1989): *Justice and Gender. Sex Discrimination and the Law,* Cambridge, Mass.

Rich, Adrienne (1979): *Von Frauen geboren. Mutterschaft als Erfahrung und Institution,* München.

Rick, Karin (1988): Mythos Mutter – Realität Frau, in: Neuwirth, Barbara (Hg.): *Frauen, die sich keine Kinder wünschen. Eine liebevolle Annäherung an die Kinderlosigkeit,* S. 252-270.

Riedmüller, Barbara (1981): Hilfe, Schutz und Kontrolle. Zur Verrechtlichung der Kindheit, in: Hengst, H. u.a. (Hg.): *Kindheit als Fiktion,* Frankfurt, S. 132-190.

Rode, Hildegard/Wilke, Margot (1989): Außerfamiliale Kinderbetreuung. Grundlage der Verwirklichung weiblicher Lebensvorstellungen, in: IFF (Hg.), a.a.O., S. 111-126.

Rode, Hildegard/Wilke, Margot (1991): *Mütter im Streß. Zur Vereinbarkeit von Erwerbsarbeit und außerfamilialer Kinderbetreuung,* Bielefeld.

Rosenbaum, Heidi (1982): *Formen der Familie. Untersuchungen zum Zusammenhang von Familienverhältnissen, Sozialstruktur und sozialem Wandel in der deutschen Gesellschaft des 19. Jahrhunderts,* Frankfurt.

Rosenbaum, Heidi (1978): Seminar: *Familie und Gesellschaftsstruktur. Materialien zu den sozioökonomischen Bedingungen von Familienformen,* Frankfurt.

Rosenbaum, Heidi (1988): Typen väterlichen Verhaltens. Der Vater in deutschen Arbeiterfamilien am Ausgang des Kaiserreichs und in der Weimarer Republik, in: *ZSE* 8, S. 246-263.

Roussel, Louis (1980): Ehen und Ehescheidungen, in: *Familiendynamik* 5, S. 186-203.

Rowland, Robyn (1987): Die Endlösung der Frauenfrage?, in: Arditti u.a., a.a.O., S. 133-144.

Rummel, Carsten (1989): Kindeswohl, in: *RdJ* 37, S. 394-415.

Russell, Graeme (1986): Primary Care Taking and Role Sharing Fathers, in: Lamb, M.(Hg.), a.a.O., S. 29-57.

Russell, Graeme (1982): Shared Caregiving Families. An Australian Study, in: Lamb, M.E. (Hg.): *Nontraditional Families. Parenting and Child Development,* Hillsdale N.J. S. 139-171.

Rutschky, Katharina (1983): *Deutsche Kinder-Chronik. Wunsch- und Schreckensbilder aus vier Jahrhunderten,* Köln.

Ryffel-Gericke, Christiane (1983): *Männer in Familie und Beruf, eine empirische Untersuchung zur Situation Schweizer Ehemänner,* Dissenhofen.

Ryffel-Gericke, Christiane (1981): Veränderungen in Familien mit einem Kleinkind, in: *Schweizerische Zeitschrift für Soziologie* 7, S. 25-40.

Salgo, Ludwig (1985): Verbleib des Kindes bei den Pflegeeltern gegen den Willen der leiblichen Eltern, in: *NJW,* S. 413-424.

Salgo, Ludwig (1987): *Pflegekindschaft und Staatsintervention,* Darmstadt.

Salgo, Ludwig (1989): Das Kindeswohl in der neueren Rechtsprechung des Bundesverfassungsgerichts, in: du Bois, Reimar (Hg.): *Praxis und Umfeld der Kinder- und Jugendpsychiatrie,* Bern, S. 156-169.

Salgo, Ludwig (1989): Vom »foster care drift« zur zeitbestimmten und zielgerichteten Intervention im Kindschafts- und Sozialrecht der USA, in: *RdJ* 37, S. 77-105.

Saller, Helga (1989): Sexuelle Ausbeutung von Kindern, in: Melzer, W./Sünker, H. (Hg.), a.a.O., S. 144-161.

Schaeffer-Hegel, Barbara/Walson-Franke, Barbara (1987): *Männer-Mythos,* Düsseldorf.

Scharmann, Dorothea-Luise/Scharmann, Theodor (1979): Der Vater in der Familie. Die Vaterrolle im Sozialisations- und Entwicklungsprozeß des Kindes, in: Cloer, E. (Hg.): *Familienerziehung,* Bad Heilbrunn, S. 67-76.

Schmerl, Christiane (1989): Die Frau ohne Schatten – der Kinderwunsch und »die Natur« der Frau, in: IFF (Hg.), a.a.O., S. 139-154.

Schmerl, Christiane (1989a): Die Kinder der Männer – patriarchale Familien als Denk- und Lebensform, in: Großmaß, R./Schmerl, Ch. (Hg.): *Feministischer Kompaß, patriarchales Gepäck,* Frankfurt, S. 15-55.

Schmidt, Edna (Hg.) (1983): *Im Zwiespalt der Gefühle. Zwischen Kinderwunsch und Abtreibung,* Berlin.

Schmidt-Denter, Ulrich (1984): *Die soziale Umwelt des Kindes,* Berlin.

Schmidtchen, Stefan (1989): *Kinderpsychotherapie: Grundlagen, Ziele, Methoden,* Stuttgart.

Schneewind, Klaus A. (1987): Familienentwicklung, in: Oerter R./Montada, L., a.a.O., S.971-1014.
Schneider, David (1980): *American Kinship. A Cultural Account,* Chicago.
Schneider, Werner (1989): *Die neuen Väter – Chancen und Risiken: Zum Wandel der Vaterrolle in Familie und Gesellschaft,* Augsburg.
Schulte, Regina (1984): Kindsmörderinnen auf dem Lande, in: Medick, H./Sabean, D. (Hg.), a.a.O., S. 113-142.
Schulz, Wolfgang (1983): Von der Institution »Familie« zu den Teilbeziehungen zwischen Mann, Frau und Kind, in: *Soziale Welt* 34, S. 401-419.
Schumacher, Klaus (1987): Fortpflanzungsmedizin und Zivilrecht, in: *FamRZ* 34, S. 313-324.
Schumann, Carola (1988): Das Scheidungsrecht in der anwaltlichen Praxis, in: Gerhard, Ute/Limbach, Jutta (Hg.): *Rechtsalltag von Frauen,* Frankfurt, S. 105-125.
Schuster, Irene (1991): Familie und neue Lebensformen. Veränderungstendenzen und Entwicklungsperspektiven der jüngeren Generation, in: Teichert, V. (Hg.), a.a.O., S. 29-52.
Schütze, Yvonne/Geulen, Dieter (1983): Die »Nachkriegskinder« und die »Konsumkinder«: Kindheitsverläufe zweier Generationen, in: Preuss-Lausitz, U. u.a. (Hg.), a.a.O., S. 29-52.
Schütze, Yvonne (1986): *Die gute Mutter. Rationalisierungsprozeß und »Mutterliebe«. Zur Geschichte eines normativen Musters,* Bielefeld.
Schütze, Yvonne (1988): Zur Veränderung im Eltern-Kind-Verhältnis seit der Nachkriegszeit, in: Nave-Herz, R. (Hg.), a.a.O., S. 95-114.
Schwab, Dieter (1989): *Familienrecht,* 5. Aufl., München.
Schwab, Dieter (1987): *Grundlagen und Gestalt der staatlichen Ehegesetzgebung in der Neuzeit bis zum Beginn des 19. Jahrhunderts,* Bielefeld.
Schwab, Dieter (1975): Stichwort »Familie«, in: Brunner, O. u.a. (Hg.): *Geschichtliche Grundbegriffe,* Stuttgart, S. 253-301.
Schwarz, Karl (1989): In welchen Familien wachsen unsere Kinder auf?, in: *Zeitschrift für Familienforschung* 1, S. 27-48.
Schwenzer, Ingeborg (1985): »... Vater sein dagegen sehr! Kritische Anmerkungen zur elterlichen Sorge für nichteheliche Kinder, in: *FamRZ* 32, S. 1202-1211.
Schwenzer, Ingeborg (1987): *Vom Status zur Realbeziehung,* Baden-Baden.
Schwenzer, Ingeborg (1992): Die Rechtstellung des nichtehelichen Kindes, in: *FamRZ* 39, S. 121-128.
Schwenzer, Ingeborg (1992): *Empfiehlt es sich, das Kindschaftsrecht neu zu regeln?* Gutachten A zum 59. Deutschen Juristentag, München.
Seibert, Helga (1986): Verfassungsrecht und Befruchtungstechniken, in: Lanz-Zumstein, M. (Hg.), a.a.O., S. 62-79.
Seidenspinner, Gerlinde/Burger, Angelika (1982): Mädchen '82. *Eine repräsentative Brigitte-Untersuchung,* München.
Sevenhuijsen, Selma (1987): Equality, Power and Rights in Feminist Theorizing about Fatherhood: Some Remarks, in: Knijn, Trudie/Mulder, Anne-Claire (Hg.), a.a.O., S. 93-104.
Shorter, Edward (1975): Der Wandel der Mutter-Kind-Beziehungen zu Beginn der Moderne, in: *Geschichte und Gesellschaft, Zeitschrift für Historische Sozialwissenschaft* 1, S. 256-287.

Shorter, Edward (1977): *Die Geburt der modernen Familie,* Hamburg.
Simitis, Spiros u.a. (1979): *Kindeswohl: eine interdisziplinäre Untersuchung über seine Verwirklichung in der vormundschaftsgerichtlichen Praxis,* Frankfurt.
Smart, Carol/Sevenhuijsen, Selma (Hg.) (1989): *Child Custody and the Politics of Gender,* London.
Smart, Carol (1989): Power and the Politics of Child Custody, in: Smart, C./Sevenhuijsen, S. (Hg.), a.a.O., S. 1-26.
Smid, Stefan (1990): Recht auf Kenntnis der eigenen blutsmäßigen Abstammung, in: *JR* 6, S. 221-226.
Sorosky, Arthur D./ Baran, Annette/ Pannor, Reuben (1979): *The Adoption Triangle,* New York.
Specht, Rainer (1978): Über Funktionen des Vaters nach Thomas von Aquino, in: Tellenbach, H. (Hg.), a.a.O., S. 95-109.
Spillmann, Kurt R. (1980): Vom Wandel der Eltern-Kind-Beziehungen im Laufe der Geschichte, in: Duss von Werdt, J./Welter-Enderlin, R. (Hg.): *Der Familienmensch. Systemisches Denken und Handeln in der Therapie,* Stuttgart, S. 29-41.
Spitz, Renée (1957): *Die Entstehung der ersten Objektbeziehungen,* Stuttgart.
Stab, Ulrike (1988): Was ist eine nichteheliche Lebensgemeinschaft? in: *ZRP* 21, S. 355-56.
Starck, Christian (1986): *Die künstliche Befruchtung beim Menschen. Zulässigkeit und zivilrechtliche Folgen. 1. Teilgutachten, Verfassungsrechtliche Probleme,* Gutachten A für den 56. Deutschen Juristentag.
Statistisches Bundesamt Wiesbaden Fachserie 1, Reihe 3(1989): *Haushalte und Familien 1987 (Ergebnisse des Mikrozensus),* Wiesbaden.
Statistisches Bundesamt Wiesbaden (1987): *Statistisches Jahrbuch 1987 für die Bundesrepublik Deutschland,* Stuttgart.
Stein-Hilbers, Marlene (1988): Auf der Suche nach den neuen Vätern. Partnerschaftsideologien und die Grenzen einer egalitären Teilung von Hausarbeit, in: *Kommune* 6, S. 39-42.
Stein-Hilbers, Marlene (1989): (Zu) Wem gehört ein Kind? in: IFF (Hg.), a.a.O., S. 189-206.
Stein-Hilbers, Marlene (1989): Braucht das Land die neuen Männer?, in: *Kommune 7,* S. 28-31.
Stein-Hilbers, Marlene (1989): Frauen und Männer: Erste Anzeichen eines Wandels von Geschlechterverhältnissen, in: *sowi* 18, S. 221-227.
Stein-Hilbers, Marlene (1991a): Die sogenannten »Neuen Väter«. Veränderungen und Überhöhungen eines Eltern-Kind-Verhältnisses, in: *Widersprüche* 40, S. 43-52.
Stein-Hilbers, Marlene (1991b): Männer und Kinder. Reale, ideologische und rechtliche Umstrukturierungen von Geschlechter- und Elternbeziehungen, in: *FuR* 2, S. 198-205.
Stein-Hilbers, Marlene (1992): Versachlichung der Debatte um das gemeinsame Sorgerecht, in: *Psychol. Erz. Unterr.* 39, S. 61-66.
Stein-Hilbers, Marlene (1993): Biologie und Gefühl – Geschlechterbeziehungen im neuen Kindschaftsrecht, in: *ZRP* 26, S. 256-261.
Steindorff, Caroline (1985): Die UN-Kinderrechtskonvention als Legitimationsgrundlage für Elternrechte, in: *FuR* 2, S. 214-219.

Steinman, Susan B./Zemmelman, Steven E./Knoblauch, Thomas M. (1985): A Study of Parents Who Sought Joint Custody Following Divorce: Who Reaches Agreement and Sustains Joint Custody and Who Returns to Court, in: *J. of the Am. Academy of Child Psychiatry* 24, S. 545-554.

Steinman, Susan B. (1981): The Experience of Children in a Joint Custody Arrangement: A Report of a Study, in: *Am J. Orthopsychiatry* 51, S. 401-414.

Stevenson, Michael R./Black, Kathryn-N. (1988): Paternal Absence and Sex Role-Development: A Meta-Analysis, in: *Child Development* 59, S. 793-814.

Stöcker, Hans A. (1991): Auslegung der Kinderkonvention, in: *RdJB* 39, S. 75-99.

Stöcker, Hans A. (1992): Die UNO-Kinderkonvention und das deutsche Familienrecht, in: *FamRZ* 39, S. 245-252.

Stopczyk, Annegret (1988): Die Maskulistenbewegung, in: *Frauen und Schule 7*, S. 6-12.

Sullerot, Evelyne (1992): *Quels pères? Quels fils?*, Paris.

Suess, Gerhard/Schwab-Höllein,Marianne/ Scheuerer, Hermann (1987): Das Kindeswohl bei Sorgerechtsentscheidungen – Kriterien aus entwicklungspsychologischer Sicht, in: *Praxis der Kinderpsychol. u. Kinderpsychiatrie* 36, S. 22-27.

Svanum, Soren/Bringle, Robert/ McLaughlin, Joan (1982): Father Absence and Cognitive Performance in a Large Sample of Six-to-Eleven-Year-old Children, in: *Child Development* 53, S. 136-143.

Swientek, Christine (1984): *Alleinerziehende – Familien wie andere auch?*, Bielefeld.

Swientek, Christine (1986): *Die »abgebende« Mutter im Adoptionsverfahren*, Bielefeld.

Szalai, Alexander/ Converse, Philipp E. u.a. (1972): *The Use of Time: Daily Activities of Urban and Suburban Populations in Twelve Countries*, Den Haag.

Tavecchio, L.W. u.a. (1984): The Division of Labor in Dutch Families with Preschool Children, in: *J. of Marriage and the Family* 46, S. 231-242.

Teichert, Volker (Hg.) (1991): *Junge Familien in der Bundesrepublik*, Opladen.

Tellenbach, Hubertus (Hg.) (1979): *Das Vaterbild im Abendland I und II*, Stuttgart.

Tellenbach, Hubertus (Hg.) (1979): *Vaterbilder in Kulturen Asiens, Afrikas und Ozeaniens*, Stuttgart.

Tellenbach, Hubertus (1976): *Das Vaterbild in Mythos und Geschichte*, Stuttgart.

Théry, Irène (1988): Die Familien nach der Scheidung: Vorstellungen, Normen, Regulierungen, in: Lüscher, Kurt u.a. (Hg.): *Die »postmoderne« Familie. Familiale Strategien und Familienpolitik in einer Übergangszeit*, Konstanz, S. 84-97.

Thompson, Ross A. (1986): Fathers and the Child's »Best Interests«: Judicial Decision-Making in Custody Disputes, in: Lamb, M. (Ed.), a.a.O., S. 61-102.

Tillmann, Klaus-Jürgen (1989): *Sozialisationstheorien*, Reinbek.

Trallori, Lisbeth N. (1983): *Vom Lieben und vom Töten. Zur Geschichte patriarchaler Fortpflanzungskontrolle*, Wien.

Tyson, Phyllis (1982): The Role of the Father in Gender Identity, Urethral Erotism, and Phallic Narcissism, in: Cath, H. u.a. (Hg.), a.a.O., S. 175-187.

Ullmann, Christian (1986): *Die Mißachtung von Völkerrecht und Grundrechtsgeboten im Scheidungsfolgenrecht der Bundesrepublik Deutschland*, München.

Visher, Emily B./Visher, John S. (1987): *Stiefeltern, Stiefkinder und ihre Familien*, München.

Wagner, Gert/Ott,Notburga/ Hoffmann-Nowotny, Hans-Joachim (1989): *Familienbildung und Erwerbstätigkeit im demographischen Wandel,* Berlin.

Wahl, Klaus u.a. (1980): *Familien sind anders. Wie sie sich selbst sehen,* Reinbek.

Walch, Regine (1985): Reproduktionstechniken – Erschütterung der Institution Mutterschaft, in: *Kommune* 3, S. 63-66.

Wallerstein, Judith S./ Corbin, Shauna B. (1986): Father-Child-Relationship After Divorce: Child Support and Educational Opportunity, in: *Family Law Quarterly* 20, S. 109-128.

Wallerstein, Judith S./Kelly, Joan B. (1980): *Surviving the Breakup: How Children and Parents Cope With Divorce,* New York.

Wallerstein, Judith/Blakeslee, Sandra (1988): *Gewinner und Verlierer – Frauen, Männer, Kinder nach der Scheidung,* München.

Waters, Elinor (1982): Persönlichkeitsmerkmale, Verhaltenssysteme und Beziehungen: Drei Modelle von Bindung zwischen Kind und Erwachsenem, in: Immelmann, K. u.a. (Hg.): *Verhaltensentwicklung bei Mensch und Tier,* Hamburg, S. 721-750.

Weber-Kellermann, Ingeborg (1975): *Die deutsche Familie. Versuch einer Sozialgeschichte,* Frankfurt.

Weber-Will, Susanne (1983): *Die rechtliche Stellung der Frau im Privatrecht des Preußischen allgemeinen Landrechts von 1794,* Frankfurt.

Weitzman, Leonore (1985): *The Divorce Revolution: The Unexpected Consequences for Women and Children in America,* New York.

Willensbacher, Barbara/Voegeli, Wolfgang/Müller-Alten, Lutz (1987): Auswirkungen des Ehegattenunterhaltsrechts in der Bundesrepublik Deutschland, in: *Zeitschr. f. Rechtssoziologie* 8, S. 98-113.

Wingen, Max (1984): *Nichteheliche Lebensgemeinschaften,* Osnabrück.

Wrede, Birgitta (1986): *Neue Reproduktionstechnologien und Kinderwunsch,* Staatsexamensarbeit, Fak.f. Soziologie, Universität Bielefeld.

Wrede, Birgitta (1989): Unter allen Umständen ein Kind? Neue Reproduktionstechnologie und Kinderwunsch, in: IFF (Hg.), a.a.O., S. 171-180.

Wurzbacher, G. (1962): *Das Dorf im Spannungsfeld industrieller Entwicklungen,* Stuttgart.

Zenz, Gisela/Salgo, Ludwig (1983): *Zur Diskriminierung der Frau im Recht der Eltern-Kind-Beziehung,* Stuttgart.

Zenz, Gisela (1981): *Kindesmißhandlung und Kindesrechte. Erfahrungswissen, Normstruktur, Entscheidungsrationalität,* Frankfurt.

Zenz, Gisela (1992): *Kindschaftsrechtsreform aus sozialwissenschaftlicher Perspektive, Referat für den 59. Deutschen Juristentag,* Frankfurt.

Zeul, Mechthild (1987): Warum war »Kramer gegen Kramer« ein Publikumserfolg? Versuch einer psychoanalytischen Deutung, in: *SFBF Materialienband* 2, Frankfurt, S. 23-37.

Ziebell, Lindy/Queisser, Hannelore/ Schmerl, Christiane (1992): *Lebensplanung ohne Kinder. Perspektiven eines bewußten Verzichts.* Frankfurt.

Zinnecker, Jürgen (1985): Kindheit, Erziehung, Familie, in: Jugendwerk der Deutschen Shell (Hg.): *Jugendliche und Erwachsene '85. Generationen im Vergleich,* Opladen, S. 97-292.